Religion in den Reformländern
Ost(Mittel)Europas

D1936182

GOTT NACH DEM KOMMUNISMUS

Miklós Tomka
Paul M. Zulehner

# Religion in den Reformländern Ost(Mittel)Europas

Herausgeber
Paul M. Zulehner, Miklós Tomka, Niko Toš
in Zusammenarbeit mit dem
PASTORALEN FORUM WIEN

Schwabenverlag

Die Deutsche Bibliothek – CIP-Einheitsaufnahme

**Tomka, Miklós:**
Religion in den Reformländern Ost(Mittel)Europas /
Miklós Tomka ; Paul M. Zulehner.
Hrsg. Paul M. Zulehner ... –
Ostfildern : Schwabenverl., 1999
(Gott nach dem Kommunismus)
ISBN 3-7966-0939-2

Alle Rechte vorbehalten
© 1999 Schwabenverlag AG, Ostfildern

Umschlaggestaltung: conic new media, Stuttgart
Satz: Typoskript Paul M. Zulehner, Wien
Produktionsbetreuung: P.A.L. Joachim Letsch, Stuttgart
Druck und Bindung: Konkordia Druck, Bühl
Printed in Germany

ISBN 3-7966-0939-2

Eine Studie

des PASTORALEN FORUMS WIEN

Erarbeitet 1998 im Ludwig-Boltzmann-Institut für Werteforschung
(Religion und Solidarität) in Wien

PASTORALES
FORUM
Förderung der Kirchen in Ost(Mittel)Europa

WIEN

# INHALT

# VORWORT

Das Ende des Kommunismus, genauer des kommunistischen Systems, hat eine Reihe europäischer Länder in eine historisch neuartige Lage gebracht: Sie gestalten sich sozioökonomisch wie kulturell um, beschreiten den mühsamen Weg wirtschaftlicher, sozialer und politischer Reformen. Diesen geht voraus und folgt zugleich ein kultureller Wandel.

Die christlichen Kirchen in diesen Reformländern Ost(Mittel)Europas sind davon nachhaltig betroffen. Auch für sie ist eine neue Zeit gekommen. Was für eine Zeit es aber für die Kirchen ist, darin gehen die Meinungen in den einzelnen Ländern, aber auch in den betroffenen Kirchen selbst auseinander. Dementsprechend verschieden sind auch die Optionen für den Weg, den die Kirchen einschlagen sollen.

## OPTIONEN FÜR DIE KIRCHEN IN OST(MITTEL)EUROPA

Eine erste Option heißt *Rückkehr* in die Verhältnisse vor dem Kommunismus. Verlangt wird von den neuen Regierungen die Wiedergutmachung für das vom Kommunismus und seiner aggressiven Kirchenpolitik verursachte ökonomische Unrecht. Auch innerkirchlich sollen die Verhältnisse aus der Zeit vor dem Kommunismus restauriert werden.

Eine zweite Option geht in eine ganz andere Richtung. Die Kirchen in den nachkommunistischen Zeiten müßten sich die *Erfahrungen jener westlichen Kirchen* zunutze machen, die schon geraume Zeit in freiheitlich-pluralistischen Ländern leben. Da freilich die Lage der christlichen Großkirchen zumal in Westeuropa nicht gerade rosig ist – der austroamerikanische Religionssoziologe Peter L. Berger nennt Westeuropa das kirchliche Katastrophengebiet – sollte vor allem aus den Fehlern dieser Kirchen gelernt werden. Wenn schon Fehler, dann eben eigene, neue.

Die dritte Option ist vielleicht die interessanteste. Da schicken sich die Verantwortlichen der Kirchen an herauszufinden, welches die *„Lektion"* der kommunistischen Unzeit für den Weg nicht nur der eigenen Kirchen ist, sondern darüber hinaus für die Christenheit insgesamt. Eine gediegene Evaluierung der jahrzehntelangen Erfahrungen der Kirchen im Kommunismus kann einen guten Ausgangspunkt dafür bilden, über zielführende Schritte in die neuen gesellschaftlichen und kulturellen Verhältnisse nachzudenken.

Diese Optionen können natürlich auch in vielfältigen Mischformen miteinander verwoben werden. Welche kirchenpolitische Option aber auch gewählt wird: Keine kann ohne eine solide Kenntnis der Lage von Religion und Kirche auskommen. Denn nur dann kann das Handeln „bodenfest", also realitätsbezogen ausfallen.

## FORSCHUNGSPROJEKT AUFBRUCH

Eben das ist der aktuelle Hintergrund für das vorliegende Forschungsprojekt Aufbruch. Dieses hat sich zum Ziel gesetzt, die Positionierung der Kirchen, zumal der katholischen, während des Kommunismus zu untersuchen, um von da aus sich deren Repositionierung auf dem Weg in demokratische Reformgesellschaften zuzuwenden. Das Ziel sind also genauere religions- und kirchensoziologische Kenntnisse. Diese sollen aber nicht nur in Büchern gedruckt und so einer breiten interessierten Öffentlichkeit zugänglich gemacht werden, sondern vor allem jenen brauchbare Erkenntnisse bieten, die sowohl in der Politik wie in den Kirchen im Zuge der soziokulturellen Transformation ihrer Länder Entscheidungen zu treffen haben.

Das Forschungsprojekt läuft in zehn nachkommunistischen Ländern: in Litauen, Polen, in der Ukraine, in Tschechien und der Slowakei, in Ungarn und Rumänien (mit einem Schwerpunkt in Siebenbürgen), in Slowenien und Kroatien sowie in den neuen Bundesländern Deutschlands, dem Gebiet der ehemaligen Deutschen Demokratischen Republik (DDR).

Das Projekt ist interdisziplinär angelegt. Fachleute der Sozialwissenschaft, der Geschichte sowie der (Pastoral)Theologie arbeiten in Länderteams zusammen.

Es hat einen qualitativen wie einen quantitativen Forschungsteil.

### *Qualitativer Forschungsteil*

Für die Forschungsarbeit im *qualitativen* Teil wurden in mehreren Symposien Themen des religiös-kirchlichen Lebens, deren Gestaltung in kommunistischer Zeit und deren Umgestaltung seit der Wende abgegrenzt. Im einzelnen geht es um folgende Themen und ihnen zugeordnet um eine Reihe von Fragestellungen:

#### 1. Priester und Bischöfe – Leitung und kirchliche Kommunikation

In diesem Themenfeld soll die Leitung der Kirche erforscht werden. Unter Leitung werden nach katholisch-kirchenrechtlicher Auffassung und Bestimmung die Leitungsämter verstanden – ohne die Ämter in den Ordensgemeinschaften. Die Kleriker verfügen über die „geistlichen Ämter", sie bestimmen vor allen anderen, wie Leitung und Kommunikation in der Kirche gemeistert wird. Nach dem Zweiten Vatikanischen Konzil sind diese Amtsträger besonders zur Kollegialität aufgerufen und auch dazu, die Laien synodal in vielfacher Weise in die Leitung miteinzubeziehen.

Themen

- Entwicklung der Zahl, Alter, Verteilung, Ausbildung, Nationalität der Bischöfe und Priester. Begründung der Trends mit politischen, kirchenpolitischen und anderen Faktoren;
- Identität der Amtsträger, eigene Auffassung über Sendung, Funktion, Theologie, Möglichkeiten und Grenzen der Leitung – eingebettet in der persönlichen und institutionellen Biographie von Amtsträgern;
- Körperschaften der Amtsträger – kirchliche und politische, freie und aufgezwungene;
- Amtsträger als verbindende Mitglieder in der Regionalen Kirche sowie in der Weltkirche;
- Ausbildung der Priester im Hinblick auf die gesamtkirchlichen Beschlüsse über die Priesterausbildung sowie auf die landesspezifischen gesetzlichen Regelungen des staatlichen und kirchlichen Hochschulwesens;
- Priesternachwuchs (mit Vorrechnungen auf 2010);
- Mittel der Leitung;
- Entscheidungsfindung, -vorbereitung, -ausführung, -kontrolle, -kritik;
- Leitungstypologie entsprechend den Leitungsmodellen des öffentlichen Lebens – im Spiegel der Leitungstraditionen und Leitungstypologien des jeweiligen Landes;
- Entwicklung der politischen und kirchlichen Freiräume für Ausübung der kirchlichen Leitungsfunktionen in einem Längsschnitt der vergangenen 50 Jahre;
- Bereitschaft, Arbeitsfelder und Praxis der Kollegialität unter Leitungsamtsträgern;
- Akzeptanz der Leitung in der Kirche und in der Gesellschaft: das kirchliche und politische Gewicht der Amtsträger;
- Typische Konflikte und Konfliktlösungen kirchlicher und politischer Art;
- Die Rolle der kirchlichen Amtsträger in den politischen Systemwechseln;
- Geschichte, Stand und Behandlung der Problematik der „Lapsi“ unter den Amtsträgern;
- Offene und verdeckte Kriterien zur Erlangung eines leitenden Amtes in der Kirche;
- Möglichkeiten und Tragweite der Verwirklichung origineller Berufungen im Klerikerstand;
- Leitungsmangel: die Problematik der vakanten Bischofssitze und des Pfarrermangels;
- Erfahrungen mit Landes- und Diözesansynoden als Mittel der Leitung sowie als Modell der Kommunikation.

## 2. Konzilsrezeption

Das Zweite Vatikanische Konzil (1962–1965) brachte für die ganze katholische Kirche einen entscheidenden Wendepunkt, der das Innen- und Außenleben der Kirche tief beeinflußte. Die Frage nach der Rezeption der Beschlüsse und dem „Geist“ des Konzils ist weltweit diskutiert. Die Spezialität der Konzilsrezeption in politisch abträglicher Situation der ost(mittel)europäischen Länder und deren

Nachwirkung soll unter diesem Punkt behandelt werden. Der Begriff „Rezeption" will die rechtliche, theologische und organisatorische Akzeptanz des Konzils und auch die kirchliche Lehrentwicklung bezüglich der Auffassungen über „Welt" und „Kirche" in den jeweiligen Ortskirchen implizieren. Die Forschung soll neben der Ebene des allgemeinen kirchlichen Lebens auch die Ebene der wissenschaftlichen Theologie nach der Konzilsrezeption einbeziehen.

Themen

- Vorkonziliare kirchliche Lage in Hinblick auf die herausragenden Konzilsthemen;
- Teilnahme und Mitwirkung am Konzil;
- Prozeß des Bekanntwerdens des Ereignisses und der Beschlüsse des Konzils;
- Die Einführung der konkreten Verordnungen und deren Echo unter Klerikern und Laien;
- Eigene konziliare Entwicklungen und Fortführungen des Konzils;
- Die symbolische Rolle des Begriffs „Konzil" in verschiedenen kirchlichen Äußerungen: Konzil als Reform, Konzil als Sündenbock usw. ;
- Die strukturelle und personelle Lage der Theologie sowie die Theologie unter den Wissenschaften;
- Grundeigenschaften der einheimischen Theologie (in Lehre und Forschung) im Spiegelbild der konziliaren Erneuerung der Theologie (vor allem anhand der biblischen, dogmatischen und praktischen Theologie). Versuch einer Typologisierung der theologischen Grundpositionen in der Ortskirche (möglichst unabhängig von der in der westlichen Theologie üblichen Typologie);
- „Theologie nach Gulag" – Grundzüge einer theologischen Reflexion über die Erfahrungen vom Totalitarismus bis zur Demokratie;
- Die Spuren und die Diskussion des Konzils in den einheimischen theologischen Arbeiten;
- Das Bild und die direkte Auswertung des Konzils in den theologischen Arbeiten des jeweiligen Landes;
- Grundzüge des Kirchenbildes in der Ortskirche im Hinblick auf Lumen gentium;
- Grundzüge des Weltbildes in der Ortskirche im Hinblick auf Gaudium et spes;
- Die Bedeutung des Konzils in der Praxis und Selbstreflexion der Ortskirche;
- Landesspezifische theologische bzw. pastorale Impulse für die Weiterführung des Konzils;
- Vergleich der Konzilsverwirklichung vor und nach der Wende.

## 3. Kirche und Medien

Der Themenbereich Kirche und Medien (breiter gefaßt: Kirche und Öffentlichkeit) will die Präsentierung der Kirche in den (nichtkirchlichen) Medien sowie den Umfang und die Verwendung der kirchlichen Medien darstellen. Unter Medien werden gedruckte, elektronische und computergestützte Medien verstanden. Um die grundlegende Beziehung zwischen Kirche und Öffentlichkeit begreifen zu können, sind die Struktur(en) der Öffentlichkeit in den ost(mittel)europäischen Gesellschaften darzustellen, ebenso die aus den Strukturdifferenzen sich ergebenden Kommunikationseigenschaften.

Themen

- Die Korrelationen der verschiedenen Kirchenstrukturen und Öffentlichkeitsstrukturen;
- Die Homogenisierungstendenzen in der Kirche auch als Antwortdynamik auf die öffentlichen Herausforderungen;
- Das gesellschaftliche Umfeld der Kirche und darin die mediale Öffentlichkeit um die Kirche herum;
- Die Identität der Kirche im Spiegel ihres medialen Umfeldes;
- Die inneren Bedürfnisse der Kirche, sich in der Öffentlichkeit zu präsentieren;
- Die Bedürfnisse der Gesellschaft, welche die öffentliche Präsenz der Kirche unumgänglich machen;
- Die Erfahrungen der Kirche mit den kirchlichen und zivilen Medien – ein Längsschnitt (hier auch die Problematik der Zensur staatlicher- und kirchlicherseits);
- Konkrete Ziele der Kirche mit und in den zivilen und kirchlichen Medien.

## 4. Laien - Frauen - Jugend

„Laie" ist ein kirchlich-theologischer Begriff für die Beschreibung der nichtgeweihten Christusgläubigen, der in der soziologischen Fachliteratur einen anderen, negativen Klang hat: der Unwissende, Unerfahrene. Das Zweite Vatikanische Konzil nahm von einem Bild der Gesellschaft von zwei Ständen Abschied. Durch die Hervorhebung des biblischen Bildes von dem wandernden Volk wurde die Rolle der Nichtgeweihten aufgewertet. Diese Wende in der Sichtweise initiierte eine Bewußtwerdung unter Laien und eine neue Konfliktebene in der Kirche. Frauen und Jugend werden in diesem Themenbereich als Untergruppen der „Laien" betrachtet. Ziel der Forschung der Lage der Laien ist die Darstellung ihrer Selbstauffassung, ihrer Stellung in der Kirche und als katholischer Gläubiger in der Gesellschaft.

Themen

- Grundeigenschaften von Laien- (Frauen- und Jugend-)Organisationen in den verschiedenen politischen Epochen;
- Identität der Laien (bezüglich kirchliche Rolle und Aufgabe in der Gesellschaft);
- Die Wirkung der gesellschaftlichen und kulturellen Mobilitäten auf das kirchliche Bewußtsein der Laien;
- Typen der Beziehungen von Klerikern und Laien in den verschiedenen politischen Epochen;
- Laien als „Problem" unter Klerikern und Laien – „Laienbereiche" in der Auffassung von Klerikern und Laien: Rollenzuweisungen in Kirche und Gesellschaft;
- Wichtigste Errungenschaften und Forderungen der Laien nach dem Konzil und nach der Wende;
- Wert und Akzeptanz der Frauen in Gesellschaft und Kirche;
- Zusammenhang zwischen religiöser Sozialisation und kirchlich-religiöser Jugendaktivität.

## 5. Materielle Grundlagen

Das kirchliche Leben bedarf einer vielgestaltigen Finanzierung. Die Verstaatlichung der kirchlichen Güter formte in radikaler Weise die Struktur der Finanzen um: Eigenbeitrag der Gläubigen („Kirchensteuer"), staatliche Mittel und solidarische Unterstützung von der „freien" Kirche. In der politischen Freiheit wird in den postsozialistischen Ländern die Art und Weise und das Maß der Kirchenfinanzierung diskutiert, und diese Problematik verlangt nach langfristigen Lösungen. Es wird die allgemeine Lage der Kirchenfinanzierung dargestellt sowie der Umgang der Kirche mit dem Geld.

Themen

- Stand der kirchlichen Finanzen: Personal, Kapital, usw.;
- Die Stellung und Bedeutung des Geldes im kirchlichen Denken;
- Die Art und Weise der Kirchenfinanzierung von der Verstaatlichung bis zur Gegenwart;
- Restitution der kirchlichen Güter (politische, juristische und kirchliche Bewertung);
- Der kirchliche Umgang mit dem Geld – Transparenz und Kompetenz;
- Auslandsmittel im Längsschnitt;
- Kirchliche, politische und fachliche Konzeptionen der langfristigen Kirchenfinanzierung;
- „Geld" in der politischen und pastoralen Argumentation;
- Die „Geldfrage" und die Freiheit in der Kirche.

## 6. Pfarrseelsorge

Die grundlegende und vor allen anderen bestimmende Struktur der Kirche ist die territoriale Pfarrstruktur. Im Pfarrleben verwirklicht sich die Kirche unter den Menschen in der lokalen Gesellschaft. Nach der kommunistischen Machtübernahme blieb diese Struktur nahezu die einzige offizielle, in der das Gemeinschaftsleben der Gläubigen möglich blieb. Nach der politischen Wende bekamen auch die Pfarreien eine neue Chance, ihre Aufgaben zu meistern. (Die Problematik der Laien in der Pfarrpastoral kann unter diesem Themenbereich oder auch unter dem Thema 4. Laien behandelt werden. In beiden Fällen sind Querverweise erwünscht.)

Themen

- Pfarreien-Statistik: Zahl, Größe, Verhältnis „Mutter- und Tochtergemeinde";
- Seelsorge in der Pfarrei im Längsschnitt – der Einfluß der Politik auf das Leben der Pfarrei;
- Die Pfarrei als „Hausarrest" der Pastoral: Welche nachhaltige Erfahrungen wirken nach aus der Zeit, als die Pastoral von den staatlichen Behörden in die Pfarrstruktur eingeengt wurde?
- Schlüsselfiguren und Gremien der Pfarrei;
- Die Stellung der Pfarrei in der Diözese und unter anderen kirchlichen Institutionen;

- Bereiche und Grundeigenschaften der Pastoral in den verschiedenen heutigen Typen von Pfarreien;
- Pfarrei und (Lokal-)Politik – Aktivitäten der Pfarrei in der Lokalpolitik;
- Die kulturelle, wirtschaftliche, spirituelle usw. Vielfalt im Pfarrleben;
- Erneuerungsversuche in der Pfarrpastoral auch im Hinblick auf die neue Vielfalt der kirchlichen Organisationen.

## 7. Spirituelle und religiöse Bewegungen

Die kirchlichen und politischen Entwicklungen der letzten Jahrzehnte brachten eine bunte Vielfalt von religiösen und kirchlichen Bewegungen. Unter diesem Phänomen werden die christlichen, nicht-christlichen und pseudoreligiösen Bewegungen sowie die neuen Religionen, religiösen Bewegungen und Sekten untersucht (im Folgenden als „Bewegungen" bezeichnet, wobei die Vielfalt mitgedacht werden soll). Es gilt in diesem Themenbereich zu klären, wie die Kirche diese religiöse Bewegungslage versteht und behandelt und welche Verquickungen sich zwischen Kirche – Politik – Bewegungen (aller Art) ergaben und immer noch ergeben. Dabei sollte es klar sein, daß in diesem Projekt keine ausgesprochene „Sektenforschung" vorgesehen ist.

Themen

- Darstellung der Vielfalt der religiösen (und pseudoreligiösen) Bewegungen im Längsschnitt;
- Die Zusammenhänge zwischen Sekten-Politik und Kirchen-Politik;
- Die Stellung und die Bewertung der Bewegungen in der Gesellschaft;
- Sozioreligiöse Herkunft der Bewegungsmitglieder;
- Die Stellung und die Bewertung der Bewegungen im kirchlichen Denken und in den pastoralen Konzeptionen (Urteile und Vorurteile über die Bewegungen);
- Kirchliche Erneuerungsbewegungen – allgemeine Lage und Typologie nach Zielsetzung, Lebensart, Akzeptanz, Inkulturation, gegenseitiger Wirkung und gesellschaftlicher Aktivität (es sollten die einheimischen Bewegungen extra dargestellt werden);
- Bewegungen als Herausforderung und als Konkurrenz für die Kirche – Darstellung der Meinungsvielfalt.

## 8. Religion und nationale Identität

Die Korrelation zwischen Religion, Nation und Christentum gehört zu den typischen Charakteristika der Entwicklungen des 19. Jahrhunderts. Sie wurde während der internationalistisch agierenden kommunistischen Periode in den Hintergrund gedrängt, nach der politischen Wende aber erneut lebendig. Diese Korrelation scheint die gesellschaftliche und politische Position der Kirche als Institution entscheidend zu prägen. Diese Forschung will keineswegs eine historisch-politologische Analyse dieser Korrelation machen, sondern nüchtern die Frage stellen: Wie wirkt die Kirche bezüglich der nationalen Identität der verschiedenen Länder und wie beeinflussen Nation- und Nationalitätsfragen die Pastoral.

Themen

- Geschichtliche Wurzel der Interferenz zwischen Christentum und Nation (im 19. Jh.);
- Vielfarbige Spielarten im Verhältnis von Katholizität und Nationalität im Längsschnitt (u.a. „nationaler Katholizismus“);
- Nationale und christliche Symbole in politischen Händen verschiedener Prägung;
- Die Wirkung des Verhältnisses Christentum und nationale Identität auf die gesellschaftliche Aktivität der Kirche sowie auf die Pastoralplanung;
- Volksreligiosität und Volkskatholizismus in der Sicht der faktischen kirchlichen Auffassungen sowie in der Soziallehre der Kirche.

## 9. Ökumene

Die katholische Kirche der untersuchten Region lebt unter mehreren Großkirchen und neueren Religionsgemeinschaften, in manchen Ländern ist sie eine Minderheit. Die gesamtkirchliche Sicht anderer Religionen und Konfessionen hat sich auf dem Zweiten Vatikanischen Konzil grundsätzlich verändert. Diese Änderung traf die katholischen Ortskirchen in einer Epoche der (nahezu vollen) Unfreiheit und wurde von den Machthabern in vielfacher Weise instrumentalisiert. Hauptziel der Bearbeitung dieses Themenfeldes ist die Korrelation zwischen den gesellschaftlichen Änderungen und der Beziehung unter den Religionen und Konfessionen in Theorie und in Praxis.

Themen

- Religions- und Konfessionsverhältnisse im 20. Jh. – ein Längsschnitt;
- Staatliche Religions- und Konfessionspolitik zwischen 1948–1997;
- Die Erfahrungen von Religions- und Konfessionsdialogen zwischen 1948–1997;
- Erfahrungen mit Ökumene an der Basis (Pfarreiebene, Projekte) – anhand einiger Fallstudien über die verwirklichten Ökumene;
- [Die Beziehungen zu der kleineren Religionsgemeinschaften und „Sekten“ – unter 7. Spirituelle Bewegungen];
- [Die Rezeption der neuen ökumenischen Lehre der Kirche – unter 2. Konzilsrezeption];
- Die Korrelation von politischem und christlichem Antisemitismus heute;
- Pastorale Gedankenwelt und Projekte in Richtung Ökumene.

## 10. Konformismus und Widerstand

Der gesellschaftliche und politische Wandel betrifft auch die persönliche Lebensführung, die Entwicklung der persönlichen Wertestruktur und die Deutung der kirchlichen und politischen Entscheidungen der Einzelnen. Die Diktaturen versuchten, einen „neuen Mensch“ zu schaffen, und versuchten, ihre Ideen bis in die Personmitte hinein voranzutreiben. Die Antwort der einzelnen Christen fiel zwischen Widerstand und Kollaboration, eingebettet in persönliches Schicksal, in Kultur, Erziehung und persönliche Umgebung. Mit den Begriffen „Konformismus und Widerstand“ wird diese Tragweite der Wertestruktur, des Lebensmilieus und der Lebensdeutung verstanden im Hinblick auf die Einschnitte der gesellschaftspolitischen Änderungen.

Themen

- Grundzüge der Änderungen der Wertestruktur im Längsschnitt – basierend vor allem auf persönliche und personbezogene Dokumente;
- Konvergenz, Divergenz und Dissonanz zwischen öffentlichen und persönlichen Werten;
- Korrelationen zwischen Glaube und Karriere;
- Typologie der Anpassung und Widerstand im Totalitarismus, in sanfter Diktatur und Demokratie bei einzelnen Alterskohorten (also bei den 1900, 1920, 1940, 1960 Geborenen);
- Bilder und Anlässe des Widerstandes – eine Sammlung von repräsentativen (Symbol-)Handlungen;
- „Heilige“ und Märtyrer, „Lapsi“ und Kollaborateure in der heutigen Sicht der Öffentlichkeit und der Kirche (prinzipielle und praktische Aufarbeitung der bunten Vergangenheit).

## 11. Orden

Die Ordensgemeinschaften spielten vor der kommunistischen Machtübernahme eine sehr wichtige und bedeutende Rolle in der Gesellschaft: in der Kultur, im Gesundheitswesen usw. Die gewaltsame Umstrukturierung der Gesellschaft tritt hart gegen diese Gemeinschaften auf und verbot ihre offiziellen Tätigkeiten, sogar ihre pure Existenz. Während der Zeit der sanften Diktatur lebten die Ordensmitglieder anonym oder im Ausland, teils mit, teils ohne spezielle Ausübung ihres Ordenscharismas. Nach der politischen Wende suchen diese Gemeinschaften die Spuren ihrer näheren und/oder früheren Vergangenheit und die Orte und Anlässe ihrer gesellschaftlichen Präsenz. Diese allgemeine Suche – belastet und gleichsam begnadet mit den Erfahrungen von fünfzig Jahren – ist ein repräsentatives Labor für die Suche der ganzen Kirche nach ihrem Ort in sich wandelnden Gesellschaften.

Themen

- Gesellschaftliche Bedeutung der Orden in den verschiedenen Epochen – ein Längsschnitt;
- Korrelation der Ordenscharismen und der „Werte“ des (totalitären) Kollektivismus;
- Auswirkungen der großen gesellschaftlichen Änderungen auf das Ordensleben und die Ordensauffassung der verschiedener Orden;
- Innere Ordenserneuerungen auf Grund kirchlicher, ordenseigener und politischer Einflüsse – Generationenspannungen;
- Typologie der wichtigsten Richtlinien des gesellschaftlichen Dienstes der Orden;
- Gesellschaftliche Herausforderungen in der Sicht der verschiedenen Orden – die gesellschaftliche Relevanz der speziellen Ordenscharismen;
- Motive des Eintritts und gesellschaftliches, geistiges und politisches Hinterland der Eintretenden;

- Gelungene und nichtgelungene Integration unter neuen Verhältnissen (Ordensleben und Ordenstod);
- Orden als Kontrastgesellschaft und Kontrastkirche.

## 12. Religiöse Unterweisung

Unter religiöser Unterweisung versteht die Forschung die mannigfachige Vielfalt von kirchlichem Unterricht und kirchlicher Bildung. Vor der kommunistischen Machtübernahme spielte die katholische Kirche in den zu untersuchenden Ländern eine kulturelle Schlüsselrolle, die dementsprechend Opfer der gewaltvollen Mobilisierung wurde. Während der Periode der Unfreiheit versuchte die Kirche mindestens einige Arten der religiösen Unterweisung am Leben zu erhalten – manchmal auf in- bzw. halboffizielle Weise. Nach der politischen Wende ist die Kirche nicht nur mit der Problematik der strukturellen, sondern besonders mit der inhaltlichen Revitalisierung des kirchlichen Unterrichtswesens konfrontiert. Ziel der Darstellung dieses enorm breiten Themenbereiches ist neben der Skizzierung der Vielfalt der religiösen Unterweisungen vor allem ihre Berufung und Sendung darzustellen. Wegen der Breite des Themenfeldes soll die Analyse exemplarisch vor allem auf zwei Unterrichtsfelder konzentriert werden: Religionsunterricht (inklusive Katechese) und Erwachsenbildung.

Themen

- Praxisfelder und Hauptziele der religiös-kirchlichen Unterweisung in Korrelation mit den gesellschaftlichen Entwicklungen – ein Längsschnitt;
- Das Bild der religiösen Unterweisung in den gesellschaftlichen Reflexionen;
- Konflikte zwischen staatlicher (atheistischer) und kirchlicher (religiöser) Unterweisung;
- Pädagogische und methodische Trends in der religiösen Unterweisung;
- Die Problematik Religionsunterricht versus Katechese;
- Identität, Berufung, schulische und kirchliche Rechtsstellung und Ausbildung der Religionslehrer heute;
- Felder, Ziele und Mittel der Erwachsenenbildung heute.

## 13. Volksfrömmigkeit

Der Begriff „Volksfrömmigkeit“ wird in der Volkskunde als traditionelle Frömmigkeit verstanden (Wallfahrten, Rosenkranzvereine, Marienverehrungen, Kirchtage, „Grab Christi“ usw.). Die liturgischen Übungen und die oft massenhaften Bewegungen der Volksfrömmigkeit gehörten eng zum öffentlichen Erscheinungsbild der Kirche vor dem Kommunismus. Während der totalitären und posttotalitären Epochen wurden diese Frömmigkeitsformen einerseits ganz verboten oder eingestellt, andererseits für kirchenfremde Interessen instrumentalisiert. Die Reste dieser Volksfrömmigkeit wurden von der Kirchenleitung und auch von den Christen revitalisiert – oft mit veränderten Inhalten und Zielsetzungen. Die Grundfrage dieses Themenbereiches lautet daher: Was für eine Rolle spielen die Aspekte der Volksfrömmigkeit in der Praxis und Identitätsfindung der heutigen Kirche? Hier werden auch andere, nichttraditionelle Bereiche der Sakralisierung des persönlichen Lebens reflektiert.

Themen

- Rolle und Bedeutung der wichtigsten Phänomene der Volksreligiosität in den Epochen – dargestellt anhand einer Fallstudie über die bedeutendste Wallfahrt;
- Typologie der Multifunktionalität der Volksreligiosität heute;
- Typologie der gesellschaftlichen und kirchlichen Bewertung;
- Kontrolle und Konflikte zwischen Volksreligiosität und Kirchenleitung;
- Volksreligiosität in der kirchlichen Pastoralplanung.

## 14. Internationales

Eine besondere Eigenschaft der katholischen Kirche ist ihr kirchliches Zentrum in Rom. Dieses Zentrum hatte und hat neben oder vor der theologisch-kirchenrechtlichen auch hohe politische Bedeutung in der Lokalkirche und in den Lokalgesellschaften. Die politische Zweiteilung Europas löste in den Lokalkirchen des „freien Westens" eine Solidarität gegenüber der „Kirche des Schweigens" aus. Die Vatikanischen Kongregationen entwickelten eine „Ostpolitik des Vatikans", die in den Ländern verschiedene Früchte brachte. Neben den (kirchen)politischen internationalen Verhältnissen entwickelte sich auch eine praktizierte „Katholizität an der Basis". Ziel der Forschung dieses Themenfeldes ist: eine Darstellung der vatikanischen Politik, der staatlichen Kirchenpolitik und der außenpolitischen Aktivitäten an der Basis.

Themen

- Entwicklung der offiziellen und nicht- bzw. halboffiziellen Beziehungen zwischen der Lokalkirche und Rom – ein Längsschnitt;
- Wertung und Würdigung der „Ostpolitik des Vatikans" im Lichte der gesellschaftlichen-politischen Entwicklung;
- Basisbeziehungen zwischen „Ost und West";
- Korrelationen zwischen staatlicher Innenpolitik und (internationaler) Kirchenpolitik aus der Sicht der Kirche und des Staates;
- Die kirchenpolitische Rolle und Bedeutung Roms in der Sicht der Lokalkirche;
- Typologie der Beurteilung der „Ost-West" Verhältnisse.

## 15. Caritas

Die Kirchen haben vor dem Zweiten Weltkrieg eine materielle, finanzielle Sicherheit genossen, die sie nach der kommunistischen Machtübernahme fast vollständig verloren haben. Vor dem Krieg konnte die Kirche Caritas in institutioneller und informeller Weise ausüben. Nach dem Krieg aber schien sie auf Caritas von anderen angewiesen zu sein. Während und nach der (post)totalitären Epoche erwarten die Gesellschaften von den Kirchen, bei den Verlierern der Modernisierung caritativ zu wirken. Wofür der Staat nicht genügend Geld hat, dafür soll die Kirche gratis arbeiten: vor allem im Gesundheitswesen. Die theologischen Reflexionen über die Berufung und Sendung der Kirche weisen darauf, daß Caritas nicht eine Tätigkeit der Kirche ist, sondern die wesentlichste Verwirklichung (Lebensnerv) der Kirche. Ziel der Forschung dieses Themenfeldes ist: die fundierte Darstellung der institutionellen und informellen Caritas-Tätigkeit der Kirche sowie ihres gesellschaftlichen und kirchlichen Stellenwertes.

Themen

- Institutionelle Caritas-Tätigkeit zwischen 1948–1997 – ein Längsschnitt;
- Informelle bzw. nicht zentral organisierte Caritas-Tätigkeit zwischen 1948–1997;
- Wirkung der westlichen Caritas vor und nach der Wende;
- Die Bedeutung der formellen und informellen Caritas in der Sicht der gesellschaftlichen und politischen Öffentlichkeit;
- Caritas unter anderen caritativen Einrichtungen und Institutionen (Rotes Kreuz oder Halbmond, Stiftungen, Initiativen);
- Caritas-Planung der Kirche nach der politischen Wende.

### *Quantitativer Forschungsteil*

Neben diesem qualitativen Forschungsteil wurde eine quantitative religionssoziologische Studie entworfen. Für die Federführung wurde Miklós Tomka gewonnen. Er ist international anerkannter Religionssoziologe aus Budapest (Ungarn). Der Erarbeitung fundierter Forschungshypothesen und eines angemessenen Frageinstrumentars diente ein Symposium mit Vertretern der beteiligten nachkommunistischen Länder in Berlin 1997. Miklós Tomka, Niko Toš aus Ljubljana (Slowenien) und ich legen nunmehr in einem ersten Band zentrale Ergebnisse dieses Surveys vor.

Der Survey wurde nach einem einheitlichen Fragebogen in zehn Ländern zur gleichen Zeit (November 1997 bis März 1998) mit Stichproben durchgeführt, die die 18–65jährigen der Bevölkerung der Länder repräsentieren. Mit dieser Altersbegrenzung wollte die Forschung für die Zukunft vordenken für eine Zeit, in der die gegenwärtig über 65jährige (und weit überdurchschnittlich religiöse) Altersgruppe nicht mehr unter den Lebenden weilt. Die Stichprobengrößen pro Land lagen zwischen 1000–1200 Personen. (Eine elfte Stichprobe von 900 Personen ist zusätzlich von einem Partnerinstitut in der ungarischen Minderheit des rumänischen Siebenbürgens durchgeführt worden. Deren Daten werden in den rumänischen Länderbericht eingearbeitet.)

Im Zentrum dieses ersten Bandes einer auf mehrere Bände angelegten Reihe mit dem gemeinsamen Titel „Gott nach dem Kommunismus“ steht die Außen- wie die Innensicht von christlicher Religion und christlichen Kirchen. Das sind die Fragestellungen: Was ist für Menschen nach vierzig Jahren Kommunismus Religion, was ist ein Christ, wie sehen sie die Kirche? Und umgekehrt: Wenn sich jemand nach vierzig Jahren Kommunismus als religiöser Mensch, aber auch als nichtreligiöser oder atheistischer versteht: was bedeutet das? Was glaubt er, sie, und was nicht? Welche religiöse Praxis gehört zu einer solchen Person, welche nicht? Wie wirken sich religiöses und profanes (nichtreligiöses) Selbstverständnis auf die Lebensdeutung (Sinngebung) und die Lebensführung aus? Dazu kommen Fragen entlang der Biographie der Befragten: Wie hat sich das Verhältnis zur Religion und zu religiösen Gemeinschaften in der kommunistischen Zeit biographisch entwickelt? Wie verliefen „atheistische Biographien"? Dazu kommen noch Fragebereiche, über die es bislang nur wenig gesicherte Anhaltspunkte gibt. Zum Beispiel: Wurde von den Menschen eine Kirchenverfolgung wahrgenommen? War man selbst oder waren Menschen im eigenen Lebenskreis davon betroffen? Nicht zuletzt leistet die Studie einen elementaren Beitrag: Sie erbringt eine fundierte religiöse Landkarte der postkommunistischen Länder – ein Teilaspekt, der in einem zweiten Band vertieft werden wird. Kurzum, alles Forschen kreist letztlich um die Frage, wie es um „Gott nach dem Kommunismus" bestellt ist.

## RELIGION IM SOZIOKULTURELLEN KONTEXT

Diese Fragestellung bleibt auch für die weiteren geplanten Bände maßgeblich. Noch 1999 wird eine zweite Publikation mit dem Subtitel „Religion im soziokulturellen Kontext" folgen, in der über weitere Daten aus der Großstudie berichtet wird. Für folgende Themen liegen Daten vor:

- Religiöse Landkarte – Ländergeschichten
- Religion in der Sozialstruktur
- Modernisierung und Religion (als Verdichtung der beiden vorangehenden Themen)
- Religion im Kontext der Zeit (Wandel der Generationen – Entwicklungen, Prognosen)
- Religion, Nation, Politik
- Religion im Alltag
- Einstellungen zu Welt und Leben
- Religion und Persönlichkeit (Autoritarismus, Solidarität)
- Religion und zwischenmenschliche Beziehungen
- Zufriedenheiten

Anschließen werden sich Bände, in denen über die Ergebnisse der einzelnen beteiligten zehn Länder berichtet wird. Diese Länderstudien werden in den Forschungskontext der einzelnen Länder eingebunden sein. Weitere Publikationen sind schließlich zu den Themenbereichen der qualitativen Studie zu erwarten.

## PASTORALES FORUM

Träger des gesamten Projekts ist das Pastorale Forum. Ich habe dieses kurz nach der Wende mit Sitz in Wien gegründet. *Kardinal König* hat den Ehrenschutz übernommen. Er war schon als Erzbischof von Wien ein Brückenbauer zu den Kirchen unter dem Kommunismus. Sein Interesse ist auch nach der Wende 1989 nicht erloschen. Ihm gilt mein Dank für die ermutigende, auch kirchenpolitisch wertvolle Rückendeckung für diesen Verein. Ich spreche ihm – auch im Namen der vielen Nutznießer des Vereins – an dieser Stelle meinen ganz herzlichen Dank aus.

Das Pastorale Forum hat das statutarische Ziel, die Kirchen in Ost- und Mitteleuropa zu fördern. Das Programm des Vereins unterstützt nicht bauliche Tätigkeiten, sondern fördert Personen. Um human investment geht es. Daher ist ein erster Schwerpunkt des Vereins sein *Postgraduiertenprogramm*: Für Doktoranden und Habilitanden werden angemessene Stipendien zum Studium an der katholisch-theologischen Fakultät in Wien vergeben. Den Schwerpunkt bilden praktisch-theologische Fächer. Dieses Stipendienprogramm wird zur Zeit ausgeweitet auf profane Fächer wie „Ethik in der Medizin“, Geschichte und Sozialwissenschaft. Hier werden schwerpunktmäßig Frauen aus den nachkommunistischen Reformländern gefördert.[1]

Dazu kommt als zweites wichtiges Projekt die Vernetzung von Personen, Frauen und Männern, die wissenschaftlich in der Pastoraltheologie lehren und forschen. Dieses *Projekt „Pastoraltheologie Ost“ (POST)* ist der vernetzte Versuch, die pastoralen Erfahrungen der Kirchen im Kommunismus aufzuarbeiten und nicht nur für die Lehre und Forschung in den nachkommunistischen Ländern, sondern auch für die Entwicklung von Kirchen in West und Ost zur Verfügung zu halten.

In diese Richtung weist auch das Programm-Modul *„Führen in der Kirche“*, in dem die Leitungskompetenz kirchlicher Führungskräfte trainiert wird.

Schließlich bildet das *Großforschungsprojekt Aufbruch* den derzeitigen Arbeitsschwerpunkt im Forschungsförderungsprogramm des Pastoralen Forums. Es zielt darauf ab, in den beteiligten zehn Ländern die bodenständige Forschung im Bereich Religion und Kirchen anzuregen, wenn nötig eine bescheidene Infrastruktur aufbauen zu helfen und die für das mehrjährige Forschungsprojekt erforderlichen Mittel aufzutreiben.

---

1 Bewerbungen für solche Stipendien sind zu richten an: Pastorales Forum, Kramer-Glöckner-Straße 36, A-1130 Wien. Beizubringen sind: Lebenslauf, Studienverlauf, Zeugnisse über Studienabschlüsse, Empfehlung eines kirchlichen Oberen (Ordensoberer, Bischof), Rückkehrgarantie ins Heimatland, Thema der geplanten wissenschaftlichen Arbeit, geplante Studiendauer (im Normalfall drei Jahre).

*Ich danke* an dieser Stelle all jenen Einrichtungen, Stiftungen, Pfarrgemeinden, welche die Aktivitäten des Pastoralen Forums durch finanzielle Mittel ermöglichen. Zu jenen Donatoren, die nicht auf ihre Anonymität bestehen, zählen das Fürstentum Liechtenstein, die Republik Österreich, die Schweizer Kapuziner, Renovabis (eine Aktion deutscher Katholiken), die Niederbronner Schwestern (Neumarkt), einzelne Schweizer Pfarrgemeinden, österreichische Stifte und Klöster, die Stiftung Communicantes (sie hat die Druckkosten für diesen Band zur Verfügung gestellt). Dank gilt der Katholischen Akademie Berlin, die ihr Haus für die Fachsymposien zur Verfügung stellt.

Mein Dank gilt nicht zuletzt András Máté-Tóth aus Szeged. Als Stipendiat des Pastoralen Forums in Wien habilitiert, baut er mit Hilfe einer dem Pastoralen Forum eng verbundenen Internationalen Stiftung einen Lehrstuhl für angewandte Religionswissenschaft an der JATE-Universität in Szeged auf. Dieses Forschungszentrum koordiniert die Forschungstätigkeiten in den einzelnen Ländern. Es hat inzwischen auch eine Homepage eingerichtet, die zu besuchen sich lohnt: http://pastfo.rel.u-szeged.hu/aufbruch. Ich danke ihm für sein umsichtiges und fachkundiges Engagement. Er wird vom Pastoralen Forum aus von der Theologin Ursula Hamachers-Zuba in expeditiver Weise unterstützt. Auch ihr danke ich an dieser Stelle sehr für ihren unentbehrlichen Einsatz.

Wien, im Dezember 1998 *Paul M. Zulehner*

# ZUSAMMENFASSUNG

1. Ende 1997 wurden in zehn nachkommunistischen Reformländern Ost(Mittel)Europas zum Thema „Gott nach dem Kommunismus“ repräsentative Umfragen durchgeführt. Die Rolle von Religion und (christlichen) Kirchen im Kommunismus und in den jungen Demokratien wurde studiert. Einbezogen wurden Litauen, Polen, die Ukraine, Tschechien und die Slowakei, Ungarn, Rumänien, Slowenien und Kroatien sowie Deutschland-Ost. Durchgeführt wurden die Erhebungen durch die GfK Wien und die mit ihr assoziierten Institute in den in die Studie einbezogenen Ländern.

2. Diese Erhebungen erbrachten ein genaueres Bild von der Lage von Religion und Kirchen nach vierzig Jahren eines kommunistischen Gesellschaftsprojekts, das ohne Religion und Kirchen entworfen war und unter Ausschaltung dieser realisiert werden sollte.

## KONFESSIONELLE LANDKARTE

3. Die Studie zeichnet eine gut abgesicherte religiös-kirchliche Landkarte für diesen Teil Europas. Geklärt wird, wie viele Mitglieder die christlichen Kirchen haben, aber auch: wie viele keiner Kirche angehören. Diese Landkarten können eine solide Grundlage für anstehende kirchliche wie politische Entscheidungen bilden.

Tabelle Zusammenfassung 1: Konfessionelle Landkarte

| in Prozenten | Kirchenmitglieder | | | | | | von den Konfessionslosen sind: | | | |
|---|---|---|---|---|---|---|---|---|---|---|
| | römisch-katholisch | griechisch-katholisch | orthodox | protestantisch | sonstige | konfessionslos | getauft-unverbunden | ungetauft | getauft-ausgetreten | keine Angabe |
| Deutschland-Ost | 5% | 0% | 0% | **20%** | 2% | **72%** | 19% | 36% | 16% | 1% |
| Kroatien | **83%** | 0% | 1% | 0% | 1% | **15%** | 10% | 5% | 0% | 0% |
| Litauen | **67%** | 0% | 2% | 1% | 2% | **28%** | 23% | 3% | 1% | 1% |
| Polen | **89%** | 0% | 0% | 0% | 1% | **7%** | 6% | 0% | 1% | 0% |
| Rumänien | 9% | 1% | **71%** | **12%** | 4% | 3% | 2% | 0% | 0% | 1% |
| Slowakei | **58%** | 3% | 1% | 9% | 1% | **27%** | 21% | 5% | 0% | 1% |
| Slowenien | **62%** | 0% | 1% | 0% | 3% | **34%** | 23% | 7% | 1% | 3% |
| Tschechien | **23%** | 0% | 0% | 1% | 3% | **73%** | 37% | 34% | 1% | 1% |
| Ukraine | 1% | 6% | **22%** | 0% | 2% | **68%** | 56% | 11% | 0% | 1% |
| Ungarn | **42%** | 1% | 0% | **15%** | 2% | **40%** | 29% | 7% | 1% | 3% |

Quelle: Aufbruch 1998

4. Diese konfessionelle Landkarte macht sichtbar, welche Konfession in welchem Land überwiegt. Demnach gibt es

(a) *katholische* Länder mit einer mehr oder minder großen Minderheit an Konfessionslosen (Polen 89% römisch-katholisch, 7% konfessionslos; Kroatien 83% römisch-katholisch, 15% konfessionslos; Litauen 67% römisch-katholisch und 28% konfessionslos; Slowenien 62% römisch-katholisch, aber 34% konfessionslos; Ungarn 42% römisch-katholisch und 40% konfessionslos, dazu eine protestantische Minderheit von 15%);

(b) *orthodoxe* Länder mit anderen konfessionellen Minderheiten und unterschiedlichen Anteilen von Konfessionslosen (Rumänien/Siebenbürgen 71% orthodox, 12% protestantisch, 9% katholisch);

(c) Länder mit einer Majorität an *Konfessionslosen* (Deutschland-Ost 72% mit einer protestantischen Minderheit von 20% und 5% römisch-katholischen Kirchenmitgliedern; Tschechien 73% konfessionslos und 23% römisch-katholisch; Ukraine 68% konfessionslos mit einer orthodoxen Minderheit von 22% und 6% griechisch-katholischen Mitgliedern).

Es gibt in den untersuchten Ländern keines mit einer protestantischen Mehrheit.

Hilfreich für die folgenden Analysen: Die römischen und griechischen Katholiken, die Orthodoxen und die Protestanten sowie die Konfessionslosen bilden jeweils eine so große Gruppe, daß für sie getrennte Analysen gemacht werden können.

## INNEN- UND AUSSENSICHT

5. Zur Darstellung der religiös-kirchlichen Lage wurden zwei Zugänge gewählt: eine Außensicht sowie eine Innensicht. Diese zwei Zugänge bilden auch die Grundstruktur des vorliegendes Buches:

(a) Zur Außensicht der Kirche zählen zwei Fragerichtungen: Wie sehen die Befragten einen Christen und wie die Kirchen. Näherhin: Was für Glaubenspositionen verbinden Menschen in den nachkommunistischen Ländern mit einem Christen? Welches Kirchenbild haben sie und welche Erwartungen an das gesellschaftliche Handeln von christlichen Kirchen?

(b) Zur Innensicht wiederum gehören die Fragen nach der religiösen bzw. nichtreligiösen Biographie der Befragten; sodann wird ausgehend vom religiösen Selbstverständnis untersucht, was die befragten Personen selbst damit in Verbindung setzen. Dimensionen der Religiosität werden dargestellt. Dazu zählen der Glaube, die Praxis, die Erfahrung, die Folgen für das Leben sowie der Bezug zu einer religiösen Gemeinschaft.

(c) Verdichtungen verbinden abschließend die Ergebnisse der beiden Ansichten von Religion und Kirchen.

## AUSSENSICHT 1: DER CHRIST

6. Christen sind in der Sicht nachkommunistischer Bevölkerungen Personen, die vor allem an Gott glauben (87%). Sie befolgen die zehn Gebote (80%), kümmern sich um alte Menschen (66%). Diesen drei Merkmalen stimmt mehr als ein Drittel aller Befragten zu.

Im Mittelfeld liegen: regelmäßig beten (59%), am Sonntag zur Kirche gehen (45%) sowie den Bekannten nach Möglichkeit Freude machen (45%).

Eher wenig mit dem, was einen Christen ausmacht, haben hingegen zu tun: keine sexuellen Beziehungen vor der Ehe haben, nach maximaler Leistung streben und andere vom Christsein überzeugen (alle drei Aussagen: 31%), aktiv in der Kirchengemeinde mitarbeiten (25%). Auch die Methoden künstlicher Empfängnisverhütung zu meiden wird nur von einer Minderheit in Verbindung mit einem Christen gesehen (22%).

Fast nichts zu tun mit dem Christen hat „eine christliche Partei wählen" (13%) und auch nicht die Gehorsamsbereitschaft gegenüber einem Vorgesetzten (10%).

Diese Merkmale eines Christen haben eine innere Ordnung und weisen in vier Richtungen: Glaube, Sexualität, Soziales, Engagement. Eindeutig wird ein Christ in der Wahrnehmung nachkommunistischer Bevölkerungen vom Glauben und vom sozialen Engagement her bestimmt. Das entspricht auch dem inneren Selbstverständnis der Christen: Gottesliebe und Menschenliebe bilden das Zentrum christlichen Menschenbildes. Die größten länderweisen Unterschiede finden sich in der Einschätzung der sexuellen Dimension.

Abbildung Zusammenfassung 1: Vier Grundmerkmale eines Christen

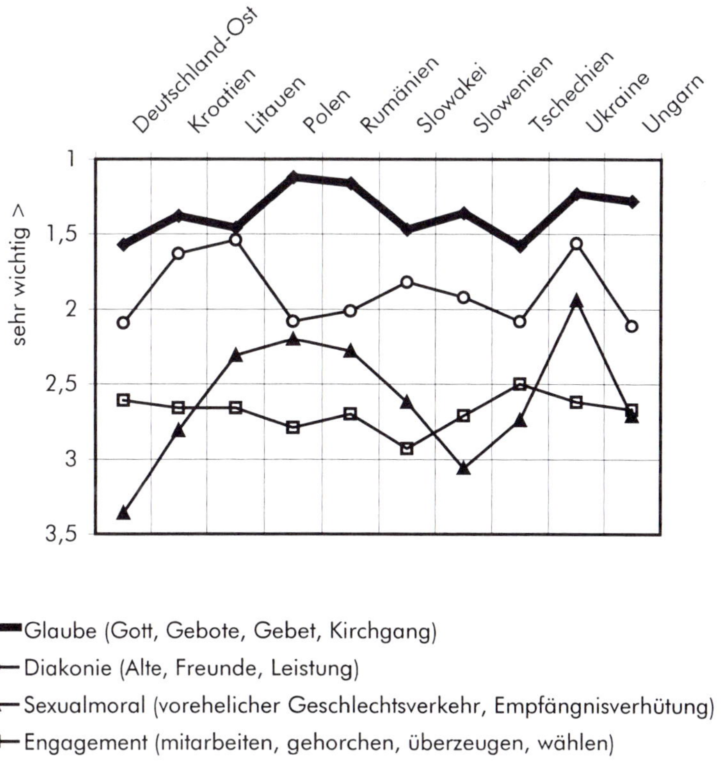


Quelle: Aufbruch 1998

## AUSSENSICHT 2: DIE KIRCHEN

7. Die Kirchenvorstellungen bewegen sich auf zwei Ebenen: In der einen Dimension werden die Kirchen von den einen als bedrohlich, von den anderen als hilfreich angesehen. Die andere Dimension spannt sich zwischen den Polen der Menschennähe und der Entfremdung von den Menschen. Während die Menschen in Deutschland-Ost die Kirche vorwiegend als bedrohlich und entfremdet empfinden, ist in Rumänien genau das Gegenteil der Fall.

Abbildung Zusammenfassung 2: Die Kirche - bedrohlich versus hilfreich und menschennah versus entfremdet

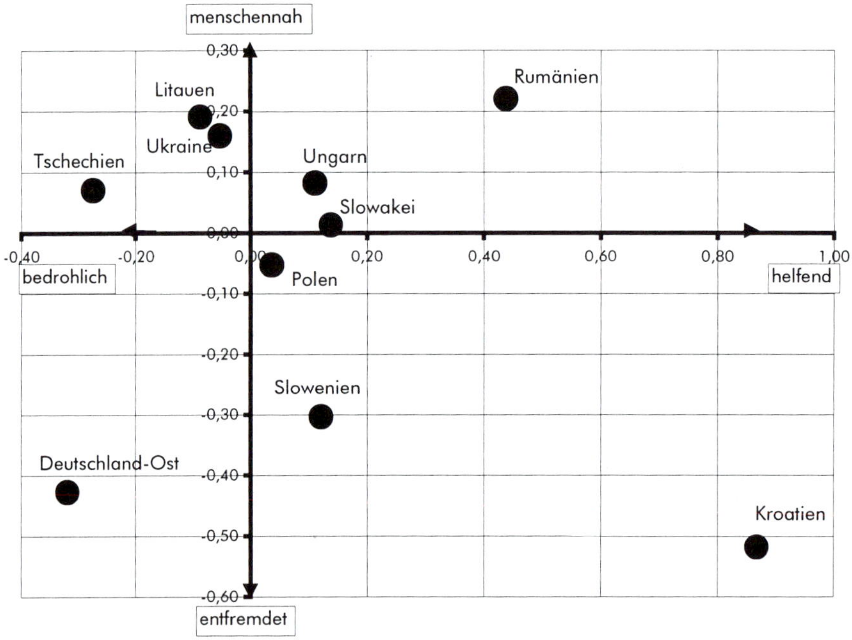


Quelle: Aufbruch 1998

8. Eine allseitig bewegende Frage betrifft die öffentliche Rolle der Kirche. Hierbei treten aber zwei Dimensionen auseinander, deren Kombination von Land zu Land verschieden ist. Die eine betrifft die der Kirche zugeschriebenen Kompentenzen, die andere, in welchen Fragen und in welchem Ausmaß man von der Kirche eine Antwort erwartet. Eigenartigerweise setzen die Erwartungen an die Kirche nicht immer voraus, daß man annimmt, daß die Kirche auch kompetent ist. Eine extreme Position nimmt wieder Deutschland-Ost ein. Andere sehr markante Positionen besetzen Tschechien, die Ukraine und Kroatien.

Abbildung Zusammenfassung 3: Kompetenzen und Erwartungen

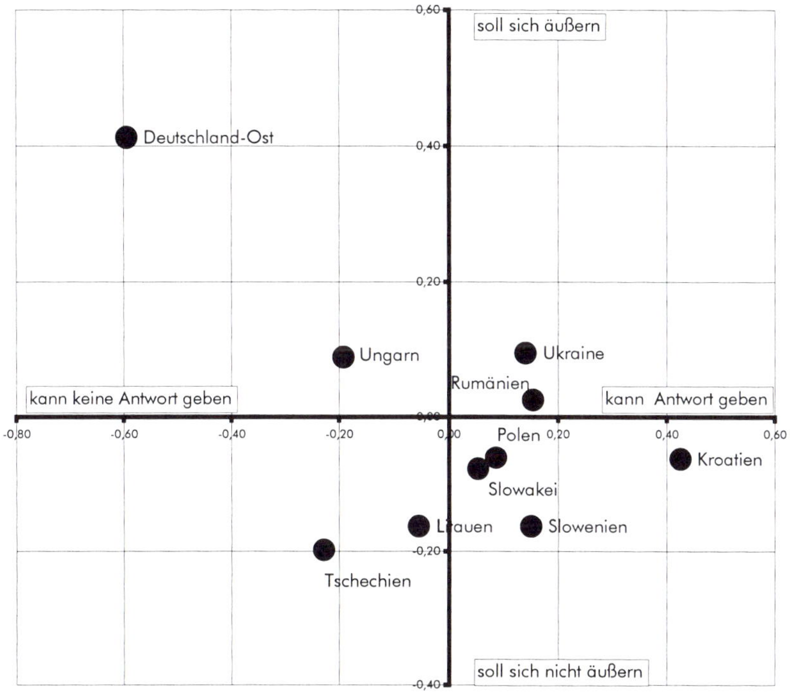


Quelle: Aufbruch 1998

## INNENSICHT 1: RELIGIÖSE BIOGRAPHIEN

9. Eine Schlüsselfrage der religiösen Situation in Ost(Mittel)Europa besteht darin, daß bereits ein wesentlicher Anteil der Eltern den Kindern kein Zeichen der Religiosität gab. Die Religionsfeindlichkeit des Staates hat lediglich einen Prozeß vollendet, welcher untergründig schon im Gange war.

10. Der kommunistische Staat hat die religiöse Überlieferung angegriffen. Seine Politik beschädigte arg die Familie. Der Erhalt eines religiösen Familienmilieus ist demnach sehr schwer geworden. Nichtsdestoweniger sind die Familien die wichtigsten Überlieferer des Glaubens geblieben. Wo die Familie ihre Religion lebte, führten Eltern ihre Kinder in die religiöse Praxis (Gebet, Kirchgang, Erstkommunion, Firmung) ein. Dies konnte umso eher erfolgreich geschehen, je mehr eine kirchlich geprägte traditionelle Kultur erhalten geblieben war.

11. Sosehr die (religiöse) Tradition angegriffen und die Loslösung von der Religion erwünscht war, fanden von der vorprogrammierten Bahn abweichende Konversionen statt.

# INNENSICHT 2: RELIGIÖSE UND ATHEISTEN

12. Im Vergleich zu Westeuropa gibt es in den untersuchten Ländern Ost(Mittel)Europas eine (auch untersuchbare) Gruppe von Personen, die sich selbst als atheistisch bezeichnen. Allerdings ist es auch beim Atheismus wie beim Glauben: Die subjektive Zustimmung erfolgt gestuft. Mit drei einzelnen Aussagen, welche die Antwortkategorie „ich glaube nicht an Gott" enthielten, wurde eine Atheismusskala gebildet. Sie läuft von nichtatheistisch (0 Punkte) über „atheisierend" (1 Punkt) und „atheistisch" (2 Punkte) bis zu „vollatheistisch" (3 Punkte).

Der Anteil von Atheisten ist in den einzelnen Ländern sehr verschieden. So wie es in Ost(Mittel)Europa dominant religiöse Kulturen gibt, hat es auch zwei atheistische: Deutschland-Ost (die ehemalige DDR) sowie Tschechien.

Abbildung Zusammenfassung 4: Atheistenanteil in den zehn Ländern

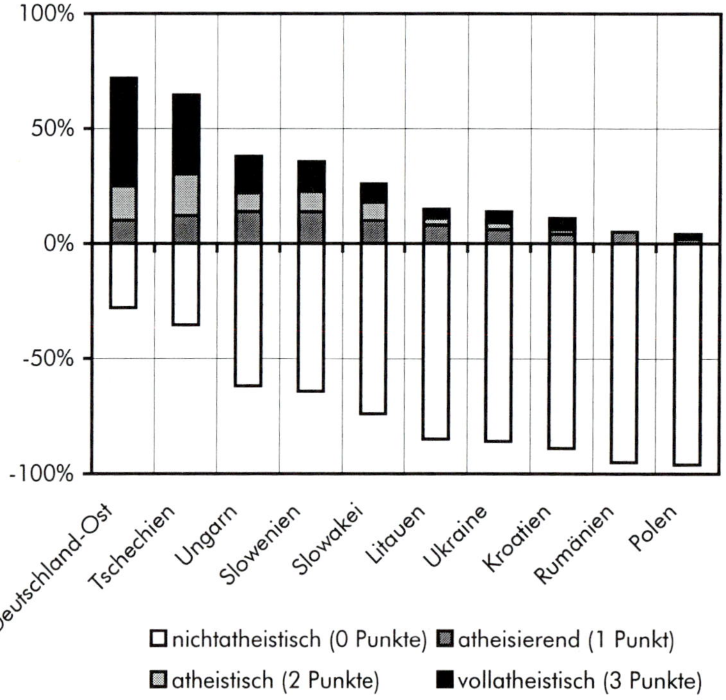


Quelle: Aufbruch 1998

Insgesamt nimmt der Anteil der Atheisten im ost(mittel)europäischen Durchschnitt zu den ganz jungen Menschen hin ab.

Je nach Konsistenz des Atheismus ist auch die Ablehnung von religiös-kirchlichen Positionen unterschiedlich. 20% der atheisierenden Personen halten sich selbst für religiös; 35% sind Mitglied einer christlichen Kirche. Unter den atheistischen Personen (2 Punkte) sind es 11%, in der Gruppe der „vollatheistischen" nur 3%.

Die einzelnen christlichen Kirchen weisen unter ihren Mitgliedern kaum Atheisten aus (die griechisch-katholische Kirche 1%, die römisch-katholische 4%, die orthodoxen 6%) – einzige Ausnahme: die protestantischen Kirchen, in denen der Anteil verschiedenartiger Atheisten bei 17% liegt.

13. Ausgangspunkt für tieferschürfende Analysen bildet die religiöse Selbsteinschätzung. Im Schnitt der zehn Länder sind die Menschen Ost(Mittel)Europas mehrheitlich religiös (57%), darunter sind 12% ganz besonders Religiöse. Hinsichtlich der Ausstattung mit dieser Religiosität unterscheiden sich die einzelnen Länder aber drastisch.

Abbildung Zusammenfassung 5: Verbreitung von Religiosität in den untersuchten Ländern

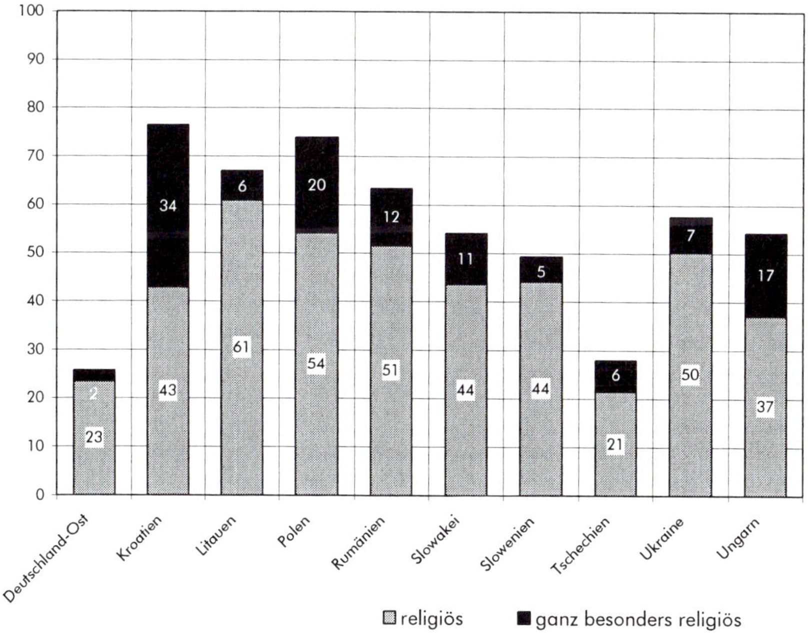


Quelle: Aufbruch 1998

Das Profil dieser subjektiv wahrgenommenen Religiosität ist konturiert: der engste Zusammenhang besteht zur religiösen Praxis (Gebet, Kirchgang), gefolgt von (christlichen) Glaubenspositionen (Gott, Jesus Christus). Eng an die religiöse Selbsteinschätzung gebunden ist die religiöse Sinngebung des Lebens.

Die Auswirkung auf verschiedene Aspekte des Lebens variiert beträchtlich. Eine allgemeine Bedeutung der Religion für Demokratie oder Ehe wird von den Religiösen angenommen. Die Auswirkungen auf das konkrete berufliche, eheliche oder politische Leben gelten hingegen als eher gering. Auch hinsichtlich des Kirchenbezugs (hier wieder die Kirchenfinanzierung) sind die Zusammenhänge geringfügig.

Abbildung Zusammenfassung 6: Profil des Religiösen

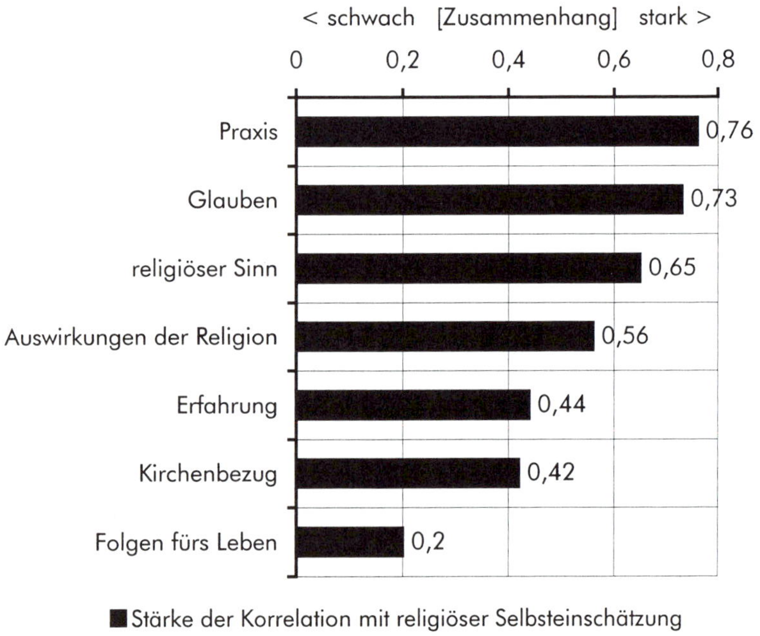


Quelle: Aufbruch 1998

## VERFOLGUNGSERFAHRUNGEN

14. Die Studie bringt erstmals repräsentative Erkenntnisse über die Frage, ob jemand im Kommunismus selbst, ob jemand in seinem Umkreis oder ob die Kirche seiner eigenen Erfahrung nach „verfolgt" worden ist. Der Anteil jener, die zu keiner Zeit des Kommunismus eine Kirchenverfolgung wahrgenommen haben, ist ebenso gering wie der Anteil jener, die selbst Opfer einer Verfolgung wurden. Von einer Benachteiligung von Bekannten und von den Gläubigen allgemein wissen allerdings – von Land zu Land recht verschieden – viele: am häufigsten in der Ukraine, in Ungarn, in der Slowakei und in Kroatien. Verfolgung erlitten vor allem ältere gebildete Befragte.

Abbildung Zusammenfassung 7: Verfolgungserfahrungen

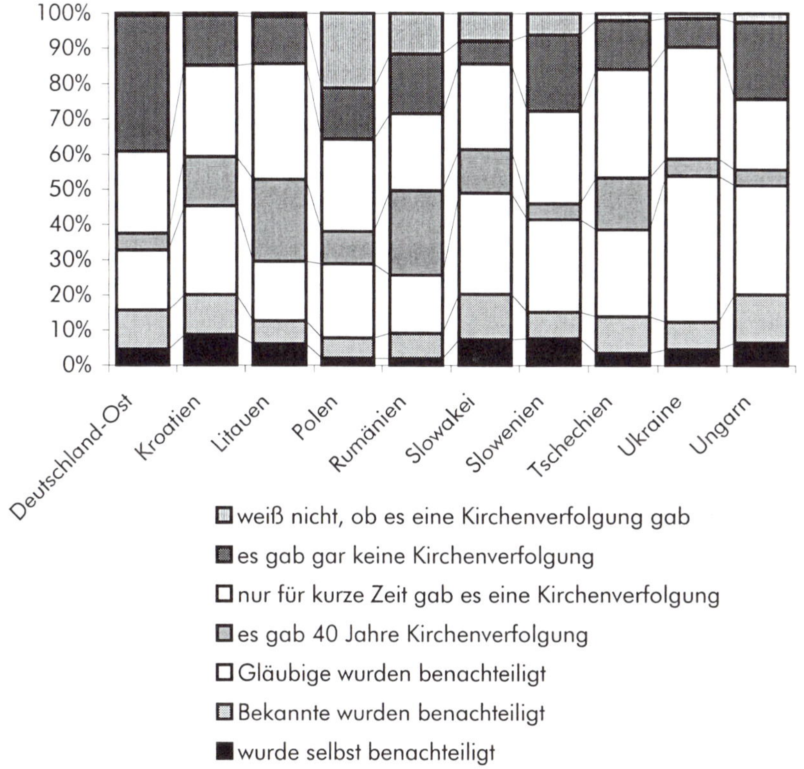


Quelle: Aufbruch 1998

## ZUR ZUKUNFT DER RELIGION

15. Die Mehrheit der Befragten erwartet für die nächsten Jahre einen religiösen Aufschwung. Sie sind also religiöse Zukunftsoptimisten. Mit Ausnahme der ehemaligen DDR, Tschechiens, Polens und Rumäniens gilt, daß dieser religiöse Zukunftsoptimismus überwiegend ein „Optimismus aufgrund von Erfahrung" ist, also im Einklang steht mit den Trends der letzten Jahre.

# DIE STUDIE

# ALS EINFÜHRUNG: ERSTEINDRÜCKE

Religion ist in Ost(Mittel)Europa ein widersprüchliches Phänomen. Es ist kein Wunder, daß auch wir selbst oft unfähig sind, unsere Beobachtungen schlüssig zu deuten. Die Medien und die Politiker, die kirchlichen Würdenträger und die Bürger kommen häufig zu diametral entgegengesetzten Schlußfolgerungen. Der Kommunismus soll die Religion und die Kirchen nicht nur drangsaliert, sondern fast erwürgt haben... Doch wie ein Phönix aus der Asche soll die Religion auferstanden sein und jetzt für alle Welt ein Beispiel der religiösen Erneuerung bieten... Die Strukturen und die eingefleischten Gewohnheiten der kommunistischen Zeit leben jedoch fort. Somit könne auch jede neue Religiosität nur ein Schein, eine Modeerscheinung, die Oberfläche bilden... Aber die Religion und die Kirchen sind offensichtlich zu gewichtigen Faktoren des öffentlichen Lebens geworden. Die Erscheinung vieler neuer Kirchen und Sekten bezeuge aber die Schwäche der traditionellen Kirchen. Zusätzlich dazu können die großen Kirchen ihre herkömmlichen Institutionen und Strukturen noch lange nicht wiederbeleben... Aber die Ausgestaltung und Behauptung einer eigenständigen nationalen Identität ist in nicht wenigen Ländern ohne den Beitrag von Religion und Kirche einfachhin undenkbar. Und so weiter. Es gibt viele Fakten und Beobachtungen, die aber einander zu widersprechen scheinen. Wie kann dieses Knäuel entwirrt werden?

Die atheistische Ideologie und die Kirchenverfolgung des Kommunismus sind historisch unbestreitbare Fakten. Das heißt aber noch lange nicht, daß sie in Ost(Mittel)Europa von allen zugegeben werden. Es gibt auch unkundige und kurzsichtige Menschen oder einfach solche, welche die Ereignisse von einer anderen Warte beurteilen. Kommunisten bezeichneten ihre Politik als die Wiederherstellung der Ordnung, als den Abbau des – für sie – illegitimen Einflusses der Kirche. Aus dieser Sicht gab es also keine Kirchen-„verfolgung“. Für den nichtreligiösen Teil von Generationen, die im Kommunismus aufgewachsen sind, mag die Kirchenfeindlichkeit einfach als der Normalzustand erschienen sein. Das Wort „Verfolgung“ klingt in ihren Ohren unpassend.

Solche Kontroversen dürfen wir nicht aus dem Auge verlieren. Wir müssen uns später mit ihnen auseinandersetzen. Zunächst aber sollen wir uns mit einer ersten Feststellung begnügen: Der Kommunismus war kirchenfeindlich. Er versuchte nach seinem besten Können die Religiosität zu zerstören, die Gläubigen von jedem gesellschaftlichen Einfluß fernzuhalten und die Organisation der Kirchen lahmzulegen. Sein Erfolg war von Land zu Land verschieden. Allgemein gilt aber, daß der atheistisch orientierte Parteistaat das religiöse und das kirchliche Leben in einer dreifachen Hinsicht tiefgehend beeinträchtigte. Die Schule, die Medien und die Propaganda erzeugten in der ganzen Gesellschaft große Wissenslücken und antireligiöse Denkmuster. Die ideologiegelenkte Gesellschaftspolitik schuf eine Klasse von akademisch Gebildeten und von Apparatschiks, die sich auf Kirchenferne und auf Religionslosigkeit verschworen haben.[2] Dieselbe Politik konnte die Gläubigen wirtschaftlich und kulturell an den Rand drücken. Der autoritäre Staat vermochte schließlich die institutionelle Stärke der Kirche zu unterminieren.

Bei allen Unterschieden zwischen Ländern und Regionen hat ein halbes Jahrhundert kommunistischer Herrschaft die früher zentrale Rolle der Religion wesentlich geschwächt. Trotzdem wäre es einseitig und falsch, für alle Veränderungen und für den Religionsverlust die politische Macht allein verantwortlich zu machen. Eine zögernd begonnene Modernisierung hatte ihre eigene Wirkung. Zu fragen ist höchstens, wie diese beiden Faktoren, der sozioökonomische Prozeß der Modernisierung und die Herrschaft des Parteistaates zusammengewirkt haben. Diese Frage soll uns später immer wieder beschäftigen.

Der Kommunismus bekämpfte die Religion. Das genaue Ausmaß seines Erfolges ist jedoch unklar. Man könnte sogar genau entgegengesetzt argumentieren. Die Verfolgung kann die Religion auch gestärkt haben. Der Totalitarismus kann der Kirche eine besonders wichtige Rolle, die Funktion der Opposition verliehen haben. Diese wie jene Sicht mögen ihre Belege anführen. In den sechziger und siebziger Jahren gab es osteuropaweit eine umfangreiche Entchristlichung. Sie ist aber in den spätsiebziger Jahren vielerorts zum Stillstand gekommen. In mehreren ost(mittel)europäischen Ländern begann in den achtziger Jahren ein religiöser Aufschwung. Immer mehr Menschen haben dem zerbröckelnden politischen System die zeitlosen Werte der Religion entgegengehalten.

Die kirchenamtlichen Strukturen mögen gelegentlich mit dem politischen System verflochten gewesen sein. Die Erneuerung begann aber von unten, von Kirchgemeinden und selbständigen Gruppen von Gläubigen. Das Prestige der Kirche wuchs. Religion und Kirche sind Kräfte geworden, die maßgeblich am Fall des Kommunismus beteiligt waren.[3] Viele meinten darin gleichwohl eine welthistorische Tendenzwende sehen zu können. Der Trend der Entchristlichung wurde gebrochen. Das Wunschdenken sah für einige Jahre in Osteuropa den Vorreiter einer erhofften weltweiten religiösen Erneuerung. „Ex oriente lux“ – das Licht kommt aus dem Osten.

---

2 Szelényi Ivan, Konrád György: Die Intelligenz auf dem Weg zur Klassenmacht. Frankfurt 1991. – Voslensky Michael S.: Nomenklatura. Die herrschende Klasse der Sowjetunion. Wien, 1980.

3 Gönner Hannes: Die Stunde der Wahrheit. Frankfurt 1996. – Michel Patrick: La société retrouvé. Politique et religion dans l'Europe soviétisée. Paris 1988. – Michel Patrick (Hg.): Les Religions à l'Est. Paris 1992. – Nielsen Niels: Revolutions in Eastern Europe. Maryknoll, New York 1991. – O'Grady Desmond: The Turned Card. Christianity before and after the Wall. Leominster 1995. – Zulehner Paul M. (Hg.): Kirchen im Übergang in freiheitliche Gesellschaften. Wien 1994.

Inzwischen ging die Entwicklung weiter. Religion und Kirchen sind innerhalb Ost(Mittel)Europas zu umstrittenen Größen geworden. Hier und da kam es zum Aufflackern eines neuen Kirchenkampfes. Die Religionsfeindlichkeit hat gelegentlich Schärfen angenommen, wie es seit der Stalinzeit nicht mehr bekannt war. Die Forderungen der Kirchen für die Rückgabe ihrer vor 40 bis 50 Jahren verstaatlichten Institutionen und ihres Vermögens stoßen auf Widerstand. Zwischen alten und neuen Kirchen sind einschneidende Interessengegensätze sichtbar geworden. Kirchen werden von der Politik instrumentalisiert. Sie begeben sich aber auch immer wieder unvorbereitet auf das politische Parkett. Die öffentliche gesellschaftliche „Auferstehung der Kirchen" geschieht nicht ohne Konflikte.

Der Wandel wird von einer weltanschaulichen Polarisierung begleitet. Die erste Euphorie, welche die Religiosität kurzerhand als Synonyme für Gutwilligkeit und Ehrlichkeit verstand, ist vorbei. Anfang der neunziger Jahre mockierten sich manche Leute über den „Spitzenverkehr auf dem Weg nach Damaskus", womit sie die plötzliche Vermehrung der Wendehälse bezeichnet haben. Die verständliche Not, eine belastende Vergangenheit verschönern zu müssen, ist inzwischen kleiner geworden. Im Lichte der neuen Herausforderungen ist die staatssozialistische Vergangenheit in die Ferne gerückt. Die Schwierigkeiten der Gegenwart lassen das Vergangene sogar häufig rosig erscheinen. Man braucht die Religion nicht mehr, um sich zu rechtfertigen, um die eigene Rechtschaffenheit zu demonstrieren. Geht es also mit der Religion wieder bergab? Solch eine Folgerung wäre kurzschlüssig. Die Zickzackentwicklung der letzten Jahrzehnte scheint aber keine hinreichende Grundlage für eine sichere Situationsanalyse oder gar für eine Prognose zu bieten. Sie ist eher eine Warnung. Die Daten von gestern und von vorgestern müssen selbst für damals auf ihre Echtheit überprüft werden. Aus heutiger Sicht muß zusätzlich noch ihre Dauerhaftigkeit unter die Lupe genommen werden. Bei Wirbelwind und Treibsand soll man mit Orientierungspunkten vorsichtig sein. Die Weisheit gebietet, immer wieder eine neue Ortsbestimmung vorzunehmen. Wir wollen eine solche vornehmen.

## AUSSEN- UND INNENSICHT

Kirchen sind ebenso wie religiöse und kirchenorientierte Menschen ein gesellschaftliches Phänomen. Wofür aber stehen Religion und Kirche als solche soziale Wirklichkeit in postkommunistischen Ländern Europas? Wie werden sie, anders ausgedrückt, gesellschaftlich wahrgenommen? Was hält man von ihnen? Wofür hält man sie? Setzt man Hoffnungen auf sie, werden sie ignoriert oder werden sie befürchtet? Was ist also ihre gesellschaftliche „Außensicht"?

Von dieser „Außensicht" wird die „Innensicht" unterschieden. Diese Unterscheidung ist immer berechtigt. Sie fördert eine tatsächlich vorhandene Differenz zutage.[4] In Ost(Mittel)Europa kommt noch etwas dazu. Religiosität und Kirchlichkeit blieben mehr als gewöhnlich verborgene, verheimlichte Qualitäten und Verhaltensweisen. Die staatsgesteuerte Öffentlichkeit wurde mit vorurteilsbeladenen Klischees bombardiert, die das Bild von Religion und Kirche verzerrten. Weder die Außensicht, noch die innere Identität konnten sich frei entwickeln. Jetzt, am Anfang einer neuen historischen Epoche, müssen sie deshalb abgefragt, auf ihre Echtheit und Dauerhaftigkeit geprüft werden. Was macht die Religiosität in einem Menschen postkommunistischer Länder aus? Wie ist faktisch die Beziehung zu einer der Religionsgemeinschaften? Welche Kirchen gibt es überhaupt? Und schließlich: In welcher Weise formt diese Beziehung zu einer Religionsgemeinschaft die persönliche Religiosität? Fachlich ausgedrückt: Was ist die personale (psychische) Dimension des religiös-kirchlichen Phänomens, welches die kulturelle „Glaubensseite", und wie sieht schließlich der institutionelle Aspekt aus? Näherhin, wie wird insbesondere die katholische Kirche wahrgenommen?

Wir analysieren das vorliegende Datenmaterial in diesen Richtungen. Dabei versuchen wir, einzelne Daten auf der Basis ihrer inneren Zusammengehörigkeit zu verdichten. Einzelaussagen können gelegentlich auf Mißverständnissen beruhen oder äußerst einseitige Auffassungen widerspiegeln. Wir wollen uns vielseitiger umsehen, bevor wir unseren Ohren trauen. Statistisch-demoskopische Daten müssen miteinander in Beziehung gesetzt werden. Das geschieht in einer fachlich bereits lange ausprobierten und verfeinerten Prozedur. Die Zusammengehörigkeit der Daten wird faktorenanalytisch geprüft. Nur Informationen (Items), die einander gegenseitig unterstützen (statistisch: die auf einer Dimension hoch laden), werden als zusammengehörig betrachtet. Mit den verwandten Einzeldaten werden sodann Indizes gebildet, wo es geht auf faktorenanalytischem Weg, sonst durch Addition und Skalierung der Antwortwerte.

4 Wegner Gerhard: Kirchliche Wahrnehmung und Wahrnehmung der Kirche. Hannover 1996.

# AUSSENSICHT

## AUSSENSICHT 1: RELIGION UND CHRISTSEIN

Die Menschen in Ost(Mittel)Europa sind nicht weniger unsicher als die von weiter zuschauenden Beobachter, was sie von Religion und Kirche halten sollen. Die Informationen sind weiterhin ungenügend, dafür aber verworren. Geht es mit der Religion auf oder ab? Wofür soll man sich selbst halten? Ist man eigentlich religiös, oder ist man es nicht? Soll man es offen aussprechen oder lieber nicht? Soll man die eigene Religiosität lieber zu Hause behalten, oder soll man sie auch mit Kirchgang bekräftigen? Ein halbes Jahrhundert hindurch war es ratsamer, darüber nicht viel zu reden. In vielen Ländern ist die Religion nur für Insider sichtbar geblieben. Selbst die antireligiöse Politik des Staates ist für die Außenstehenden ungreifbar, unwirklich geworden. Doch dann schien die Kirchenverfolgung tatsächlich schwächer, die gesellschaftliche Achtung der Religiosität dagegen stärker geworden zu sein. Langsam wurde man gewahr, wie komplex das religiöse Phänomen ist.

### *Das religiöse Phänomen*

Dieses religiöse Phänomen hat viele eigenständige Fragen aufgeworfen. Hat es tatsächlich eine Verfolgung der Religion gegeben? In welchem Ausmaß? Wer trägt noch deren Wunden? Weiterhin: Was ist die Religion? Ist sie eine unerklärliche private Neigung, wie die Vorliebe für eine Blume oder eine besondere Musik, oder hat sie einen umfassenderen Sinn und Zweck? Wie viele Menschen glauben daran? Wie viele befolgen die Weisungen religiöser Gemeinschaften? Wie verändert sich deren Zahl? Worin besteht diese Religiosität? Was für Konsequenzen hat sie für Mensch und Gesellschaft? Und was ist das: „Kirche“? Ist sie gut für etwas? Wofür?

Die Jahre nach 1989 –1990 unterstrichen solche Fragen. Sie brachten eine klare Hinwendung zur Religion. Beachtliche Anteile der ehemals kommunistischen Gesellschaften bekannten sich als religiös (vgl. Tabelle 1).[5]

---

[5] Die Daten für 1991 stammen aus der Europäischen Wertestudie. Datenbände, die auch Ost(Mittel)Europa erfassen: Basanez Miguel, Inglehart Ronald, Moreno Alejandro: Human Values and Beliefs: A Cross-Cultural Sourcebook. Ann Arbor 1996. – Zulehner Paul M., Denz Hermann: Wie Europa lebt und glaubt. Europäische Wertestudie. Düsseldorf 1993.

Tabelle 1: Religiosität und Mitgliedschaft in einer Konfession 1991

| Land | religiös | gehört einer Konfession an |
|---|---|---|
| Weißrußland | 41% | 30% |
| Bulgarien | 36% | 34% |
| (ehemalige) DDR | 38% | 35% |
| Estland | 21% | 13% |
| Lettland | 54% | 37% |
| Litauen | 55% | 63% |
| Polen | 95% | 96% |
| Rumänien | 75% | 94% |
| Rußland | 56% | 37% |
| Slowakei (noch als Teil der CSSR) | 69% | 72% |
| Slowenien | 73% | 74% |
| Tschechien (als Teil der CSSR) | 37% | 40% |
| Ungarn | 57% | 58% |

Die Anteile der sich subjektiv als religiös, bzw. der sich als Mitglieder einer Konfession bezeichnenden Menschen in dreizehn postkommunistischen Gesellschaften.
Quelle: Europäische Wertestudie 1991

Die Statistiken von 1991, die auch als das damalige Gesamtbild oder zumindest als eine der möglichen Lesarten verstanden werden können, wurden bald von verschiedenen Seiten kritisiert. Manche haben diese Zahlen für zu niedrig gehalten, zumal es auch vereinzelt wesentlich höhere gab. Diese Kritiker betonten,

- daß die hier zitierte Erhebung die einzige mögliche „religiöse“ Antwortalternative mit zwei anderen Antworten (nämlich „nichtreligiös“ und „atheistisch“) konfrontierte und somit auf technische Weise die Chancen für eine differenzierte religiöse Selbsteinstufung verminderte;
- daß die nicht hinreichend aufgeschlüsselte Frage auch die Zahl der „religiösen“ Selbstbezeichnungen minderte (bei Skalen mit mehr Antwortmöglichkeiten ergeben sich erfahrungsgemäß mehr „religiöse“ Antworten);
- daß das „Angehören einer Konfession“ (oder gar die „Mitgliedschaft“) eine eher ungewöhnliche Formulierung ist, die manche Menschen zu verunsichern vermochte (und abweichende Formulierungen der konfessionellen Zugehörigkeit in anderen Erhebungen äußerst unterschiedliche und zum Teil wesentlich höhere Anteile erbrachten).

Kritiker, die andererseits diese Angaben für zu hoch hielten, beriefen sich

- auf die (bzw. genauer: auf die von ihnen so gedeuteten) Alltagserfahrungen, wonach es so viele religiöse Menschen „nicht geben kann“;
- auf die ungewöhnliche Situation, als (a) viele Menschen zur Füllung eines inneren Vakuums einen Ersatz brauchten; als aber auch (b) ein starker gesellschaftlicher Druck entstand, sich als religiös zu identifizieren. Diese Si-

tuation sei aber (nach der Meinung dieser Kritiker) von provisorischer Natur;

- auf die Besonderheit der Ergebnisse, wonach in manchen Ländern genau jene Menschen und Oberschichten sich im hohen Anteil als „religiös“ nannten, die nur wenig früher vehement die atheistische Staatsideologie vertraten.[6]

Ein Teil dieser Kritiken ist eher methodologischer Art. Ein anderer Teil will Daten nicht akzeptieren, weil diese ihm nicht passen. Zwei Fragen bleiben für eine spätere Beantwortung offen. Wie sieht der Anteil der religiösen und der nichtreligiösen Menschen (fast) ein Jahrzehnt nach dem Ende des Kommunismus tatsächlich aus? Und: wie beurteilen die Menschen in den postkommunistischen Gesellschaften den Verlauf und die Ausrichtung des religiösen Wandels? Aufgrund der Daten von 1998 ist die erste Frage leicht zu beantworten. Im weltanschaulichen Bereich brodelt es in den postkommunistischen Ländern. Erneuerung von unten, Restauration, neue Ansätze, echter Anschein und falscher Schein sind kaum entflechtbar miteinander verwoben. Die letzten Reste einer Vorkriegsreligiosität verflüchtigen sich in manchen Ländern gerade in diesen Jahren. Woanders stoßen Traditionalismus und Volksfrömmigkeit einerseits und die Pluralisierung andererseits aufeinander. Eine Gesamttendenz, wie sie den Menschen in der postkommunistischen Welt als Außensicht der Religion und der Kirchen vorliegt, ist trotzdem rekonstruierbar (Tabelle 2, Abbildung 1):

- Wenn es auch Ausnahmen geben mag (so: Litauen): die Anteile der sich als „religiös“ bezeichnenden Menschen waren 1998 merklich (im – nicht gewichteten – Durchschnitt mit 15%) niedriger als in den Daten von 1991.
- Doch ist der „religiöse“ Anteil der postkommunistischen Gesellschaften erheblich und bis auf wenige Ausnahmen größer als der nichtreligiöse Anteil.
- Die Konfessionszugehörigkeit stimmt nur zum Teil mit der Religiosität überein. Erstere kann eine umfassendere Kategorie sein als Letztere – wenn die Konfessionszugehörigkeit nichtreligiöse kulturelle Zuordnungen beinhaltet. Sie kann engmaschiger sein, wenn eine außerkirchliche Religiosität der Kirchlichkeit gegenüber stark verbreitet ist.
- Die Konfessionszugehörigkeit ist konstanter als die Religiosität (1998 ist sie im – nicht gewichteten – Durchschnitt lediglich weniger als 4% niedriger als im Jahr 1991). Sie wird vermutlich weniger affektbeladen, aber mehr als ein neutraler Tatbestand verstanden.

---

6 Greeley Andrew: A Religious Revival in Russia? Journal for the Scientific Study of Religion 1994, 253-272.

Ein großer Teil der postkommunistischen Gesellschaften versteht sich als nichtreligiös und nicht konfessionsgebunden. Dies ist ein Faktum, dessen Endgültigkeit erst mit der Wende offensichtlich wurde.

Tabelle 2: Religiosität und Mitgliedschaft in einer Konfession 1998

| Land | religiös | gehört einer Konfession an |
|---|---|---|
| Deutschland-Ost | 25% | 38% |
| Kroatien | 35% | 85% |
| Litauen | 68% | 72% |
| Polen | 75% | 93% |
| Rumänien/Siebenbürgen | 63% | 97% |
| Slowakei | 54% | 73% |
| Slowenien | 49% | 66% |
| Tschechien | 29% | 27% |
| Ukraine | 55% | 32% |
| Ungarn | 58% | 60% |

Die Anteile der sich subjektiv als religiös bzw. der sich als Mitglieder einer Konfession bezeichnenden Menschen in zehn postkommunistischen Gesellschaften.
Quelle: Aufbruch 1998

Abbildung 1: Konfessionszugehörige und Konfessionslose

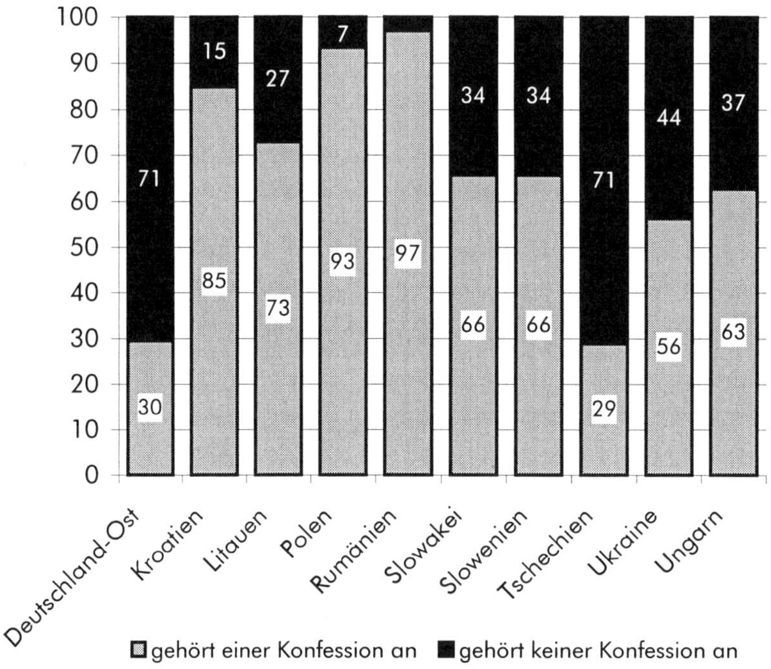


Konfessionsangehörige und Menschen, die keiner Konfession angehören, in zehn postkommunistischen Gesellschaften.
Quelle: Aufbruch 1998

Diese Daten geben keine Antwort darauf, ob die religiöse Entwicklung nach 1990 bergauf oder bergab ging. Eine gewisse Ernüchterung ist erfolgt. Offen blieb auch die Frage, wie die Menschen den zurücklegten Weg beurteilen und wie sie die Zukunft der Religion sehen.

## *Die Schatten der Vergangenheit*

Zahlenverteilungen sind für manche trockene Statistiken. Für andere mögen sie Kräfteverhältnisse ausdrücken. Wieder andere werden an die Zwänge und Schmerzen erinnert, welche die weltanschauliche Frage für viele Jahrzehnte mit sich brachte. Die Betroffenheit ist groß, wenn man unter Druck standhaft bleiben konnte. Sie ist nicht kleiner, wenn man sich vor sich selbst schämen, wenn man vor sich Ausreden suchen muß, weil man „damals“ klein beigegeben hat. Und jene, die willige Werkzeuge des totalitären Systems waren, können ihre

Vergangenheit nie mehr ungeschehen machen. Die vergangenen Jahrzehnte haben an Generationen ihre Spuren hinterlassen. Es ist gut verständlich, wenn viele vergessen möchten. Andere färben das Geschehene in rosige Farben. Wieder andere stehen der Vergangenheit unbeholfen gegenüber. Es ist inzwischen eine Generation herangewachsen, für die der Lebensweg ihrer Eltern lediglich Geschichte ist – eine Geschichte, über welche in den Jahren des Kommunismus nur verfälscht gesprochen werden durfte und konnte.

Abbildung 2: Unterschiedliche Verfolgungserfahrungen

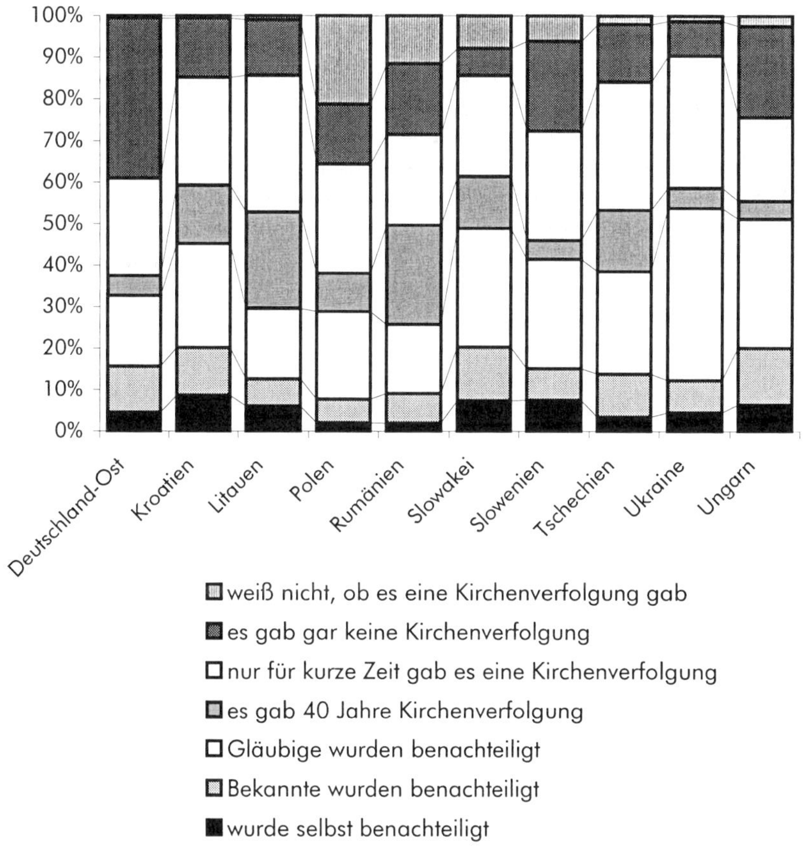


Die Verteilung der Bevölkerungen von zehn postkommunistischen Ländern nach ihren Aussagen darüber, ob es in den vergangenen Jahrzehnten eine Christen- und Kirchenverfolgung gab und ob sie davon betroffen waren.
Quelle: Aufbruch 1998

Wie sieht nun diese Vergangenheit durch so vielfach getrübte Brillen aus? Die öffentliche Meinung ist geteilt (Abbildung 3). Nicht wenige, in den meisten Ländern etwa zwei Fünftel der Erwachsenen, sind der Überzeugung, es habe überhaupt keine Kirchenverfolgung, keine besondere Benachteiligung der Gläubigen gegeben. Zumindest nicht, daß sie darüber wüßten. Solch eine Auffassung hat gewichtige unausgesprochene Konsequenzen. Wer nicht benachteiligt war, kann auch keine Wiedergutmachung beanspruchen. Wenn es keine Kirchenverfolgung gab, sind die gegenwärtigen Ansprüche der Christen und der Kirchen nach Restitution Heucheleien und illegitim. Selbst wenn die Verfolgung der Christen und der Kirchen nur eine kurze Episode gewesen sein sollte, ist es höchst fraglich, ob Kirchen und Christen, neben so vielen sonstigen Benachteiligten, eine besondere Aufmerksamkeit verdienen.

Die andere Hälfte dieser Gesellschaften sieht die Geschichte anders. Mehr als fünf Prozent der Menschen erinnern sich, daß sie selbst für ihre Glaubensüberzeugung benachteiligt wurden. Weitere – etwa jeder zehnte Bürger der ehemals kommunistischen Länder – berichten, daß nicht sie selbst, wohl aber ihre Bekannten oder Verwandten wegen ihrer Religiosität Nachteile zu erleiden hatten. Ungefähr genauso viele sprechen eher allgemein darüber, daß die Gläubigen besonders benachteiligt wurden, beziehungsweise daß es durch vierzig Jahren eine Kirchenverfolgung gab. Es ist insgesamt die Mehrheit, welche die Vergangenheit der Christen- und Kirchenverfolgung anklagt. Diese Mehrheit wäre gewiß größer, wenn auch die über 65jährigen befragt worden wären.

Die Differenzen zwischen den Ländern sind erheblich. Es soll aber klar sein, daß das gerade erstellte Bild keine historische Bestandsaufnahme ist, sondern die gegenwärtige Stimmung der Gesellschaft widerspiegelt. Diese Angaben sagen mehr darüber aus, wie die Menschen sich selbst und die Kirche heute darstellen möchten, als über ihre tatsächlichen früheren Erlebnisse. Die Berichte über die Vergangenheit werden bewußt oder unbewußt so gestaltet, wie Religion und Kirche in ihrer Beziehung zum Staat und zur Politik gegenwärtig gesehen werden.

Die Aussagen über eine oder über keine Kirchenverfolgung haben eine aktuelle untergründige Botschaft. Diese stützt sich nichtsdestoweniger auf reale Ereignisse. Der kommunistische Staat war entschlossen, die Religion und die religiösen Menschen zu verfolgen. Wie weit diese Absicht verwirklicht werden konnte, war bekanntlich in verschiedenen Ländern unterschiedlich. Über die Länderdifferenzen läßt sich beobachten, daß die Möglichkeiten der politischen Unterdrükkung dadurch bestimmt waren, wie weit die Menschen direkt vom Staat abhängig waren. Berufstätige konnten mehr unter Druck gesetzt werden als Rentner oder Hausfrauen, Staatsangestellte mehr als Selbständige, Karrierewillige mehr als Menschen ohne Aufstiegschancen. Der Staat konnte jene zwingen und erpressen, die etwas vom Staat erwartet haben. Je mehr Stufen – im Bildungswesen oder der Berufshierarchie – einer zu erklettern beabsichtigte, umso schwerer lastete auf ihm der Druck des Staates. Menschen, die eine höhere Bildung erworben oder eine höhere Position erreicht haben, hatten, wenn sie gläubig waren, mehr Diskriminierung zu erleiden. Sie haben auch mehr als andere gesehen, wie die Maschinerie der Kirchenverfolgung funktioniert.

Neben dem Stand in der gesellschaftlichen Hierarchie ist das Alter das wichtigste Kriterium sowohl der erlittenen Diskriminierung als auch des Wissens über die Kirchenverfolgung. Es geht nicht einfach darum, daß man mit ansteigendem Alter mehr Erfahrungen sammelt. Wichtiger ist, daß die schlimmsten Jahre der Verfolgung die Fünfziger waren, wogegen die Achtziger im Zeichen einer langsamen Liberalisierung verliefen. Die Älteren lebten einfach in schwereren Zeiten und tragen deren Zeichen lebenslang an sich. (Noch einmal zur Erinnerung: Die über 65jährigen sind in unserer Arbeit nicht vertreten. Die hier dargestellten Ergebnisse sind also viel harmloser, als sie es wären, wenn auch die ganz Alten hätten zu Wort kommen können.)

Die Tatsache der unterschiedlichen Lebenserfahrungen der verschiedenen Generationen ist eine Last, die auch eine Verständigung über die Vergangenheit der Christen und der Kirchen erschwert. Eine Generation beklagt eine Situation, die für die nächste Generation fremd und nicht nachvollziehbar ist. Die ältere Generation bezieht sich auf eine Vergangenheit, die – besonders nach 1989/90 – kaum eine Grundlage für die Zukunft bietet. Das Kirchenbild der Alten und der Jungen ruht auf sehr unterschiedlichen Voraussetzungen.

Aus der Kombination von Alter und Schulbildung ergibt sich ein deutliches Gefälle. Ältere und höher Gebildete hatten mehr Diskriminierung zu ertragen und zu sehen als Jüngere und Menschen mit einer niedrigeren Schulbildung (Abbildung 3). Ältere und Jüngere starten deshalb von sehr unterschiedlichen Ausgangspunkten, wenn es um die Fragen geht, ob die Religion sich erholt oder auch nicht, ob sie einen Platz in der demokratischen Gesellschaft bekommen soll oder aber nicht.

Abbildung 3: Die Verfolgten

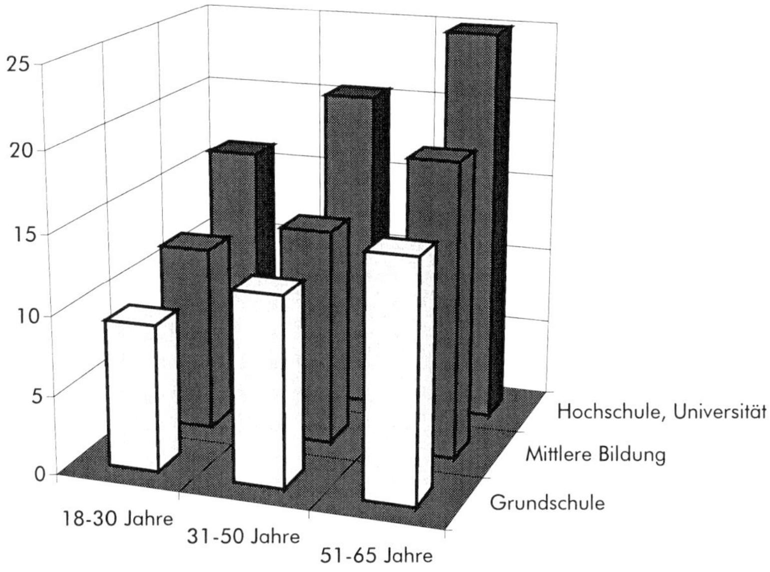


Der Anteil jener, die entweder selbst oder deren Bekannte wegen ihrer Religiosität benachteiligt wurden – in verschiedenen Alters- und Bildungsgruppen, im (nicht gewichteten) Durchschnitt von zehn postkommunistischen Ländern.
Quelle: Aufbruch 1998

Die Verfolgung als politische Praxis und als menschliche Erfahrung wurde vielerorts durch eine weitere Komponente beeinflußt. Selbst innerhalb der gleichen Länder haben sich die historischen Beziehungen zwischen dem Staat und den verschiedenen Kirchen oft unterschiedlich gestaltet. Eine Kirche galt eher als die „nationale" als die anderen. Eine Kirche hat sich willig der Staatsmacht unterworfen, anderen mögen mehr auf ihre Autonomie bedacht gewesen sein. Größere Kirchen bildeten gewichtigere politische Wirklichkeiten als kleinere. Die Kirchenpolitik der kommunistischen Staaten war keineswegs nur von ideologischen Maximen, sondern auch von realpolitischen Überlegungen geleitet. Die Rolle einer Kirche für das nationale Bewußtsein mag die Kirchenverfolgung geschwächt oder in Einzelfällen (so im Fall der Orthodoxie in Rumänien) sogar ins Gegenteil gekehrt haben. Es gab reale Unterschiede in der Verfolgung der verschiedenen Kirchen.

Auf der anderen Seite besitzen verschiedene soziale Gruppen voneinander abweichende Vorstellungen davon, welche Eigenständigkeit den Kirchen „zusteht" und welche Rechte der Staat im weltanschaulich-religiösen Bereich besitzt. Mit dem Wort „Kirchenverfolgung“ meinen verschiedene Gruppen Unterschiedliches. Wenn die Nichtreligiösen die Existenz der Kirchenverfolgung bestreiten, so kann es gelegentlich nicht an einer historischen Verblendung, sondern einfach daran liegen, daß sie – im Namen eines Etatismus oder im Glauben an die marxistischen Zukunftsverheißungen – die Legitimität der früheren Schikanierung der Kirchen und der Christen nicht in Frage stellen.

Wenn die Griechisch-Katholischen und die Orthodoxen konträre Erinnerungen an die Kirchenverfolgung haben, so liegt es zum Teil daran, daß in einem gegebenen Augenblick die erste Kirche verboten und mit staatlicher Assistenz in die Orthodoxie einverleibt, die zweite dagegen als Bewahrerin der nationalen Tradition bestätigt wurde. (In einem nächsten Augenblick konnte freilich auch die Orthodoxie zur Zielscheibe der Verfolgung werden.)

Wenn Minderheitenkirchen die Kirchenfeindlichkeit der kommunistischen Zeit anders als die „nationalen Kirchen“ erlebt haben, kann das daran gelegen haben, daß sie als Minderheiten einigermaßen bevorzugt (wie die Sorben in der DDR), oder gerade umgekehrt, noch zusätzlich diskriminiert wurden (wie Deutsche in mehreren Ländern und wie die Ungarn in Rumänien).

Die unterschiedliche Wahrnehmung der Kirchenverfolgung ist schließlich nicht unabhängig davon, wie unmittelbar jemand betroffen und/oder informiert war. Der Informationsstand in religiösen Fragen ist allerdings abhängig von der Pflege der Gemeinschaftlichkeit im religiös-kirchlichen Bereich. Die Kleinkirchen und die Sekten waren in Ost(Mittel)Europa im großen und ganzen nicht mehr verfolgt als die katholische oder die protestantischen Kirchen. Sie haben manchmal sogar ein leichteres Los gehabt, zumal sie politisch eine quantité négligeable darstellten, doch weltweit als Beweise der kommunistischen Religionsfreiheit vorgezeigt werden und, zusätzlich dazu, erfolgreich als Gegengewicht zu den Großkirchen instrumentalisiert werden konnten. Die Kleinkirchen und die Sekten haben ihr gemeinschaftliches Organisationsgefüge erhalten und pflegen können. Diese Organisationsform war besser geeignet dazu, in einem totalitären System Religion und Kirchlichkeit zu bewahren. In diesem Beziehungssystem wurden die Zusammengehörigkeit und die Identität befestigt. Nicht zuletzt wurden Benachteiligungen allgemeiner bekannt und unmittelbarer empfunden als in den weniger integrierten Großkirchen.

Die gesellschaftlichen Erinnerungen an die Behandlung der Kirchen und der Christen widerspiegeln häufig die ethnische und konfessionelle Zusammensetzung des jeweiligen Landes. Es gibt aber auch gleichlaufende Tendenzen. Angehörige der Kleinkirchen und Sekten beklagen überall am heftigsten die Kirchenverfolgung der vergangenen Jahrzehnte. Erinnerungen an eine unmittelbare Betroffenheit sind bei Katholiken häufiger als bei Protestanten und am seltensten bei den Orthodoxen erhalten geblieben. Daß die Nichtglaubenden weniger als alle andere von einer Kirchenverfolgung gewußt haben wollen, ist schließlich eine Selbstverständlichkeit, wenn sie auch unterschiedliche Ursachen haben kann (Tabelle 3).

Tabelle 3: Kirchenverfolgung und Konfession

| Land | Katholiken | Protestanten | Orthodoxe | Kleinkirchen | Nichtglaubende | Landesdurchschnitt |
|---|---|---|---|---|---|---|
| Deutschland-Ost | 42% | 26% | -* | -* | 9% | 15% |
| Kroatien | 23% | -* | -* | -* | 7% | 20% |
| Litauen | 15% | -* | 9% | -* | 8% | 13% |
| Polen | 7% | -* | -* | -* | 3% | 7% |
| Rumänien | 18% | 18% | 5% | 29% | 11% | 9% |
| Slowakei | 27% | 17% | -* | -* | 4% | 20% |
| Slowenien | 19% | -* | -* | -* | 7% | 15% |
| Tschechien | 28% | -* | -* | -* | 8% | 13% |
| Ukraine | 24% | -* | 9% | 36% | 5% | 8% |
| Ungarn | 23% | 17% | -* | -* | 11% | 18% |
| Insgesamt | 20% | 21% | 7% | 37% | 8% | 15% |

Der Anteil jener, die – nach eigenen Angaben – wegen ihrer Religiosität selbst verfolgt wurden oder in deren Bekanntenkreis jemand wegen der Religiosität benachteiligt wurde – unter Menschen in verschiedenen konfessionellen-weltanschaulichen Positionen, in zehn ost(mittel)europäischen Ländern, im Prozentsatz der weltanschaulichen Gruppen innerhalb der einzelnen Länder.
* Die kleine Zahl der Befragten erlaubt keine Prozentrechnung. Die niedrige Zahl der hierzu Befragten entspricht freilich der niedrigen Proportion dieser Gruppe an der Gesamtbevölkerung.
Quelle: Aufbruch 1998

Oft verschmelzen die unterschiedlichen Erinnerungen in einer umfassenden öffentlichen Meinung. Besonders im Fall ethnischer Minderheiten können sie aber auch als unterscheidende Gruppenerinnerungen, als unbewältigte Konfliktfelder fortleben. Die konfessionelle Zugehörigkeit hat in Ost(Mittel)Europa häufig mehr mit historischen Erinnerungen zu tun als mit unterschiedlichen Theologien. Sie wirkt überdies stärker als in Westeuropa als Strukturierungsmerkmal der Gesellschaft. Diese Tatsache ist nicht unabhängig von den Abstufungen der kommunistischen Kirchenverfolgung.

## *Zukunft des Glaubens*

Bereits in den achtziger Jahren gab es Daten, die einen Aufschwung der Religiosität in einigen der damals kommunistischen Ländern signalisierten. Dennoch überwog in einschlägigen Publikationen die Meinung, daß auch, oder vielleicht ganz besonders, die Staaten des Ostblocks eine umgreifende Entchristlichung ergriff. Diese Auffassung wurde durch ein Standardwerk der Religionsstatistik[7] vertreten, das in internationaler und interkonfessioneller Kooperation und unter der Mitarbeit von namhaften Experten entstanden ist und für die darauf folgende Zeit zur wichtigsten Berufungsquelle wurde.[8] Ob osteuropäische Experten oder westliche Beobachter: Allgemein rechnete man mit einer fortlaufenden Abnahme der Religiosität und der Kirchenzugehörigkeit. Damit hätte Ost(Mittel)Europa einem unterstellten weltweiten, aber auch europäischen Trend entsprochen. Für die damals kommunistische Region und für die Zeit bis zum Jahr 2000 behaupteten die rückblickenden Statistiken und die Hochrechnungen dieser Studie

- eine kontinuierliche Zunahme der Entchristlichung (d.h. des „atheistischen" plus des „nichtreligiösen" Bevölkerungsteils in der Terminologie der genannten Arbeit);
- einen merklich höheren Entchristlichungsgrad in Ost- als in Westeuropa;
- relativ kleine Unterschiede der Entchristlichung innerhalb Ost(Mittel)-Europas, Unterschiede, aus welchen die Differenz der orthodoxen und der westlichen Tradition schon gar nicht erkannt werden konnte (Tabelle 4).

Bereits zu der Zeit ihres Erscheinens mußte man kritisch anmerken, daß Barretts Statistik

- trotz der beeindruckenden und wissenschaftlich anmutenden Darstellung der Daten die vorhandenen soziologischen Erhebungen ungenügend berücksichtigte und somit Relationen zwischen den Ländern darstellte, die keinen Bezug zur Wirklichkeit hatten;
- eher ein von Land zu Land vorhandenes kirchliches Wunschdenken als Tatsachenwissen widerspiegelte, besonders dadurch, daß sie den Gläubigenanteil häufig zu hoch ansetzte;
- dagegen mechanistisch mit einer Entchristlichung rechnet, ohne die sich damals bereits abzeichnende Tendenzwende ernstlich in Erwägung zu ziehen.

Es ist eine komplexe Frage, wann jemand als religiös oder als nichtreligiös bezeichnet werden soll. Wir wollen uns in einem späteren Abschnitt mit der Einstufung bzw. mit der weltanschaulichen Struktur der Länder auseinandersetzen. Hier sollen keine vereinfachenden Daten vorausgeschickt werden. Es soll dagegen untersucht werden, wie die Menschen selbst ihre religiöse Situation sehen.

---

7 Barrett David B. (Hg.): World Christian Encyclopedia. A comparative study of churches and religions in the modern world AD 1900–2000. Nairobi 1982.

8 Clévenot Michel (Hg.): L'état des religions dans le monde. Paris 1987.

Eine internationale vergleichende Studie der frühen neunziger Jahre versuchte weltweit die Veränderungen der Religiosität im Laufe der Biographie zu erfassen.[9] Diese Studie konnte vier Entwicklungstypen unterscheiden. In manchen Ländern (so in den USA, in Italien und in Irland) ist der Anteil jener, die früher nicht geglaubt, aber zum Glauben gekommen sind, genauso klein, wie jener, die ihren religiösen Glauben mit der Zeit verloren haben. Hier findet sich eine unveränderte hohe Religiosität. Aus dem ost(mittel)europäischen Raum gehört Polen in diese Gruppe. Bei einem weltweit mehr verbreiteten zweiten Typ ist, trotz einer allgemein vorhandenen Religiosität, deren Verlust wesentlich häufiger als eine religiöse Bekehrung. In diesem Typ (so in Deutschland und in Österreich) findet eine Entchristlichung, vieleicht ein langsames Verdunsten des Religiösen statt. Aus den postkommunistischen Gesellschaften konnten in der genannten Untersuchung Ungarn und Slowenien zu dieser Gruppe gezählt werden. Weniger verbreitet sind die beiden Extremtypen. Einmal wo die Nichtglaubenden eine starke und wachsende Mehrheit haben (wie in der ehemaligen DDR) und andererseits wo eine gegenwärtige Hinwendung zum Glauben die Verhältnisse zugunsten der Religion verändert. Als Repräsentant dieses letzten Typs fand die 1991-Studie Rußland. Dort haben 17% der Menschen behauptet, einen Glauben an Gott gefunden, und nur 2%, einen solchen Glauben verloren zu haben. Der Anteil der Nichtglaubenden fiel von etwa 55% auf 40% und der Anteil der Glaubenden stieg von etwa 22% auf über 36% an (bei 21% Unentschiedenen).

Tabelle 4: Anteil der Nichtglaubenden

| | | 1975 | 1980 | 1990 | 2000 in Prozent von 1975 |
|---|---|---|---|---|---|
| Welt | | 29% | 30% | 31% | |
| Europa (ohne Sowjetunion) | | 11% | 11% | 12% | |
| Darin: | Bulgarien | 24% | 25% | 30% | 125 |
| | DDR | 34% | 37% | 40% | 117 |
| | Jugoslawien | 15% | 17% | 22% | 146 |
| | Polen | 9% | 10% | 10% | 117 |
| | Rumänien | 16% | 16% | 18% | 114 |
| | Sowjetunion | 51% | 51% | 50% | 98 |
| | Tschechoslowakei | 20% | 20% | 24% | 123 |
| | Ungarn | 16% | 16% | 18% | 114 |

Quelle: Barrett[10]

9 Diese Beobachtungen fußen auf dem Religionsmodul des International Social Survey Program (ISSB) aus dem Jahr 1991.

10 Barrett, aaO., 6, 198, 257, 310, 363, 569, 584, 689, 753 und 783.

Am genannten Projekt waren nur fünf ehemals kommunistische Länder beteiligt. Für uns bleibt die Aufgabe zu bestimmen, welche Tendenzen die Menschen – vielleicht abweichend von der Stimmung unmittelbar nach der Wende – heute spüren. In der Mehrheit der Länder Ost(Mittel)Europas überwiegt deutlich die Meinung, daß es mit der Religiosität aufwärts geht. Selbst manche „Ausnahmen" von diesem Gesamteindruck sind keine „echten Ausnahmen". Eine Mehrheit in Polen und in Rumänien neigt zurückblickend wie auch vorausschauend dazu, über eine Abnahme der Religiosität zu sprechen. In diesen beiden Ländern ist allerdings die Religiosität besonders hoch. Mit einer kleinen Übertreibung könnte man behaupten, daß diese gar nicht höher gehen können. Unter solchen Umständen kann jede Veränderung nur als Verlust empfunden werden. In Tschechien stellt man eine Verringerung der Zahl der Gläubigen in den letzten zehn Jahren fest, für die Zukunft rechnen aber mehr Menschen mit einer Zunahme der Religiosität als mit einer Abnahme. Lediglich in der ehemaligen DDR bestimmt die Erfahrung der massiven Entchristlichung auch die Zukunftsvoraussagen (Abbildung 4).

Abbildung 4: Wahrnehmungen der Zu- und Abnahme der Religiosität

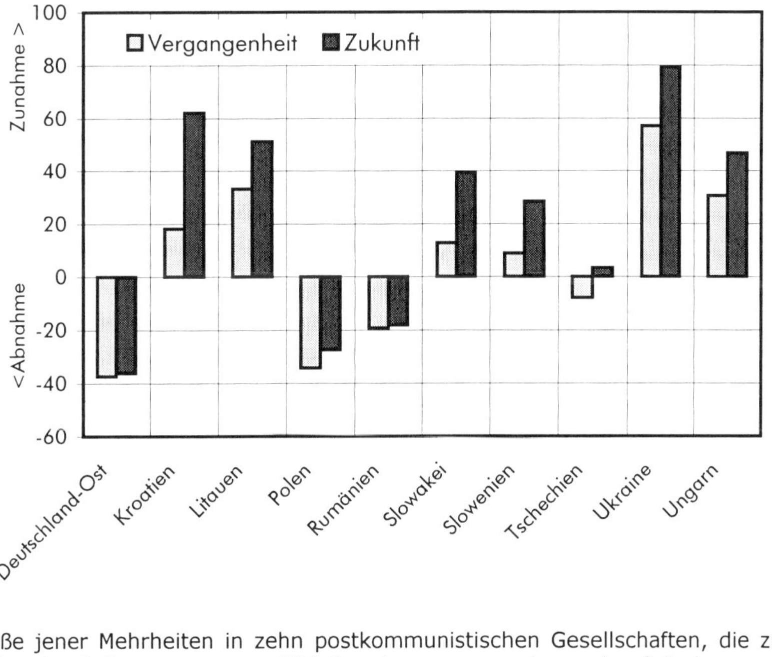


Die Größe jener Mehrheiten in zehn postkommunistischen Gesellschaften, die zurückblickend auf die vergangenen 10 Jahre, bzw. vorausschauend auf die kommenden 10 Jahre von einer Abnahme (= Negativwerte) bzw. einer Zunahme (= Positvwerte) der Zahl der religiösen Menschen sprechen. In Prozenten.
Quelle: Aufbruch 1998

In den beobachteten Ländern kann man (fast) ohne Ausnahme von einem „religiösen Zukunftsoptimismus“ sprechen: Die Mehrheiten, die für die kommenden zehn Jahre einen religiösen Aufschwung erwarten, sind größer als jene, die bereits für das vergangene Jahrzehnt einen Aufschwung festgestellt haben. (Der von uns verwendete Ausdruck „religiöser Zukunftsoptimismus“ gehört selbst zu den religiösen Positionen. Aus einer antireligiösen Sicht könnte man genauso gut von Befürchtung und Bedrohung sprechen, welche die angenommene Zunahme der Religiosität auslöst.)

Wo aber die Mehrheit der Bevölkerung von einer Verringerung der Zahl der Gläubigen in den letzten zehn Jahren sprach, ist jene Mehrheit, die mit der Fortsetzung der Abnahme rechnet, kleiner. Diese zweite Beobachtung wirft eine wichtige Frage auf. Sind diese Meinungen lediglich Abbilder der Erfahrung, daß der Kommunismus samt seinem Staatsatheismus abgedankt hat, oder aber verändert sich tatsächlich die Zahl der Gläubigen? Anders gefragt: Hat sich nur die Optik (die öffentliche Sichtbarkeit) oder auch der Gegenstand (die Zahl der Gläubigen und das tatsächliche Gewicht der Religion) verändert? Die Frage mag, etwas anders, auch in einer schärferen Form angebracht sein. Geht es bei all diesen Meinungen um eine nüchterne Situationsbeurteilung oder um Wunschdenken?

Beim gegenwärtigen Stand unserer Analyse können wir die Zukunftserwartungen danach unterscheiden, ob diese eine Verlängerung der – subjektiv angenommenen – bisherigen Trends sind oder aber im Widerspruch zu der Deutung dieser Tendenzen stehen. Wo die religiöse Entwicklung der vergangenen zehn Jahre und der Zukunft in die gleiche Richtung gedeutet werden, da sprechen wir von einem Optimismus oder Pessimismus „aufgrund von Erfahrung“. Wo eine, der bisherigen Entwicklung entgegengesetzte Zukunft erwartet wird, dort müssen wir von einem Optimismus bzw. Pessimismus „wider Erfahrung“ sprechen (Tabelle 5).

Mit Ausnahme der ehemaligen DDR, Tschechiens, Polens und Rumäniens gilt, daß der religiöse Zukunftsoptimismus überwiegend ein Optimismus „aufgrund von Erfahrung“ ist, wogegen jener Pessimismus, wonach die Zahl der religiösen Menschen in absehbarer Zukunft abnehmen würde, überwiegend ein Pessimismus „wider die Erfahrung“ ist.

Ohne Ausnahme für die gesamte Region gilt weiterhin die Beobachtung, daß der Anteil der „Pessimisten wider die Erfahrung“ höher liegt als der Anteil der „Optimisten wider die Erfahrung“. Obwohl der Religionsoptimismus überwiegt, scheint ein erheblicher Teil der ost(mittel)europäischen Gesellschaften an der Beständigkeit der religiösen Entwicklung nicht recht glauben zu wollen. Das Selbstvertrauen der religiösen Zukunftsoptimisten scheint den faktischen Entwicklungen stärker verhaftet zu sein als das Denken jener, welche die Abnahme der Religiosität prognostizieren.

In einem Punkt bleiben wir allerdings im Dunkeln. Wir wissen nicht, was hier die Menschen als einen religiösen Wandel erleben und in ihren Vorstellungen eventuell in die Zukunft verlängern. Vielleicht ist das eine Hinwendung zur oder eine Abwendung von der Religion. Vielleicht sind es aber einfach die politischen Konditionen, die sich verändert haben und eine ungewohnte Sicht der Religion bewirkt haben. Auf diese Frage können wir erst bei der Innensicht zurückkommen. Trösten soll uns aber, daß diese Ungewißheit auch die öffentliche Meinung Ost(Mittel)Europas beschäftigt, zumal die Alltagserfahrung kein Mittel für die Unterscheidung von Schein und Wirklichkeit bietet.

Die öffentliche Meinung über die Zukunftsaussichten der Religion soll freilich nicht mit den Positionen gleichgesetzt werden, die in den Medien, in der Politik oder in Akademikerkreisen vertreten werden.

Tabelle 5: Typen der Optimisten und der Pessimisten

| Trendrichtung | Deutschland-Ost | Kroatien | Litauen | Polen | Rumänien* | Slowakei | Slowenien | Tschechien | Ukraine | Ungarn | Zusammen |
|---|---|---|---|---|---|---|---|---|---|---|---|
| Optimist wider Erfahrung | 15% | 9% | 12% | 16% | 17% | 10% | 12% | 14% | 5% | 13% | 11% |
| Optimist aufgrund Erfahrung | 8% | 27% | 35% | 7% | 16% | 25% | 27% | 9% | 58% | 41% | 30% |
| Sehen keine Veränderung | 21% | 20% | 21% | 23% | 19% | 27% | 17% | 42% | 12% | 11% | 19% |
| Pessimist aufgrund Erfahrung | 41% | 2% | 4% | 33% | 32% | 7% | 15% | 13% | 1% | 10% | 17% |
| Pessimist wider Erfahrung | 15% | 42% | 28% | 21% | 16% | 31% | 29% | 23% | 24% | 25% | 23% |

* Siebenbürgen.
Spaltenprozente. Die Durchschnittswerte sind mit der Bevölkerungsgröße der Länder gewichtete Werte. Die Verteilung der Meinungen über den religiösen Wandel in zehn postkommunistischen Länder.
(Aufgrund von Auf- und Abrundungen kann die Summe zwischen 99 und 101% liegen; das gilt auch für alle folgenden Tabellen.)
Quelle: Aufbruch 1998

Deshalb soll unterstrichen werden:

- In allen beobachteten Ländern ist mit einer höheren Bildung eine kritischere Meinung verbunden. Menschen mit einer höheren Bildung rechnen weniger mit der Zunahme, bzw. rechnen eher mit der Abnahme der Zahl der Gläubigen.
- Ungeachtet dieser Differenz gelten die obengenannten Tendenzen des religiösen Zukunftsoptimismus bzw. -pessimismus auch unter Akademikern.
- Wenn man aber nicht einfach den Bildungsgrad, sondern den Berufsstand zum Ausgangspunkt nimmt, dann verändert sich der Eindruck. Die Bildungsschichten (die allerdings nicht voll mit den führenden Schichten identisch sind) sind – in allen untersuchten Ländern – mehr als die meisten anderen Berufsgruppen überzeugt, daß es auch in der Zukunft mit der Religion aufwärts gehen wird. Diese hier genannte kleine Differenz kann auch noch anders beleuchtet werden.
- Das Wohnmilieu hat in verschiedenen Ländern eine unterschiedliche Auswirkung auf die Vorstellungen über die religiöse Entwicklung. In der Mehrheit der Länder (so auf dem Gebiet der ehemaligen DDR, in Polen, Rumänien, Tschechien und Ungarn) sind es die Stadtbewohner, die am ehesten von einer für die Religion günstigen Entwicklung überzeugt sind. Der Wandel scheint hier vor allem das Leben der moderneren Mittelschichten zu betreffen. In anderen Ländern ist es weiterhin die landwirtschaftliche Bevölkerung, die mehr mit einem religiösen Aufschwung rechnet. Es gibt schließlich Länder, wo das Wohnmilieu allein nicht ausschlaggebend ist, sondern dessen Wirkung nur mit der Altersstruktur zusammen gedeutet werden kann.
- Das Lebensalter beeinflußt in einem nicht weniger starken Ausmaß die Vorstellungen, welche die Zukunft der Religion betreffen. In der ländlichen Bevölkerung Kroatiens und der Slowakei, aber in der städtischen Bevölkerung Polens sind es eher die Älteren, die mit einer Abnahme der Zahl der Gläubigen rechnen. In der Ukraine – und das ist die gleiche Tendenz – trauen die Älteren in den Dörfern und den Großstädten weniger dem religiösen Aufschwung. In den anderen Ländern gibt es eher eine umgekehrte Tendenz: die älteren Gruppen befürchten weniger eine Abnahme der Religiosität bzw. sind stärker als die Jüngeren vom religiösen Aufschwung überzeugt. In Slowenien und in der Ukraine sind es speziell die Stadbewohner im mittleren Alter, welche die günstigste Prognosen für die Religion vertreten. In Slowenien ist diese, d.h. „die Stadtbewohner im mittleren Alter", die einzige Gruppe, die überhaupt mit einem zukünftigen Anstieg der Religiosität rechnet. In der Ukraine dagegen wendet sich hier die sonst vorherrschende Tendenz. In den jüngeren wie auch in den älteren Jahrgängen wurde eine weitergehende Erstarkung der Religiosität von Städtern weniger als von Dorf-

bewohnern prognostiziert. In der Altersgruppe zwischen 30 und 50 erwartet die städtische Bevölkerung in einem höheren Ausmaß als die ländliche die Zunahme der Zahl religiöser Menschen.

- Die religiösen Menschen meinen mehr als die Nichtreligiösen, für die vergangenen Jahre eine Vermehrung der Zahl der Gläubigen feststellen zu können. Sie neigen weiterhin überdurchschnittlich dazu, auch für die Zukunft die gleiche Tendenz anzunehmen. Die öffentliche Meinung wird „angeheizt" durch das Selbstbild der Gläubigen.

### *Auswirkungen der Religion*

Ein Beitrag zur gesellschaftlichen Wahrnehmung der Religion ist deren Wirksamkeit im Leben. Wofür ist Religion, religiöse Überzeugung wichtig? Oder genauer: Wozu hält man die Religion, für sich und für die Welt, für gut und nützlich oder eben für ungut und unnützlich? Es soll nicht vergessen werden, daß in Ost(Mittel)Europa eine oder mehrere Generationen dazu erzogen wurden, daß die Religion

- ein falsches Bewußtsein und ein Irrtum sei, welche die Menschen durch ihre Jenseitsverheißungen vom richtigen, diesseitigen Handeln abhalte;
- historisch überwiegend Schaden verursacht habe;
- jeder Entwicklung entgegenstehe, heute aber endgültig überholt sei;
- doch zusätzlich dazu auch noch ausbeuterische Klasseninteressen (und die Eigeninteressen des Klerus) vertrete;
- vor allem eine reine Privatsache sei, eine individuelle Entscheidung in den Tiefen der Seele, die nichts mit dem öffentlichen Verhalten und schon gar nichts mit dem Leben der Gesellschaft zu tun habe, zumindest nicht legitimerweise.

Es wäre eine müßige Frage, wieweit diese Indoktrination ihre Wirkung gezeigt hat. Wichtig ist dagegen, daß die Kirchenkritik den Zugang zu den möglichen positiven Aspekten von Religion und Kirche (zumindest zum Teil) versperrte. Umso interessanter ist es, wie heute die Menschen der postkommunistischen Gesellschaften darüber denken.

Es wurden, um zu einer Antwort zu kommen, fünf Items formuliert. Erhoben wurde, wie einverstanden die Befragten mit den vorgelegten Aussagen sind.

Die Antworten auf alle fünf Fragen, so die Faktorenanalyse[11], entspringen alle einer gemeinsamen Grundhaltung [„Religion"].[12] Diese ist positiv für die Religion: Religion wird für wichtig erachtet für die Zukunft der Welt, für die Wirtschaftsentwicklung des Landes, für die Befestigung der Demokratie, für das persönliche Glück. Die Wichtigkeit der Religion für eine stabile Ehe tritt vergleichsweise etwas zurück.

Es gibt wesentliche Unterschiede zwischen den Ländern, wie weit die dort lebenden Menschen den genannten Aussagen zustimmen oder nicht. Die einhelligste Zustimmung findet man in Rumänien, die allgemeinste Ablehnung in den neuen Bundesländern von Deutschland. Die verschiedenen Stufen dazwischen reihen die Länder danach ein, wie weit sie, d. h. die Gesellschaften dieser Länder, die zur Debatte gestellten Sätze akzeptieren (Tabelle 6).

---

11 Faktorenanalyse „Religion"

| | Ladung |
|---|---|
| Für die Wirtschaftsentwicklung unseres Landes ist es wichtig, daß die moralischen Prinzipien der Religion beachtet werden. | ,83 |
| Für die Zukunft der Welt ist es wichtig, daß der Einfluß der Religion erhalten bleibt. | ,83 |
| Für die Befestigung der Demokratie ist es wichtig, daß dabei der Kirche eine Rolle zugesichert wird. | ,80 |
| Die religiöse Überzeugung ist wichtig zum persönlichen Glück. | ,79 |
| Für eine stabile Ehe ist es wichtig, daß die Ehepartner die gleiche religiöse Überzeugung haben. | ,69 |

Quelle: Aufbruch 1998

12 Diese Grundhaltung ist durch den Faktor „Religion" verkörpert, kann aber auch als die Summe der einzelnen genannten Stellungnahmen verstanden werden. Die Tendenzen, die durch den gemeinsamen Faktor dargestellt werden können, können (zumindest in diesem Fall) auch durch die Bewertung und Summierung der auf die einzelnen Fragen (Items) gegebenen Antworten gemessen werden. Die Ergebnisse analysieren wir mit Hilfe der durchschnittlichen Faktorenwerte (scores).

Tabelle 6: Leistungen der Religion für Mensch und Gesellschaft

| relative Position | Land | durchschnittlicher Faktorscore |
|---|---|---|
| 1 | Rumänien | ,59 |
| 2 | Polen | ,39 |
| 3 | Litauen | ,31 |
| 4 | Kroatien | ,22 |
| 5 | Slowakei | ,04 |
| 6 | Ungarn | -,14 |
| 7 | Ukraine | -,16 |
| 8 | Slowenien | -,21 |
| 9 | Tschechien | -,36 |
| 10 | Deutschland-Ost | -,47 |

Eine allgemeine Bejahung möglichst vieler Sätze bringt höhere Faktorenwerte. Negativwerte entstehen bei der überwiegenden Ablehnung der Einzelfragen. (Die Faktorenwerte werden auf der Skala zwischen +1,0 und -1,0 angegeben.)
Quelle: Aufbruch 1998

Selbstverständlich wird die Bedeutung bzw. die Nützlichkeit der Religion in allen Ländern wesentlich mehr von engagierten Gläubigen als von Nichtglaubenden betont. Diese Binsenwahrheit muß aber mit zwei Feststellungen ergänzt werden, welche die Positionen der besonders Religiösen und der Nichtreligiösen beschreiben. Die besonders religiösen Menschen halten die Religion sowohl zum persönlichen Glück wie auch für die Zukunft der Welt für unbedingt wichtig. Ein beachtlicher Teil – 15 bis 20% – der besonders Religiösen sieht aber die Religion für die Stabilität der Ehen, für die Befestigung der Demokratie und für die Wirtschaftsentwicklung des jeweiligen Landes für wenig wichtig an. Umgekehrt halten viele Nichtglaubenden die Religion in der einen oder anderen Frage für wichtig. Welche angenommenen Leistungen der Religion als nützlich angesehen werden und in wie vielen Fragen die Wichtigkeit der Religion von Nichtglaubenden bejaht wird, ist in den zehn Ländern stark unterschiedlich (Abbildung 5).

Es ist eine bemerkenswerte Beobachtung, daß ein Viertel der Nichtglaubenden bejaht, daß es „für eine stabile Ehe wichtig ist, daß die Ehepartner die gleiche religiöse Überzeugung haben". Die Aussage: „Die religiöse Überzeugung ist wichtig zum persönlichen Glück" (vertreten in Deutschland und in Tschechien von 1–2%, in der Slowakei, in Slowenien und Ungarn von 6–8%, in Kroatien, Litauen, Polen und in der Ukraine von 11–18% und in der Ukraine sogar von 45% der Nichtglaubenden) klingt aus dem Munde von Nichtglaubenden vielleicht noch sonderbarer.

Für die Befestigung der Demokratie ist es – nach der Meinung von etwa 10–20% der Nichtglaubenden – wichtig, daß der Kirche dabei eine Rolle zugesichert wird. (Polen bildet eine Ausnahme. Die Nichtglaubenden scheinen dort eine Demokratie ohne die Kirche haben zu wollen.) Nur etwas weniger Menschen meinen, daß es für die Wirtschaftsentwicklung ihres Landes wichtig sei, daß die moralischen Prinzipien der Religionen beachtet werden. Die Meinungen, ob es für die Zukunft der Welt wichtig sei, daß der Einfluß der Religion erhalten bleibt, gehen in verschiedenen Ländern stärker auseinander. In der Mehrheit der Länder vertritt – zusätzlich zu den Gläubigen – nur etwa ein Zehntel der Nichtglaubenden, in Kroatien, Litauen und in der Ukraine aber ein Viertel und in Rumänien sogar die Hälfte der Nichtglaubenden diese Meinung.

Abbildung 5: Wozu Nichtglaubende die Religion für wichtig halten

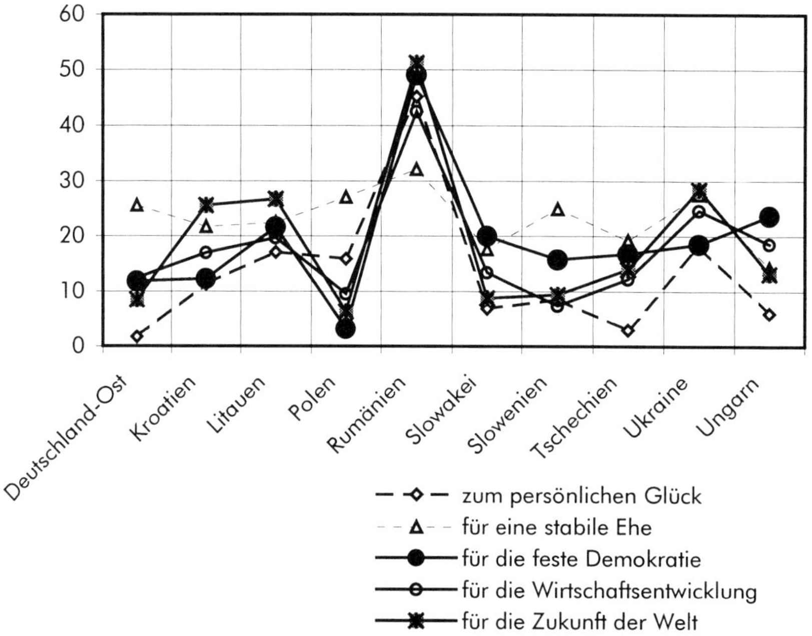


Der Anteil der Nichtglaubenden, nach deren Meinung die Religion wichtig ist zur Verwirklichung bestimmter Werte des persönlichen und des gesellschaftlichen Lebens – in zehn Ländern, in Prozenten der Nichtglaubenden.
Quelle: Aufbruch 1998

Über die bereits dargestellten Zusammenhänge hinaus wird die Wichtigkeit und Nützlichkeit der Religion häufiger von Frauen als von Männern und von Dorfbewohnern mehr als von Städtern bejaht. Ein ähnlich allgemeiner Zusammenhang besteht zwischen dem Alter und dem Faktor „Religion". Über die Länderdifferenzen hinaus wird die Wichtigkeit der Religion mehr von älteren als von jüngeren Menschen vertreten (vgl. Abbildung 6).

Abbildung 6: Die angenommene Wichtigkeit der Religion

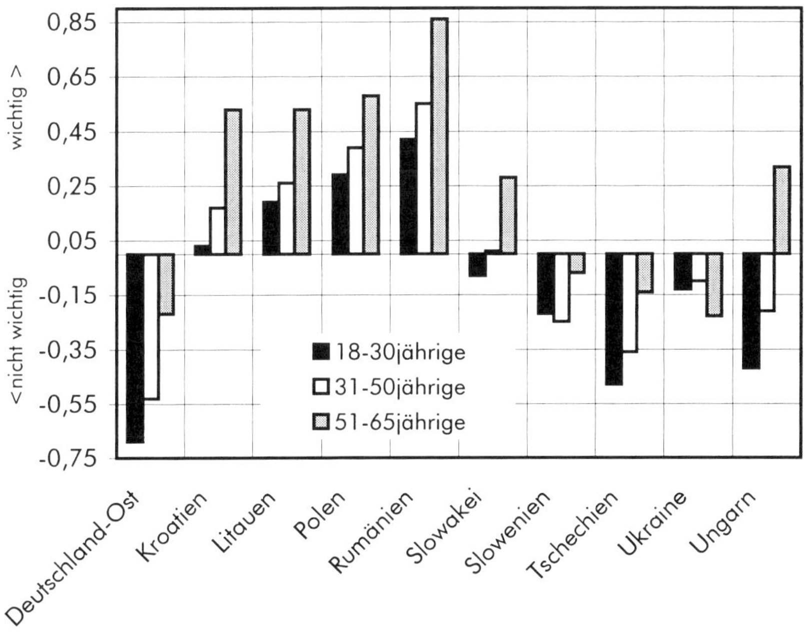


Die Zustimmung zur Notwendigkeit und zu den Leistungen der Religion für Mensch und Gesellschaft – in verschiedenen Ländern und Altersgruppen (durchschnittliche Faktorscores).
Quelle: Aufbruch 1998

Keine ähnlich einheitliche Tendenz besteht zwischen Schulbildung und dem Faktor RELIGION. Es gibt Länder (Polen, Rumänien, Slowenien und die Ukraine), wo mit einer höheren Schulbildung niedrigere Werte der Zustimmung zur Notwendigkeit und zu den Leistungen der Religion einhergehen. In anderen Ländern (in der ehemaligen DDR, in Kroatien, Litauen, in der Slowakei, in Tschechien und in Ungarn) haben die Menschen mit mittlerer Bildungsstufe die am wenigsten günstige Vorstellungen über die Nützlichkeit der Religion. Die akademisch Gebildeten bejahen in einem stärkeren Ausmaß die Notwendigkeit der Religion für Mensch und Gesellschaft. Im Einklang damit gibt es Länder (Deutschland, Litauen, Slowenien, Tschechien), wo die Bevölkerung nicht der größten, sondern der kleinen oder der mittleren Städte die Religion am wenigsten für wichtig hält.

In einer Zeit, in der sich mit dem Systemwandel die politischen Rahmenbedingungen fundamental verändert haben, ist der Vergleich zwischen Religion und Politik von besonderem Interesse. Was erwartet man von der einen und von der anderen? Können sie Glück bringen? Soll man eher auf die Religion oder auf die Politik die Hoffnungen setzen? Solch ein Vergleich kann eine wichtige Ergänzung der Meinungen über die Religion sein.

Von der Politik erhoffen nur winzige Minderheiten Glück. Für viel größere Gruppen ist die Religion absoluter Favorit (Abbildung 7):

- Große Teile der Bevölkerung, in den meisten ost(mittel)europäischen Ländern die Mehrheiten meinen, daß Religion mehr Glück bringen kann als die Politik.
- Es gibt Länder (Kroatien, Litauen, Polen, Rumänien, die Ukraine), wo die auf die Religion gesetzte Hoffnung mit steigender Bildung abnimmt.
- In anderen Ländern (Deutschland, die Slowakei, Slowenien, Tschechien, Ungarn) sind es die mittleren Bildungsschichten, die am wenigsten die Meinung vertreten, daß Religion mehr Glück bringen kann als die Politik. In diesen Ländern sind die Akademiker mehr von den glückbringenden Fähigkeiten der Religion überzeugt als die Menschen mit mittleren Qualifikationen.

Wichtige Zusammenhänge bestehen – sie sind in der Abbildung nicht dargestellt – darin, daß diese, auf die Religion gesetzte Hoffnung

- wenig vom Geschlecht abhängt, also von Männern und Frauen in sehr ähnlicher Weise geteilt wird;
- gewöhnlich mit dem steigenden Lebensalter ansteigt (doch in Kroatien und Slowenien ist der Zusammenhang genau umgekehrt. Hier glauben die Jüngeren in einem größeren Anteil daran, daß Religion mehr Glück bringen kann, als die Politik);
- in den Dörfern am meisten und in Klein- und Mittelstädten am wenigsten entwickelt ist, in Großstädten aber mehr als in kleineren Städten;
- unter Bauern und Arbeitern („Blue-Collar-Schichten") stärker überwiegt als unter Angestellten und Beamten („White-Collar-Schichten"). Zusätzlich dazu sind es in manchen Fällen (in Litauen, Rumänien, in der Slowakei, in Slowenien, in Ungarn) die selbständigen Unternehmer, die, sofern es um

das Glück geht, am stärksten auf die Politik, und im Vergleich dazu am wenigsten auf die Religion setzen. In diesen Ländern ist es die gerade entstandene Schicht der Manager und Unternehmer, die ihre Hoffnungen – vielleicht selbstverständlich – am wenigsten an die Religion binden.

Eindeutig scheint es auf alle Fälle zu sein, daß in der postkommunistischen Region die Religion als eine wichtige Quelle des Glückfindens angesehen wird. Es ist kaum notwendig zu sagen, daß dieses Gefühl bei den Gläubigen stärker vorhanden ist als bei den Nichtglaubenden. Die Durchschnittsdaten der Länder beweisen aber hinreichend, daß es hierbei keineswegs um innerkirchliche Stimmungen, sondern (vielleicht mit der Ausnahme der ehemaligen DDR) um allgemein verbreitete, gesellschaftsrelevante Überzeugungen geht.

Abbildung 7: Religion bringt mehr Glück als die Politik

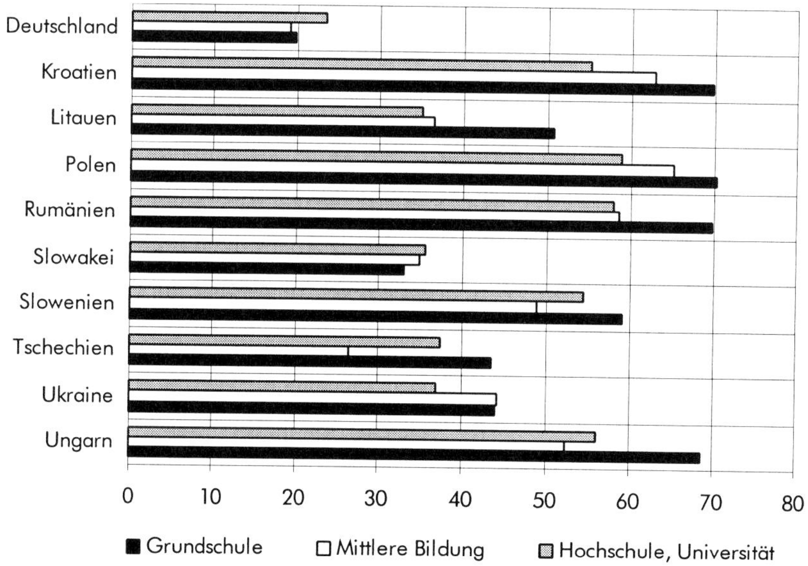


Die Hoffnung, daß „Religion den Menschen mehr Glück bringen kann als die Politik", in zehn postkommunistischen Ländern, in verschiedenen Bildungsgruppen. In Prozenten der jeweiligen Gruppen, welche diese Meinung vertreten.
Quelle: Aufbruch 1998

## *Christsein*

Die Wende hat auch eine weitere Frage aktualisiert. Wer ist eigentlich ein („gläubiger", „richtiger", „wahrer") Christ? Das atheistische System versuchte jahrzehntelang das Christsein mit Negativmerkmalen zu belegen. Noch früher war eine Definition kaum vonnöten, zumal das Christsein selbst als unproblematisch erlebt wurde. Die Vielfalt, die bei der Wende zutage kam, forderte Unterscheidungen. Es gibt Mitbürger, die offenbar und auch ausdrücklich nicht Christen sind. Nach der Wende haben andererseits nicht wenige versucht, sich dadurch von jedem Verdacht zu befreien, daß sie sich zum Christsein bekannten. Ein Alibi also? Wird mit dem Wort „Christ“ lediglich die Unterscheidung von Nichtglaubenden und von anderen Religionen bezweckt? Oder steckt auch eine Wertung dahinter? Ist das Christsein nun eine neutrale Gruppenzuordnung oder eine Qualifizierung? Manche Menschen verbinden mit dem Christsein ethische Qualitäten. Kann man dann mehr und weniger Christ sein? Was gehört dazu, sich ein Christ, eine Christin nennen zu dürfen?

So etwa lauten die Fragen. Es ist ungewiß, ob sie für alle einheitlich beantwortet werden können. Vielleicht muß man sogar grundsätzlich davon ausgehen, daß das Christsein für verschiedene Leute Verschiedenes bedeutet. Wie es auch sei, man kann schlecht über Religion und Christen reden ohne zu wissen, was damit gemeint ist. Soll es in verschiedenen Gruppen Unterschiedliches heißen, dann müssen eben diese Differenzen geklärt werden. Für eine Verständigung ist es nicht nebensächlich, wer was mit dem Christsein verbindet. Mit diesen Überlegungen haben wir angefangen, die öffentliche Meinung über das Christsein auszuloten.

Tabelle 7: Was zum gläubigen Christen gehört

„Es gibt verschiedene Vorstellungen darüber, was dazu gehört, daß sich jemand ein gläubiger Christ nennen darf. Auf diesen Karten sind solche Vorstellungen aufgeschrieben. Bitte verteilen Sie die Karten auf das Blatt hier je nachdem, ob das zum Christsein Ihrer Meinung nach unbedingt dazugehört oder zum Teil dazugehört oder gar nicht dazugehört.“

| | |
|---|---|
| 87% | an Gott glauben |
| 80% | die Zehn Gebote befolgen |
| 66% | sich um alte Menschen kümmern |
| 59% | regelmäßig beten |
| 46% | jeden Sonntag in die Kirche gehen |
| 45% | den Bekannten nach Möglichkeit Freude machen |
| 31% | keine sexuellen Beziehungen vor der Ehe haben |
| 31% | nach maximaler Leistung streben |
| 31% | andere Menschen von Christsein überzeugen |
| 25% | aktiv in der Kirchengemeinde mitarbeiten |
| 22% | auf künstliche Methoden der Empfängnisverhütung verzichten |
| 13% | christliche Parteien wählen |
| 10% | sich nach den gerade gegebenen Vorgesetzten richten |

Die „es gehört unbedingt dazu“ Antworten.
Quelle: Aufbruch 1998

Bemerkenswert an den Antworten sind zuerst die Negationen. Eine beachtlich große Gruppe ist in jedem Land der Meinung, daß weder der Glaube an Gott, noch die Befolgung der Zehn Gebote, noch regelmäßiges Beten, noch der wöchentliche Kirchgang „unbedingt“ zum Christsein gehören. Just diese Kriterien mußten deshalb genannt werden, weil traditionell und im katholischen Raum diese wohl als die sichtbarsten Zeichen der öffentlichen Christlichkeit galten. Die halbherzige Antwort „sie gehören zum Teil dazu“, haben noch drei- bis zehnmal so viele Menschen gegeben. So kam es, daß nur neun Zehntel (in Deutschland, in der Slowakei und in Tschechien nur drei Viertel) der Menschen meinen, daß der Glaube an Gott „unbedingt“ zum Christsein gehöre. Es ist offensichtlich, daß das Christsein für einen Teil der ost(mittel)europäischen Gesellschaften nicht eine Glaubensangelegenheit und auch nicht einfach Ausdruck der religiösen Praxis ist.

Noch weniger Ost(Mittel)Europäer halten das Christsein für einen Ausdruck der Nächstenliebe. Die überwiegende Mehrheit zählt zwar die Bemühung, sich um alte Menschen zu kümmern, „unbedingt“ (66%) oder zumindest „zum Teil“ (weitere 27%) für eine Christenpflicht. „Den Bekannten nach Möglichkeit eine Freude zu machen“ zählen aber schon viel weniger Menschen zu den Eigenschaften, die ein Christ „unbedingt“ (45%) oder „zum Teil“ (39%) haben soll.

Die Beurteilung eher marginaler Fragen ist auch interessant. Das Verbot „keine sexuellen Beziehungen vor der Ehe haben“ halten ein Drittel der Ost(Mittel)Europäer „gar nicht“, ein Drittel „teils“ und ein Drittel „unbedingt“ dazugehörig. Die Unterschiede zwischen den Ländern sind aber in dieser Frage besonders groß. Der Anteil jener, welche diese Frage gar nicht für ein Kriterium des Christseins halten, schwankt zwischen ein Viertel (in Polen, Rumänien und in der Ukraine) und über zwei Drittel der Bevölkerung (in Deutschland). In der Mehrheit der Länder lehnt es etwa jeder zweite bis dritte Mensch ab, diese Frage als zum Christsein dazugehörig zu halten. Die verwandte Frage der Empfängnisverhütung mag vielleicht als Ausdruck kirchlicher Orthodoxie verstanden werden. Über ein Drittel (in Kroatien, Slowenien, Tschechien, Ungarn mehr als die Hälfte; in Deutschland mehr als drei Viertel) der Bevölkerung weist es von sich, die Forderung, „auf künstliche Methoden der Empfängnisverhütung zu verzichten“, als relevant für die Bestimmung des Christseins anzusehen. (Die Frage entsprach der katholischen Redewendung. Ehrlicherweise muß man aber zugeben, daß die Nennung der „künstlichen“ Methoden vermutlich für einen Großteil der, darunter der nichtkatholischen und nichtglaubenden Befragten von vornherein unverständlich war.)

Christsein hat für manche unmittelbare politische Konsequenzen. Ein Achtel der Bevölkerung der Region (aber ein Sechstel der Deutschen und der Tschechen, dagegen nur jeder zwölfte Rumäne oder Slowake) ist der Meinung, daß es zum Christsein unbedingt dazugehört, christliche Parteien zu wählen. Diese Position hängt von vielen Faktoren ab, nicht zuletzt von der Beschaffenheit der Parteienlandschaft. Wo es keine christlichen Parteien gibt oder wo andere, z. B. die ethnischen Faktoren eine große Rolle spielen, kann nicht erwartet werden, daß die Menschen das Wählen einer christlichen Partei für eine Christenpflicht halten. In der Mehrheit der Länder (in Kroatien, Litauen, Polen, Rumänien und Slowenien) sind es vor allem die Ganz-Besonders-Religiösen, die auf das Wählen einer christlichen Partei bestehen. In einigen anderen Ländern (in Deutschland, in der Slowakei und in Tschechien) ist eine große Gruppe sowohl der Nichtglaubenden als auch der besonders Religiösen dieser Meinung, wogegen die weltanschaulich Unbestimmten ihre Vorstellungen vom Christsein viel weniger mit der Wahl einer christlichen Partei verbinden. (In Ungarn schließlich meint etwa gleichermaßen ein Zehntel der engagiert Glaubenden wie der Unbestimmten wie auch der Nichtglaubenden, daß zum Christsein die Wahl einer christlichen Partei dazugehöre.)

Es ist nicht überraschend, muß aber dennoch festgehalten werden, daß die Konturen des Begriffs und des Inhaltes des Christseins unscharf geworden sind. Und sie begannen sich (auch) in Ost(Mittel)Europa von kirchlich-traditionellen Vorgaben zu lösen.

Abbildung 8: Was nicht unbedingt zum Christsein gehört

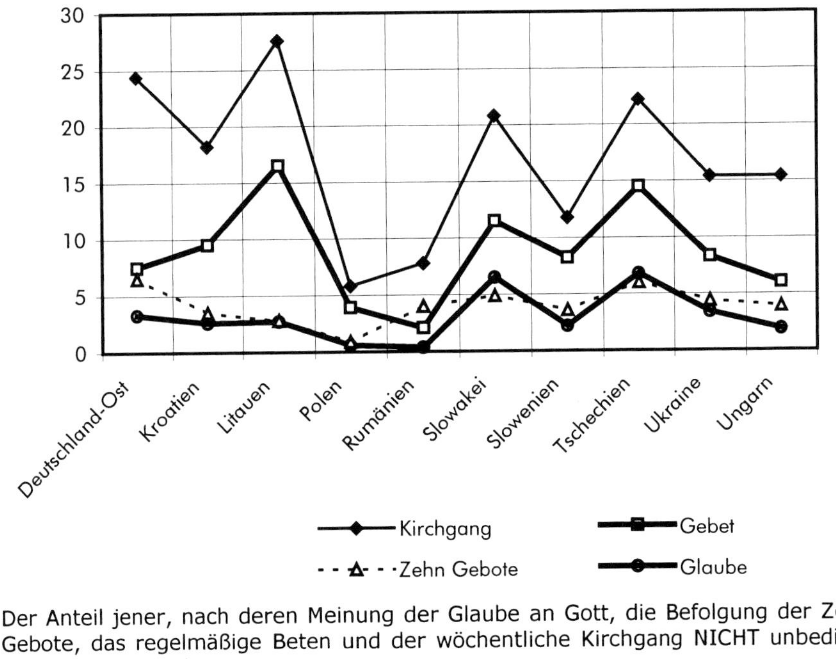


Der Anteil jener, nach deren Meinung der Glaube an Gott, die Befolgung der Zehn Gebote, das regelmäßige Beten und der wöchentliche Kirchgang NICHT unbedingt zum Christsein gehören.
Quelle: Aufbruch 1998

Die vorgegebenen 13 Einzelmerkmale bündeln sich – nicht unseren Intentionen nach, sondern als Faktum der öffentlichen Meinung – in vier Verstehens- oder Zugangsweisen, „Faktoren“ (in der Reihenfolge ihrer relativen Bedeutung in der öffentlichen Meinung angegeben):

- *Glaubenspositionen*, die den Christen kennzeichnen, sowie religiöse Handlungen (Gott, Gebet, Kirchgang, Zehn Gebote);
- *Engagement* (in der Kirchengemeinde mitarbeiten, Überzeugungsarbeit, aber auch sich nach dem Vorgesetzten richten – Gehorsam also, sowie christliche Parteien wählen);
- *Diakonie (soziale Haltungen)* (sich um Alte kümmern, Freude machen, Leistung und Einsatz);
- *Sexualmoral* (voreheliche Sexualität, Geburtenregelung).

Tabelle 8: Dimensionen des Christseins

| Zum Christsein gehört... | Glaube | Engagement | Diakonie | Sexualmoral |
|---|---|---|---|---|
| an Gott glauben | ,81 | | | |
| regelmäßig beten | ,80 | | | |
| jeden Sonntag in die Kirche gehen | ,70 | | | |
| die Zehn Gebote befolgen | ,69 | | | |
| christliche Parteien wählen | | ,76 | | |
| sich nach den gerade gegebenen Vorgesetzten richten | | ,68 | | |
| aktiv in der Kirchengemeinde mitarbeiten | | ,55 | | |
| andere Menschen vom Christsein überzeugen | | ,55 | | |
| den Bekannten nach Möglichkeit Freude machen | | | ,82 | |
| sich um alte Menschen kümmern | | | ,76 | |
| nach maximaler Leistung streben | | | ,75 | |
| auf künstliche Methoden der Empfängnisverhütung verzichten | | | | ,88 |
| keine sexuellen Beziehungen vor der Ehe haben | | | | ,87 |

Die Ladungen der Items in den vier Faktoren.
Quelle: Aufbruch 1998

An Hand der vier Indizes können die Länderunterschiede übersichtlich veranschaulicht werden. Der Beitrag der vier Dimensionen ist in der subjektiven, von der öffentlichen Meinung vertretenen Definition des Christseins unterschiedlich groß. Geht man davon aus, wie weit die, die einzelnen Dimensionen verkörpernden Haltungen – nach der Meinung der Menschen – zum Christsein „gar nicht“, „vielleicht“, „zum Teil“ oder „unbedingt“ dazugehören, kann dieser Beitrag gemessen und dargestellt werden. (Zum Rechenergebnis wurde die „gar nicht“-Antwort mit „1“, das „vielleicht“ mit „2“, das „zum Teil“ mit „3“ und das „unbedingt“ mit „4“ benotet.)

Am häufigsten und am ausdrücklichsten wurden der Glaube, die religiöse Praxis und die Befolgung der Zehn Gebote als unbedingt zum Christsein gehörend bezeichnet. Hier gibt es einen allgemeinen Konsens, der dann in manchen Ländern so dominierend wird, daß er alles andere verdrängt.

An der zweiten Stelle steht eine interessante Kombination von „Freude machen“, „sich um alte Menschen kümmern“ und „Leistung“, also Mitmenschlichkeit einerseits und Aktivismus andererseits. Diese zweite Dimension kann kurz als „praktische Nächstenliebe“ oder auch als „Diakonie“ bezeichnet werden. Sie ist nicht viel weniger wichtig als die erste, wird aber als viel bedeutender als die beiden letzten eingestuft.

Abbildung 9: Der Christ

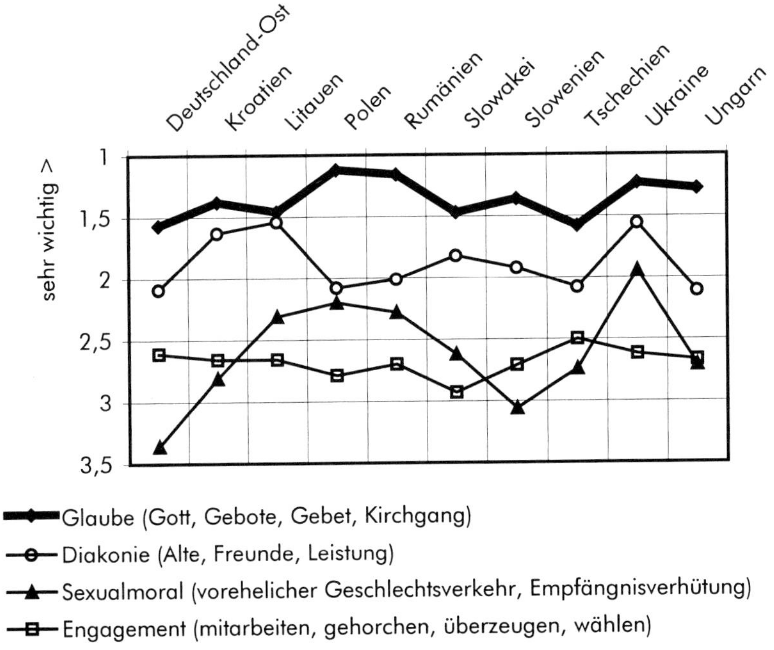


Durchschnittswerte der Indizes, die aus den, zu den entsprechenden Dimensionen gehörenden Items gebildet wurden.
Quelle: Aufbruch 1998

Eine dritte eigenständige Dimension für die Bestimmung des Christseins ist das Verhältnis zu der den Intimbereich betreffenden Lehre der Kirche. Die letztwichtigste Dimension hat schließlich mit Engagement in Kirchengemeinde und in christlichen Parteien, mit Anpassung aber auch mit Überzeugungsarbeit, kurz: mit der Teilnahme an organisierter Religiosität zu tun (Abbildung 10).

Die vier Sichtweisen oder Komponenten werden in den zehn Ländern und in verschiedenen Gruppen der Gesellschaft unterschiedlich stark betont. „Christsein" heißt etwas anderes z. B. in der ehemaligen DDR und in der Ukraine, für junge und für alte Menschen, für die Landbevölkerung und für Großstadtbewohner usw.

Es bilden sich drei gut unterscheidbare Typen heraus:

- jene, für die das Christsein ganz besonders Mitgliedschaftsverhältnisse ausdrückt;
- jene, für welche die aktive Mitmenschlichkeit unbedingt zum Christsein gehört;
- und jene, für die das Christsein die Befolgung der religiös-moralischen Tradition bedeutet.

Abbildung 10: Die relative Bedeutung der Dimensionen

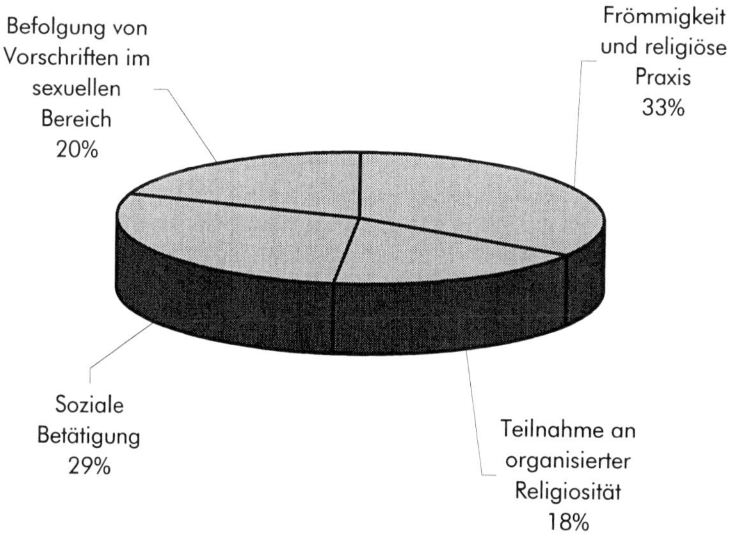


Der Beitrag der vier Dimensionen zum Christsein – in der öffentlichen Meinung von zehn ost(mittel)europäischen Ländern.
Quelle: Aufbruch 1998

Verglichen mit dem bereits festgestellten Gesamtbild scheinen die Deutschen (der neuen Bundesländer), die Slowenen, Tschechen und Ungarn die Teilnahme an organisierter Religiosität relativ hoch, die Befolgung der Vorschriften im sexuellen Bereich vergleichsweise niedrig einzustufen. Sie gehören also in den Typ „A“. Bei den Kroaten, Litauen, Slowaken und Ukrainern, die den Typ „B“ bilden, wird die praktische Nächstenliebe überdurchschnittlich betont. In Polen und Rumänien, den Repräsentanten des Typ „C“ stehen die Glaubensfrömmigkeit und die religiöse Praxis sowie die Betonung der Vorschriften im sexuellen Bereich im Mittelpunkt (Abbildung 11).

Es ist nicht überraschend, daß Gläubige und Nichtglaubende unterschiedliche Vorstellungen darüber haben, was zum Christsein dazugehört. Es lohnt sich trotzdem nachzuforschen, wie der Glaube (oder das Nichtglauben) diese Meinungen prägen. Es gibt dann manche Unterschiede, die eines Kommentars bedürfen.

- Es gibt eine erste, allgemeine Beobachtung. Je ausdrücklicher jemand religiös ist, umso ausdrücklicher vertritt er/sie die Erwartungen, daß der Glaube, die Nächstenliebe, die Befolgung der religiösen Moralvorschriften für Ehe und Familie und schließlich eine praktische Teilnahme am Leben der Kirche zum Christsein dazugehören (vgl. Abbildungen 12–15, am ausdrücklichsten Abbildung 13). Nichtglaubende sagen leichter, daß solche Fragen sie nichts angehen, daß sie keine Meinung haben oder daß die genannten Komponenten „vielleicht“ zum Christsein dazugehören.
- Erklärungsbedürftig ist eher die zweite Beobachtung, wonach der genannte Zusammenhang nicht restlos gilt. In manchen Ländern (in Deutschland, Kroatien, Litauen, Rumänien, Slowenien, Tschechien) fallen jene, die weder religiös noch nichtreligiös sind, also die Abseitsstehenden, aus der Reihe. Sie zählen die ureigenen Kriterien der Religiosität, den Glauben, die religiöse Praxis und die Befolgung der religiösen Moral ganz besonders selten, noch etwas seltener als die ausdrücklich Nichtglaubenden zu den Erfordernissen des Christseins (Abbildung 12). Christsein ist für sie demnach ausschließlich ein gesellschaftliches Phänomen, dessen religiöse Qualität aus ihrer Sicht weniger bedeutend oder weniger faßbar ist.
- In Fragen vorehelicher sexueller Beziehungen und der Empfängnisverhütung haben die „einigermaßen Religiösen“ eine auffallende Position. Sie zählen diesen Bereich fast überall (die einzige Ausnahme ist die Ukraine) viel weniger zu den erwarteten Merkmalen des Christseins als die ganz besonders Religiösen. In einigen Ländern (Deutschland, Kroatien, Slowenien, Tschechien) wird diese Frage von den „einigermaßen Religiösen“ genauso selten oder gar noch seltener als von den „Nichtreligiösen“ und den „Indifferenten“ unter den Kriterien der Christseins genannt (Abbildung 14). Diese

Beobachtung kann auch in die andere Richtung gelesen werden. Die Handhabe der Sexualität vor und in der Ehe hat (zumindest in einer Reihe von Ländern) wichtige Konsequenzen für die Art und Weise der Religiosität, für deren Stärke und individuelle Bewertung.

Abbildung 11: Wie das Christsein in den Ländern verstanden wird

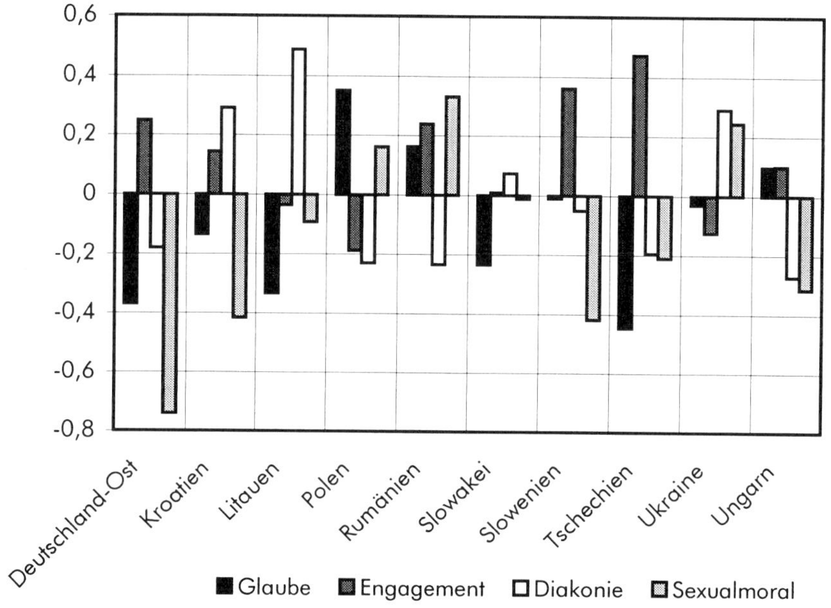


Die relative Bedeutung der verschiedenen Aspekte des Christseins in zehn postkommunistischen Ländern; durchschnittliche Faktorenwerte.
Quelle: Aufbruch 1998

- In der Frage der öffentlich-organisatorischen Komponente des Christseins bilden die zehn Länder zwei voneinander stark abweichende Muster. In einigen Fällen (in Kroatien, Litauen, Polen, in der Ukraine) gilt ansatzweise der Zusammenhang, daß je mehr religiös, umso stärker auch diese Komponente betont wird. In der Mehrheit der Länder (in Deutschland, Rumänien, in der Slowakei, in Tschechien und Ungarn) dagegen sind es eher einerseits die Nichtreligiösen, andererseits die ganz besonders Religiösen, welche die Gemeindearbeit, das Wählen christlicher Parteien, die Ausrichtung nach den Vorgesetzten und die Verbreitung der christlichen Überzeugung zu den Merkmalen des Christseins zählen (Abbildung 14). In dieser Frage dürfte auch die eher ländlich-bäuerliche oder eher städtisch-bürgerliche Art der Kultur der Mehrheit eine Rolle spielen.

- Im Endergebnis: die Vorstellungen über das Christsein unterscheiden sich nicht nur in ihrer Klarheit und Intensität, sondern auch in ihrem Inhalt in verschiedenen weltanschaulichen Gruppen.

Abbildung 12: Kernelemente sind Glaube und religiöse Praxis

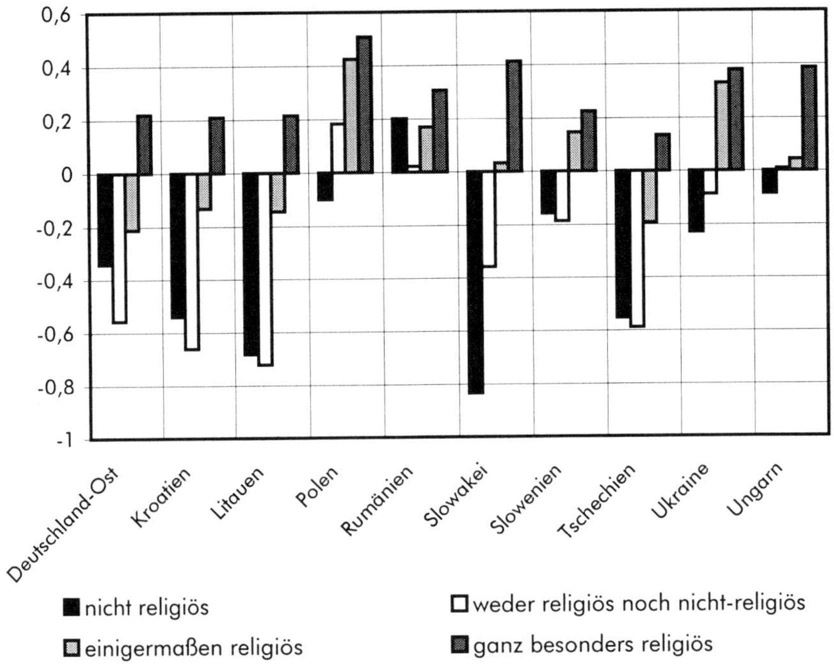


Die Betonung des Glaubens und der religiösen Praxis bei der Suche danach, was zum Christsein dazugehört; in verschiedenen weltanschaulichen Gruppen; durchschnittliche Faktorenwerte.
Quelle: Aufbruch 1998

Abbildung 13: Kernelement Mitmenschlichkeit

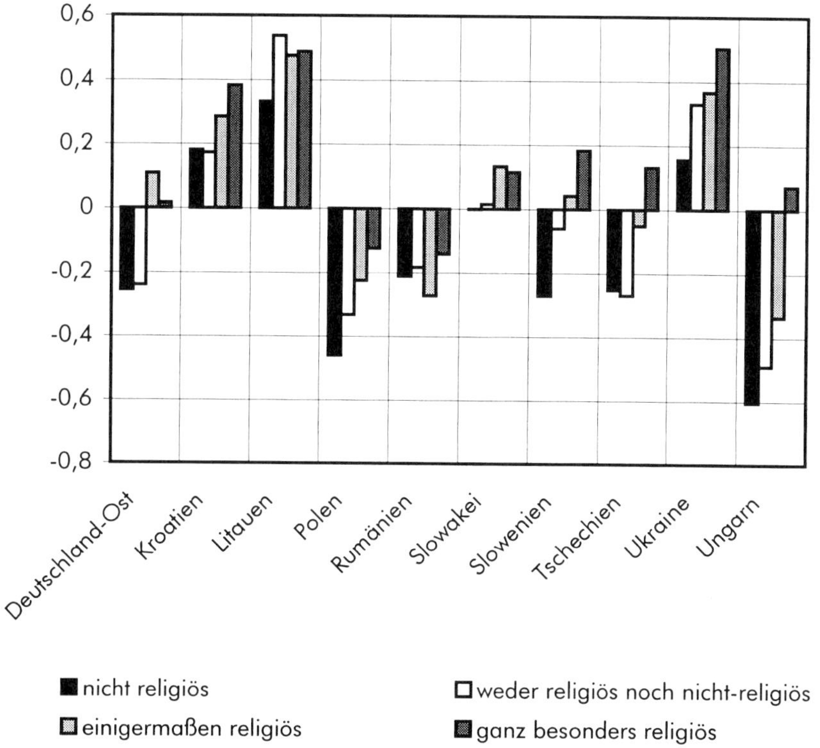


Die Betonung der konkreten Mitmenschlichkeit bei der Suche danach, was zum Christsein dazugehört; in verschiedenen weltanschaulichen Gruppen; durchschnittliche Faktorenwerte.
Quelle: Aufbruch 1998

Abbildung 14: Kernelement Familienplanung

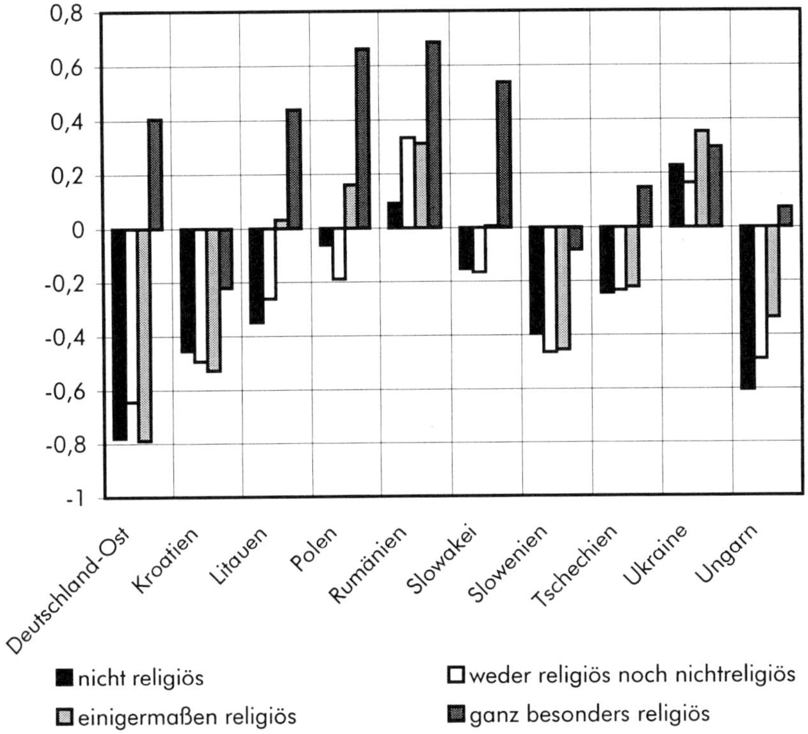


Die Befolgung von kirchlichen Vorschriften der Familienplanung bei der Suche danach, was zum Christsein dazugehört; in verschiedenen weltanschaulichen Gruppen; durchschnittliche Faktorenwerte.
Quelle: Aufbruch 1998

Abbildung 15: Kernelement Kirchenorganisation

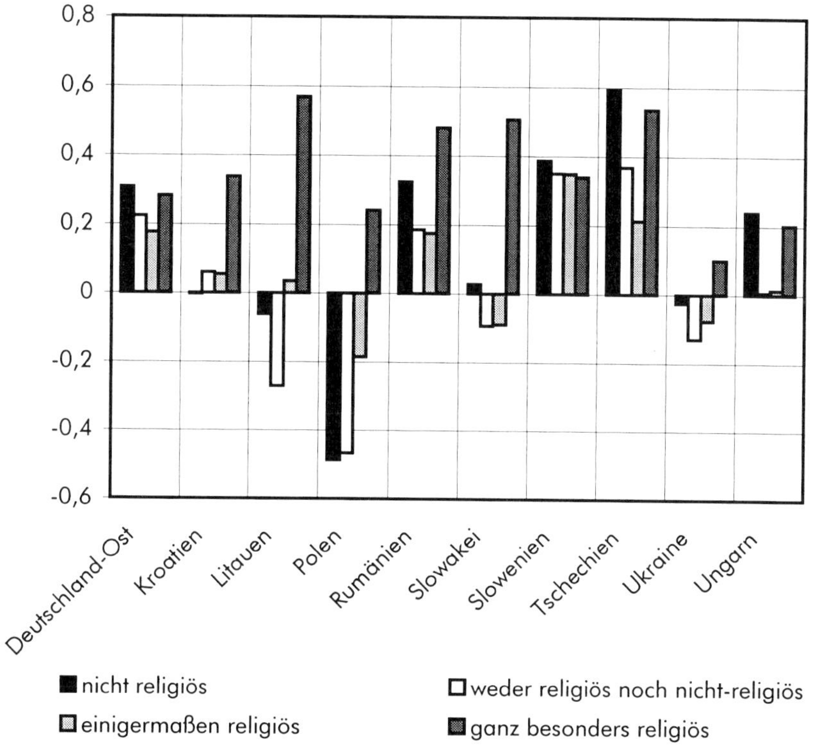


Die Betonung der öffentlichen-organisatorischen Komponente des Christseins bei der Suche danach, was zum Christsein dazugehört; in verschiedenen weltanschaulichen Gruppen; durchschnittliche Faktorenwerte.
Quelle: Aufbruch 1998

## *Wonach sich Christen richten sollen*

Eines der publikumswirksamsten Werke der Gesellschaftswissenschaften versuchte, die Kulturen und Gesellschaften danach einzuordnen, woher die Leitwerte der Moral und des Handelns genommen werden. Jahrtausende hindurch hat die Überlieferung der Gesellschaft Normen, Werte, Ideale und Vorschriften vermittelt. Es war gut oder böse, was von vorausgehenden Generationen für gut und böse befunden wurde. Die Neuzeit „erfand" das Individuum mit seinem autonomen Gewissen. In dieser Epoche sind die persönlichen Überzeugungen des gottesunmittelbaren Menschen maßgeblich geworden. Prinzipien – nicht selten zu Ideologien ausgebaut und verdichtet – traten an die Stelle der Tradition. Die Theorie versuchte die überlieferte Erfahrung aus der Lenkung von Mensch und Gesellschaft zu verdrängen. Die neueste Zeit kennt dagegen einen wachsenden Pluralismus und – vielleicht – das Ende der Ideologien. Das menschliche Zusammenleben muß mit dieser Vielfalt rechnen und kann nicht nach alleinigen Prinzipien eingerichtet werden. Das Miteinander-Auskommen-Wollen ist ein wichtigeres Strukturierungsmerkmal geworden als das System der eigenen prinzipiellen Überzeugung. Die Autoren des genannten Werkes[13] sprechen in diesem Sinn von einer historischen Reihenfolge der „traditionsgeleiteten", der „innengeleiteten" und der „außengeleiteten" Gesellschaften.

Es gab eine Zeit, in der die Wurzeln der Moderne (oder gar der Postmoderne) in die Aufklärung, vielleicht in das Jahrhundert der Reformation oder in die Renaissance, aber nicht noch weiter zurückverfolgt wurden. In den letzten Jahrzehnten häufen sich (wieder) die Stimmen, welche die Entstehung des Individuums der westlichen Gesellschaft und die Moderne selbst als Konsequenzen und als Produkte der soziokulturellen Innovationen des Christentums verstehen.[14] Wie auch immer, der Typ, den Riesman und Mitautoren als „innengeleitet" beschreiben, ist dem sehr nahe, was vor wenigen Jahrzehnten als charakteristisch christlich verstanden wurde. Das Phänomen des Pluralismus wie auch das Erscheinen des „außengeleiteten" Typs sind sicherlich eine Herausforderung für die europäische religiöse Tradition. Ost(Mittel)Europa fängt vermutlich erst jetzt an, diese Herausforderung zu spüren. Auch ohne eine solche theoretische Reflexion kann aber die Frage gestellt werden, welche die bestimmenden Kategorien des Denkens und des Handelns der Christen – nach der Auffassung der Menschen in den postkommunistischen Gesellschaften – sein sollten. Kurz: Wonach sollen sich die Christen richten?

Eine erste Antwort fällt leicht. Die große Mehrheit sagt: nach ihrem Gewissen. Und nur eine ganz kleine Minderheit meint: nach dem, was die meisten Menschen tun. Zwischen den beiden Grenzpositionen gibt es etliche, auf einen ersten Blick etwa gleichrangige weitere Vorschläge. Dazu gehört auch, daß sich die Christen nach der Kirche richten sollten. Nur jeder vierte Mensch vertritt völlig (doch etwa jeder zweite zumindest größtenteils) diese letzte Erwartung (Tabelle 9).

Zwischen den Ländern gibt es auch in dieser Frage Unterschiede. In manchen Ländern (in Kroatien, Litauen, Rumänien und Tschechien) wird die für die Christen richtungsweisende Rolle der Kirche überdurchschnittlich oft hervorge-

---

[13] Riesman David, Denney Reuel, Glazer, Nathan: Die einsame Masse. Eine Untersuchung der Wandlungen des amerikanischen Charakters. München 1958. (Original: The lonely crowd. A Study of Changing American Characters. New Heaven 1950.)

[14] Dumont Louis: Individualismus. Zur Ideologie der Moderne. Frankfurt-New York 1991. (Original: Essais sur l'individualisme. Une perspective anthropologique sur l'idéologie moderne. Paris 1983.) – Kaufmann Franz-Xaver: Religion und Modernität. Tübingen 1989.

hoben. In anderen Ländern (in Deutschland, in Polen [!] und in Slowenien) findet diese Erwartung relativ selten eine Zustimmung.

Tabelle 9: Wonach sich die Christen richten sollen

| | Zustimmung | Spalten-prozente |
|---|---|---|
| ... nach vertrauenswürdigen Menschen | 29% | 16% |
| ... nach dem bisher Bewährten | 24% | 13% |
| ... danach, was die meisten Menschen tun | 7% | 4% |
| ... nach ihrem Gewissen | 69% | 38% |
| ... nach den Gesetzen und offiziellen Vorschriften | 29% | 16% |
| ... nach der Kirche | 27% | 15% |

Mit der Bevölkerungsgröße gewichtete Gesamtheit von zehn postkommunistischen Ländern. Die relative Häufigkeiten der, den einzelnen Aussagen zustimmenden Antworten und ihre auf 100% standardisierte Verteilung.
Quelle: Aufbruch 1998

Die sechs obengenannten Vorschläge enthalten noch eine Information. Offensichtlich stehen manche Fragen näher zueinander als zu anderen. Die sechs Fragen ordnen sich in zwei Komplexe (oder zwei Faktoren). Den einen können wir den „Imitationsfaktor", den anderen den „Faktor des wohlsozialisierten christlichen Gewissens" nennen. In der Gesamtheit des ganzen Forschungsmaterials ergibt sich der erste Faktor aus den ersten drei, der zweite Faktor aus den letzten drei Aussagen. Weder die relative Bedeutung noch die Zusammensetzung dieser Faktoren ist allerdings in allen Ländern gleich. Im Gegenteil, die Differenzen erlauben eine Typisierung der Länder.

- In einer ersten Gruppe der Länder (in Litauen und in der Ukraine und vielleicht in Kroatien) werden die Vorstellungen darüber, wonach sich Christen zu richten haben, vom „Faktor des wohlsozialisierten christlichen Gewissens" bestimmt. Die Christen sollen sich demnach – so die öffentliche Meinung in diesen beiden Ländern – nach ihrem Gewissen, doch auch nach den Gesetzen und offiziellen Vorschriften, bzw. nach der Kirche richten, die anscheinend als miteinander harmonisierende Momente angesehen werden. Der andere Faktor ist von zweitrangiger Bedeutung. (In Kroatien gibt es eine kleine Abweichung von diesem Bild. Hier wird auch das „sich nach dem Bewährten richten" in den ersten Faktor aufgenommen.)
- In der relativen Mehrheit der Länder (in Rumänien, in der Slowakei, in Tschechien und in Ungarn und vielleicht auch in Polen) ist die Reihenfolge der beiden Faktoren umgekehrt. Nach der Auffassung der öffentlichen Meinung dieser Länder sollen sich die Christen nach vertrauenswürdigen Menschen, nach dem bisher Bewährten, bzw. danach richten, was die meisten Menschen tun. Spätestens hier wird es fraglich, was in dieser Frage das „Sollen" genau bedeutet. Es kann allgemeine gesellschaftliche Erwartungen

ausdrücken. „Wer ein Christ ist, sollte sich so und so verhalten.“ Es kann aber auch nur die Annahmen darstellen, welche die Gesellschaft darüber hat, wozu wohl die Christen in ihrer Gemeinschaft oder in ihrer Kirche verpflichtet werden. Wie auch immer, in diesem zweiten Typ der Länder wird das Christsein stark in die Nähe des Konformismus gerückt.

- In der öffentlichen Meinung eines dritten Typs (in Deutschland und in Slowenien) wird die Verbindung zwischen Kirche und unselbständiger Nachahmung explizit. Die beiden Faktoren haben hier eine etwas andere Zusammensetzung. Zum ersten Faktor gehört hier zusammen mit den Elementen des vorhin genannten Imitationsfaktors auch die Aussage, daß sich die Christen nach der Kirche richten sollen. Den Gegenpol bildet die Kombination des Verhaltens nach dem Gewissen und gleichzeitig nach den Gesetzen und Vorschriften richten.

Über die inhaltlichen und Länderdifferenzen hinaus gilt es, daß beide Faktoren, aber besonders der Imitationsfaktor

- mit dem Ansteigen der Religiosität,
- mit steigendem Alter und
- mit niedrigerer Schulbildung allgemeiner bejaht werden, und umgekehrt
- in höheren gesellschaftlichen Schichten, ganz besonders aber
- unter Unternehmern seltener und weniger vertreten werden.

Die Jugend, die höher Gebildeten, die höheren und mobilen Schichten der Gesellschaft haben weniger ausgeprägte Vorstellungen darüber, wonach sich die Christen richten soll(t)en. Diese Unschärfe bedeutet aber auch, daß diese Schichten das Christsein weniger mit Tradition und mit einfacher Nachahmung verbinden.

## *Zwischenergebnis*

Die Wende öffnete weltanschauliche Schleusen. Die Konsequenzen werden in Ost(Mittel)Europa allgemein als eine bereits erfolgte, doch auch in die Zukunft reichende Zunahme der Religiosität gedeutet. Die Religion wird in den meisten Staaten Ost(Mittel)Europas von den Mehrheiten der jeweiligen Gesellschaften als für viele Bereiche des Lebens relevant angesehen. Die Vorstellungen darüber, was Religion und Christsein heißt, sind vielfältig, nach Ländern unterschiedlich und allgemein häufig verschwommen. Wesentliches und Marginales mischt sich in ihnen.

Ein wesentlicher Zug des ganzen Fragebereichs besteht darin, daß die Pro-Religion-Positionen vor allem von älteren und von weniger gebildeten Menschen vertreten werden. Die Abfolge der Generationen wie auch die zunehmende Schulbildung oder einfach die Zeit arbeiten also in Ost(Mittel)Europa gegen die Sympathie für die Religion. Diese Feststellung wird dadurch etwas gemildert, daß religionskritische Töne häufig nicht bei den Höchstgebildeten und nicht bei den Bewohnern der großen Städte, sondern bei Menschen mit einer mittleren Qualifikation und unter Klein- und Mittelstadtbewohnern am stärksten laut werden.

## AUSSENSICHT 2: KIRCHE

Es gehört zum normalen Leben einer Gesellschaft, daß in ihr ein gewisses Maß an Grundkenntnissen und übereinstimmenden Vorstellungen über die sozialen Institutionen, über deren Bedeutung und Rolle bestehen. Die entsprechenden Informationen, Normen und Werte werden von der Familie, in der Schule, in den Medien und durch alle Träger der Kultur im Prozeß der Sozialisierung vermittelt. Man muß dazu keine engere persönliche Beziehung zu den Institutionen haben, um doch zumindest eine Ahnung zu haben, was diese Institutionen sind und wie sie funktionieren. Das gilt gleichermaßen für die Verwaltung und für die Wirtschaft, für das Bildungssystem und für die Kirchen. Die vorangegangenen Generationen haben diese Institutionen geschaffen und hatten mit ihnen zu tun gehabt. Die Nachrückenden übernehmen das gesellschaftlich angesammelte Wissen von ihren Eltern und von spezialisierten Bildungsinstitutionen.

Es kann geschehen, daß der Wandel der Verhältnisse die an eine Institution gestellten Anforderungen verändert. Institutionen können verunsichert werden, in Krisen geraten, ihre Funktionen verlieren, neue dazugewinnen. Die Beispiele reichen vom Wandel des Militärs oder der medizinischen Institutionen bis hin zur Transformation der Kirchen. Solche Veränderungen können innerhalb der Institutionen schmerzhaft sowie gesellschaftlich spannungsgeladen verlaufen. Die Natur der Institution garantiert aber eine gewisse Kontinuität selbst im Wandel und ein öffentliches Austragen der Spannungen. Ausnahmen bilden lediglich Revolutionen und ähnliche abrupte Veränderungen.

Die letzten fünfzig Jahren brachten für Ost(Mittel)Europa wiederholt plötzliche, unvorbereitete und mit Zwang übergestülpte Umwälzungen. Die Kriegsereignisse und die sowjetische Besatzung, der Kommunismus und dessen Ende brachen an, jeweils im Zusammenspiel mit weltpolitischen Entwicklungen. Die Ordnung der Gesellschaft, das System ihrer Institutionen wurde zuerst künstlich und gegen den Willen der Menschen verändert. Der totalitäre Staat war bemüht, in die Mechanik der Ausübung der Macht keinen Einblick zu gewähren. Dies wurde auch nicht versucht, es sei denn von den Ideologen des gleichen Schlages. Die Lebenskunst der einfachen Menschen bestand durch vierzig bis fünfzig Jahre darin, das Aufgezwungene irgendwie zu ertragen und zu unterlaufen. Man lernte, das Offizielle lächerlich und unwirksam zu machen. Man entwickelte die Kunst, sich die Lücken des Systems zunutze zu machen und Nischen zu finden, wo man sich, von der offiziellen Ordnung unbeachtet, eine eigene kleine Welt schaffen konnte. Diese Akrobatik negierte die offiziellen Regeln und Bahnen, fand aber dafür immer neue inoffizielle. Eine „postmoderne" Verhaltensweise hat sich herausgebildet: immer auf das Unvorhersehbare vorbereitet. Fast hat man sich endgültig auf diese Grundhaltung eingestellt, als der kommunistische Spuk überraschenderweise verschwand. Jetzt zeigt sich aber ein Nachteil der früheren Wendigkeit. Nunmehr ist es nicht einfach, eigene Vorstellungen über eine „richtige" Ordnung zu entwickeln und durchzusetzen. Man lernte, allem, was gesagt wurde, zu mißtrauen. Man wußte, daß die Politiker und die Medien schamlos lügen.[15] Dieses Wissen von der Lüge reicht aber nicht aus, um die Wahrheit zu erkennen.

Der kommunistische Staat versuchte, die Kirche zu vernichten, hat zumindest ihre Tätigkeit überall eingeengt. Die Kirche konnte nicht sein, was sie sein wollte, oder was die Menschen wollten, was sie sei. Sie konnte nur jene Gestalt haben, welche sie dem kommunistischen Staat gerade abtrotzen konnte. Noch dazu konnte sie einen beachtlichen Teil ihrer Tätigkeit nur im Halb- oder ganz im Untergrund, am Rande oder außerhalb der willkürlich festgelegten Legalität ausüben. Was sie in der Gesellschaft war, füllte also ihr Wesen nicht aus. Und was sie tat, war nur zum Teil sichtbar. Der Propagandaapparat des Staates war dagegen bemüht, ein eigenes Bild von der Kirche den Menschen einzuhämmern. Auch hier galt: Man wußte um die Lüge, man wußte aber auch, daß nicht einmal deren Gegensatz wahr ist.

Unter dem Druck des Kommunismus haben die Kirchen interessante Transformationen durchgemacht. Der Staat konnte die Funktionsfähigkeit der Kirchenorganisation wesentlich schwächen. Er konnte die Kirche als große, formal organisierte Institution in vielen Ländern fast gänzlich lahmlegen. Gerade damit sind aber die Laien aktiviert worden. Die Orden wurden in vielen Ländern aufgelöst, verboten, ihre Institutionen verstaatlicht. Als unbeabsichtigte Folge wurden die Ordensleute, gezwungenermaßen, Arbeiterpriester und Ordensschwestern im normalen Berufsleben. Religiöse Organisationen und der Verbandskatholizismus wurden verboten und unmöglich gemacht, dafür entstanden Basisgruppen. Im Widerstand gegen die Vereinnahmung des Menschen und gegen die Vernichtung des nationalen kulturellen Erbes haben vielerorts selbst Nichtglaubende bei der Religion und der Kirche Zuflucht gesucht. Dieser lebendige Gestaltwandel der Kirche hat freilich die Konfusion nur noch größer gemacht. Viele spürten, daß die Kirche eine Kraft verkörpert. Die Kenntnisse waren aber zu spärlich, um konkret zu sagen, wozu nun die Kirche gut sei, was sie eigentlich sei, wofür man mit ihr rechnen könne. Dieses Unwissen hörte bei der Wende nicht auf. Die Tradition ist ja unterbrochen. Und an eigenen Erfahrungen fehlt es. Die öffentliche Meinung über die Kirche ist voll mit ungeprüften Kli-

---

[15] Havel Václav: Versuch, in der Wahrheit zu leben. Reinbek 1989.

schees, mit Vorurteilen, mit unreifen Hoffnungen. Trotzdem ist diese Meinung heute ein Faktor der Politik und des Handelns der Kirche. Diese Meinung ist zumeist uninformiert und naiv, was die Kirche betrifft. Sie drückt aber die Nöte der Menschen aus und ihre Erwartungen von der Kirche. Somit ist die Meinung der Gesellschaft nicht als Abbild, wohl aber als Umwelt der Kirche relevant.

Zu den kirchlichen Transformationen gehört die wiederholte Veränderung der Rechtslage und nicht unabhängig davon die Bildung einer großen Anzahl von Kleinkirchen. Die Existenz dieser Gruppen ist freilich keine Folge der rechtlichen Regelungen. Ihre Anerkennung als mit den ganz großen gleichberechtigten Kirchen und ihre Instrumentalisierung in der Entmachtung und Bekämpfung der historisch gewachsenen Großkirchen waren aber politische Fakten, die nicht von ihnen beabsichtigt waren. Die Pluralisierung der religiös-kirchlichen Szene ist eine zusätzliche, noch nicht voll verarbeitete Tatsache. Es beginnt bei der Frage, welche und wie viele Kirchen jemand überhaupt, zumindest vom Hörensagen kennt. Was weiß man von den kirchlichen Institutionen? Begrüßt oder befürchtet man ihre Existenz? Wo sieht man überhaupt eine Funktion für die Kirchen? Sind sie auch außerhalb des Kreises ihrer Gläubigen für etwas gut? Können sie etwas Gutes bewirken? Sollen sie eine Rolle im gegenwärtigen Transformationsprozeß oder auch darüber hinaus in der Gesellschaft übernehmen? Welche Rolle? Und was sagt man dazu, wie sich die Kirchen in den letzten, nunmehr freien, acht bis zehn Jahren verhalten haben?

Will man den Medien glauben, sind die Kirchen Ost(Mittel)Europas die größten Skandalmacher. Seit der Wende hört man laufend von Konflikten, die um die Kirchen herum entstanden sind. Die Auferstehung der Kirchen als Organisationen und auch als öffentliche Akteure geht unter starkem Widerstand mancher Kräfte voran. Es entspricht der Natur der Medien, nach Sensationen und Extremfällen Ausschau zu halten. Bad news are good news. Die öffentliche Meinung, um die es uns hier geht, ist ruhiger und widerspiegelt zuverlässiger den Alltag. Wie wird aber die Kirche vom Alltag des einfachen Menschen her gesehen?

## *Kirche und Kirchen*

Die Vorkriegswelt Ost(Mittel)Europas kannte in den meisten Ländern vielleicht nur eine, häufiger aber zwei bis vier Kirchen, die am Ort präsent waren. In dieser Region trennte kein Westfälischer Friede die Konfessionen. Im Gegenteil, der Landtag von Siebenbürgen schrieb 1568 (also 80 Jahre vor dem Frieden in Münster und Osnabrück) die freie Ausübung aller damals bekannten Religionen in die Verfassung. Seit dieser Zeit wurde im Königreich der Ungarischen Krone (dessen Teile damals, neben dem gegenwärtigen Ungarn, auch das heutige Rumänisch-Siebenbürgen, die Karpatho-Ukraine, die Slowakei, das heutige Nordserbien, Kroatien und Österreichisch-Burgenland waren) die Vielfalt der Konfessionen bewahrt. Ost(Mittel)Europa ist jene Zwischenregion, wo das östliche und das westliche Christentum aufeinandertreffen und wo sowohl der Katholizismus als auch der Protestantismus stark vertreten sind. Das typische Landschaftsbild zeigt bis heute mehrere Kirchtürme nebeneinander.

Die Jahrzehnte des Kommunismus haben den Atheismus verbreitet, sie haben aber auch die konfessionelle Struktur auf eine doppelte Weise beeinflußt. Die eine Veränderung ist ein leichter Rückgang des protestantischen zugunsten des katholischen Anteils. Aufgrund der Zahl der zwischen 1963 und 1992 vorgenommenen Trauungen und Taufen stellt Benz die Frage, ob das ehemals dominant protestantische Lettland katholisch wird.[16]

Ein Vergleich der Volkszählungsdaten der tschechischen und der slowakischen Landeshälften der ehemaligen Tschechoslowakei und Ungarns führt zu ähnlichen Beobachtungen. Die Tschechoslowakei erlebte nach dem Ersten Weltkrieg eine Austrittswelle aus der katholischen Kirche und die Entstehung einer Nationalkirche, wobei aber der Katholizismus die Mehrheitsreligion blieb. In den Jahrzehnten des Kommunismus sank der Anteil der Katholiken auf 61% des Standes von 1951. Im gleichen Zeitraum sank aber der Anteil der Protestanten auf 33% des früheren Niveaus. Das katholische Übergewicht den Protestanten gegenüber hat sich, sowohl im tschechischen als auch im slowakischen Landesteil nahezu verdoppelt.[17]

Für Ungarn wurde bereits historisch zurückblickend eine Verschiebung der konfessionellen Anteile nachgewiesen. Die unterschiedliche gegenwärtige Altersstruktur der einzelnen Kirchen läßt die Fortsetzung dieser Verschiebung prognostizieren. Entfielen auf hundert Protestanten aus den beiden – der reformierten und der protestantischen – Großkirchen, im Jahre 1920 243,9, 1941 254,5, 1949 260,1 Katholiken, so sind es nach offiziellen staatlichen Angaben[18] im Jahre 1992 270,7 (wobei allerdings die große griechisch-katholische Kirche nicht wahrgenommen, also der Katholikenanteil unter Umständen unterschätzt wurde). Zur gleichen Zeit entfielen auf einen Protestanten in der Altersgruppe der 30–39jährigen 286,1, in der Altersgruppe der 18–29jährigen sogar 304,8 Katholiken.[19]

---

16 Benz Ernst: Wird Lettland katholisch? Glaube in der 2.Welt. 23(1995) 25-28.

17 Kucera Milan: K interpretaci vysledku scitáni 1991 o nábozenském vyznáni. Demografie 36(1994) 189-191. – Scitánie lidu a soupis domu a bytu v republice Ceskoslovenské ke dni 1. Brezna 1950. Dil I. Praha 1957 – Auch: Scitánie lidu, domov a bytu 1991 k 3.3.1991. Praha 1992. – Srb V., Andrle A.: Nábozenskévaznáni obyvatelstva Ceské republiky k. 3. Breznu 1991. Demografie 36(1994) 181-188.

18 Bukodi Erzsébet, Harcsa István, Reisz László: Társadalmi tagozódás, mobilitás az 1992. évi mobilitásvizsgálat alapján. Budapest 1994.

19 Tomka Miklós: Changes in the Structure of Denominations in East and Central Europe. Review of Sociology 1996, 88-103.

Es deutet nichts darauf hin, daß diese eine Veränderung die öffentliche Meinung besonders bewegt hätte. Anders steht es mit der anderen Veränderung. Die besteht in der Vermehrung der Zahl (aber nicht unbedingt der Mitgliederzahl), weiterhin in der rechtlichen Gleichberechtigung und in der zunehmenden sozialen Akzeptierung der Kleinkirchen. Die protestantischen Frei- und Kleinkirchen, im damaligen Wortgebrauch „Sekten", sind bereits um die Jahrhundertwende aufgetaucht. Manche unter ihnen gehören heute in einigen Ländern schon zu den eingesessenen Konfessionen. Viele unter ihnen sind allgemein bekannt. Die meisten Menschen rechnen heute mit mehr als zwei bis vier Kirchen. Die Befragten dieser Untersuchung konnten, ohne daß sie dazu irgendwelche Erinnerungshilfe bekommen hätten, auf Anhieb im Durchschnitt 6,2, in ihrem eigenen Land tätige Kirchen benennen. Es gab Befragte, die bis zu zwei Dutzend Kirchen nennen konnten. Die durchschnittliche Zahl der Nennungen lag nur in einem Land (in Slowenien) bei 4,5, sonst immer höher, bis hin zu 9,75 in Tschechien.

Die höheren Zahlen implizieren bereits, daß oft nicht nur die ganz großen und nicht nur die „historischen" Kirchen oder Konfessionen genannt wurden. Vielleicht nicht einmal die wichtigsten. Die Liste der Nennungen ist weniger eine systematische Bestandsaufnahme als ein Ausdruck dessen, was den Menschen am schnellsten einfiel. Die Auffälligsten, die Ungewöhnlichsten mochten mehr Chance haben, genannt zu werden, als die Stillen und Gewöhnlichen.

Die römisch-katholische Kirche führt die Liste mit 85% der Nennungen an. (Die griechisch-katholische Kirche kam zusätzlich dazu auf die siebte Stelle.) An zweiter Stelle stehen die orthodoxen Kirchen (67%), an dritter (!) die Zeugen Jehovas (62%). Die protestantischen Kirchen haben einen niedrigeren Rangplatz, wenn sie einzeln gezählt werden, zusammengenommen wären sie aber an der zweiten Stelle. Wenn sie getrennt gezählt werden, dann kommt die evangelisch-lutherische Kirche an die vierte (47%), die Bezeichnung „protestantische Kirche" an die sechste (35%), die kalvinistisch-reformierte Kirche (17%) lediglich auf die 14. Stelle. Die baptistische Kirche steht hingegen im Durchschnitt der Region (mit 36%) an der fünften Stelle.

Von der neunten Stelle an folgen nichtchristliche Religionsgemeinschaften wie die Israelitsche Kultusgemeinde (29%), die Muslime (29%), die Buddhisten (26%) und die Krishna-Gläubigen (26%). (Abbildung 16) Nach ihnen folgen weitere protestantische Kleinkirchen bzw. kommen an der 19. Stelle die Scientology-Kirche (7,5%), an der 20. Stelle die Altkatholiken (7%), danach die Unitarier (7%) und die Vereinigungskirche (3%).

Insgesamt scheint sich Ost(Mittel)Europa voll der entstandenen religiösen Vielfalt bewußt zu sein. Es gilt zwar, daß die höher Gebildeten und die stärker Religiösen in manchen Ländern (aber nicht überall) etwas mehr Kirchen benennen können, aber die Unterschiede sind relativ klein. Auch die weniger Religiösen und die nicht Gebildeten können zahlreiche Religionsgemeinschaften oder Kirchen benennen. Zwei mögliche Ursachen dieser vielleicht überraschenden Informiertheit sollen genannt werden. Einerseits betreiben etliche Kirchen Straßenevangelisation bzw. versuchen, Menschen auf der Straße, an Bahnhöfen, in Krankenhäusern und anderen (halb)öffentlichen Orten für ihren Glauben zu gewinnen. Man wird angesprochen, und man sieht, wie andere angesprochen werden. Die Missionare mancher Gemeinschaften wie der Mormonen, der Krishnagläubigen oder der Heilsarmee sind auch durch ihr Äußeres zu erkennen. Eine andere Form der Bekanntmachung sind die Medienberichte über Veranstaltungen neuer Kirchen oder über Konflikte zwischen alten und neuen Kirchen, die oft nicht wenig Sympathie ausstrahlen und auch als Reklame für diese Kirchen verstanden werden können.

Abbildung 16: Kenntnis der kleineren Kirchen und Konfessionen

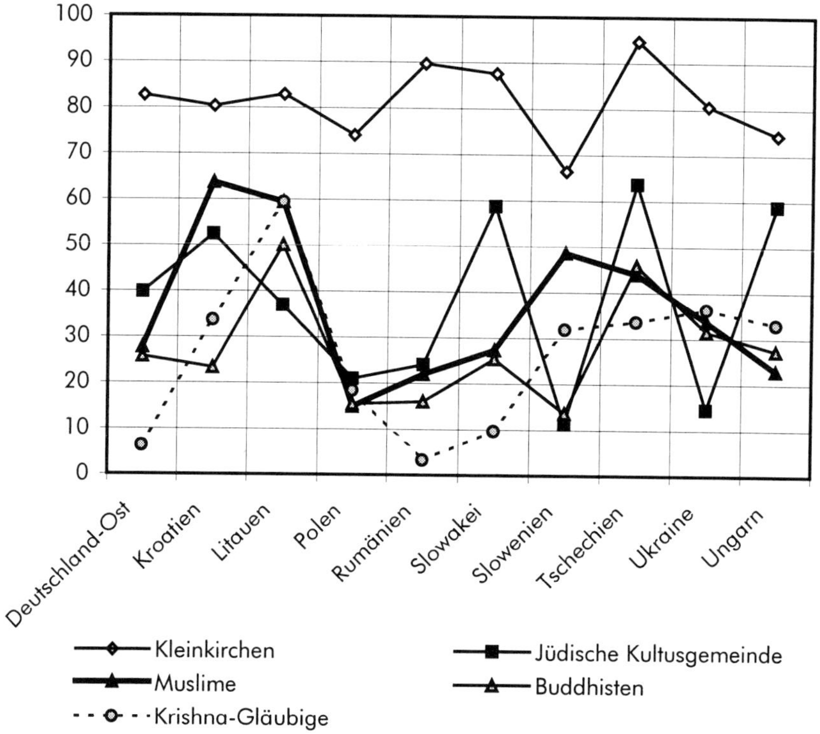


Die Häufigkeit der Erwähnung von protestantischen Kleinkirchen und von einigen nichtchristlichen Religionen, die nach der Meinung der Menschen in den einzelnen Ländern wirken.
Quelle: Aufbruch 1998

## *Kirchenbilder*

„Die Kirche“ ist ein Begriff mit vielen Bedeutungen. Sie kann Gemeinschaft und auch Organisation heißen. Sie kann Hüterin der gemeinsamen Erinnerung sein, aber auch die unpersönliche Verwalterin menschenfremder Ideen und Vorschriften. Die Kirche kann ein „Wir“ sein. Und sie kann die religiösen Funktionäre bezeichnen. Für manche ist sie eine göttliche Stiftung, für andere pures Menschenwerk. Sie kann als Sendung und Verheißung, als etwas im Werden angesehen werden. Sie kann aber auch als etwas Verknöchertes und Erstarrtes empfunden werden. Die Kirche hat viele Gesichter. Der Kommunismus hat in seiner Religionskritik einige weitere dazu erfunden.

Wirkliche Kenntnisse über die Kirche haben aber in den vergangenen Jahrzehnten in Ost(Mittel)Europa nur wenige Menschen erworben. Somit blieb die Frage „Was ist die Kirche?“ unbeantwortet. Aufklärende Erfahrungen und handfeste Kontrollen der unklaren Vorstellungen bleiben der Zukunft vorbehalten. Heute muß man sich mit widersprüchlichen und bruchstückhaften individuellen Antwortversuchen zufriedengeben. Sie bezeugen nicht, was Kirche ist, wohl aber, wie sie heute in Ost(Mittel)Europa gedacht wird. Diese Vorstellung ist ein Phantom. Es ist aber jenes Rohmaterial, das durch die Praxis korrigiert werden und aus welchem die konkrete Kirche ihr Bild, ihr Image gestaltend entfalten kann.

Es ist indessen von Fall zu Fall verschieden, wer an was denkt, wenn er/sie von „der Kirche“ hört oder über sie spricht. Ganz kleine Kirchen werden selbst von ihren Mitgliedern kaum ohne weitere klärende Adjektive als „die Kirche“ bezeichnet. In Ländern, in denen eine Kirche klar dominiert, bedeutet „die Kirche“ eben diese größte oder maßgebende Kirche. Für ethnische Minderheiten, die sich auch konfessionell von der Mehrheit unterscheiden, kann „ihre“ Kirche „die Kirche“ heißen, wenn auch einzelne Individuen vielleicht einer anderen Kirche angehören. Besonders wo mehrere Kirchen ein größeres Gewicht in der Gesellschaft haben, mag „die Kirche“ jene Gemeinschaft bezeichnen, in der man selbst geboren wurde, wo die Eltern hingingen, wo man vielleicht selbst Mitglied ist. Diese Deutung kann auch allgemein verwendet werden. Sie fordert keine weltanschauliche Identifikation heraus. In diesem Sinn wurden hier die Ansichten über „die Kirche“ erfragt.

Die Vorstellungen über die Kirche(n) lagern auf verschiedenen Ebenen, und es sind große Unterschiede zwischen Ländern und gesellschaftlichen Gruppen. Versucht man einige mögliche Bereiche in einander entgegengesetzten Alternativen zu erfassen, findet man, zumindest innerhalb einzelner Länder, deutliche mehrheitliche Stellungnahmen für die eine oder für die andere Alternative. (Die persönliche Wahl konnte in der Erhebung durch eine von fünf Noten ausgedrückt werden. Mit den Noten eins und fünf konnte die volle Zustimmung zu der einen oder anderen Alternative ausgedrückt, mit der Note drei die gleiche Zustimmung oder Ablehnung zu beiden ausgesagt werden. Die Zwischenwerte zwei und vier zeigen eine nicht restlose, dennoch in die eine oder andere Richtung neigende Meinung. Die Ergebnisse können prozentual aufgeschlüsselt werden. Aus den Antworten können auch Durchschnittswerte gerechnet werden, die wiederum im Prozentsatz der prinzipiell möglichen Gesamtwertung angegeben werden können.)

Ein erster Überblick zeigt (Abbildung 17),

- daß in allen Fragen eine Mehrheit die Kirche hochschätzt;
- allerdings ist von wenigen Ausnahmen abgesehen, diese Mehrheit nicht zu groß;
- minoritäre, doch bedeutend große Teile Ost(Mittel)Europas stehen also der Kirche reserviert gegenüber.

Aufschlußreich ist die Frage, ob die Kirche in die Vergangenheit oder in Gegenwart und Zukunft gehört. In den Jahrzehnten des Kommunismus konnte man tausendmal hören, daß die Kirche ein Relikt sei, welche die Vergangenheit verewige und der Zukunft im Weg stehe. Die Erfahrungen der letzten Jahre haben dagegen die Meinung der Menschen bestärkt, daß es mit der Religion und mit der Kirche aufwärts geht. Mit Ausnahme von Deutschland-Ost halten in jedem Land lediglich weniger als 20% der Menschen die Kirche für einen „Restbestand aus der Vergangenheit" (in der ehemaligen DDR sind es 31%).

Abbildung 17: Die Kirche ist...

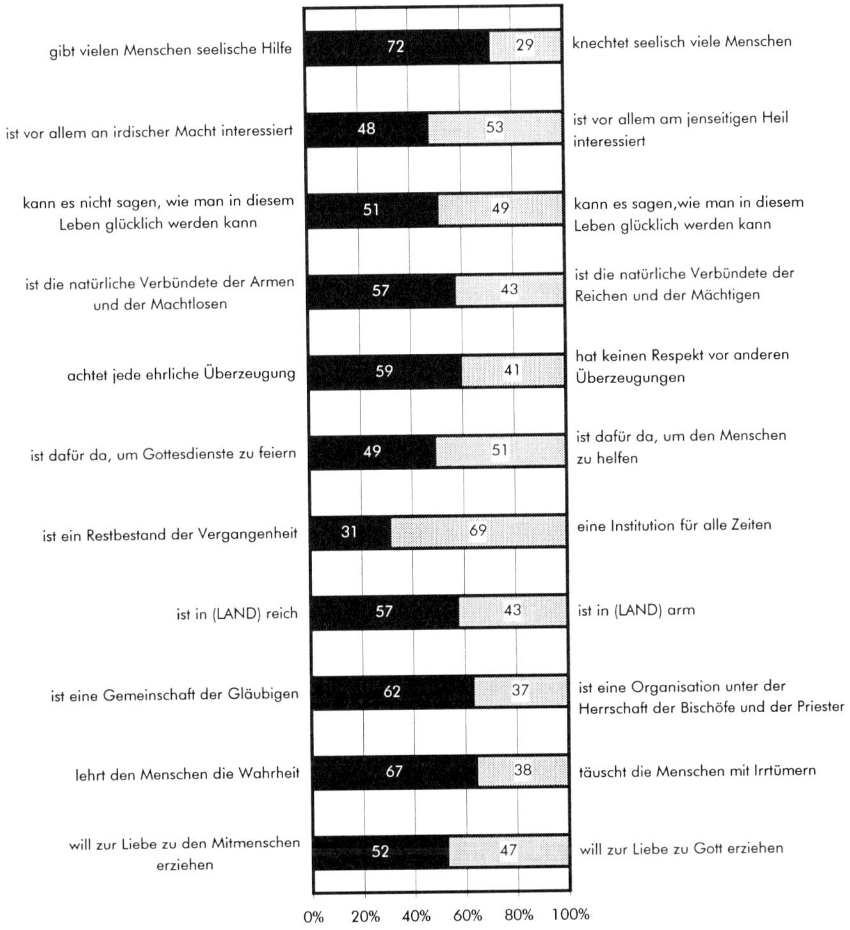


Quelle: Aufbruch 1998

In klarer Ablehnung der „Restbestand-These“ nennt die größere Hälfte (in Kroatien, Polen, in der Slowakei, in Slowenien und in der Ukraine), bis zu zwei Drittel der Bevölkerung der einzelnen Länder (in Litauen, Rumänien und Ungarn), die Kirche „eine Institution für alle Zeiten“. (Eine Ausnahme ist hier außer Deutschland-Ost auch Tschechien, wo nur 40% der Bevölkerung diese zweite Position beziehen.)

Die Überzeugung, daß die Kirche „für alle Zeiten“ besteht, ist in den meisten Ländern Ost(Mittel)Europas in allen Jahrgängen gleichermaßen verbreitet. (Nur in Rumänien, Tschechien und Ungarn denken die unter Dreißigjährigen mehrheitlich anders.) Die Gesellschaft rechnet also mit der Kirche. Ob das gut ist? Die Kirche könnte nicht nur als Beistand und als Hilfe, sondern auch als Macht und Bedrohung angesehen werden. Wofür wird die Kirche in Wirklichkeit gehalten?

### *Helfende oder bedrohliche Kirche?*

Die gegenwärtigen politischen Diskussionen haben die genannte Doppelsicht aktualisiert. Ein Teil der Bevölkerung sieht die Kirche als eine menschenfreundliche, sowohl im individuellen als auch im sozialen Bereich schlichtende, heilende Institution an. Diese Deutung begründete die Prestigezunahme der Kirche in den Achtzigerjahren. Dieselbe Hoffnung gehört zu den Ursachen der zahlenmäßigen Erstarkung der Kirchen. Ein anderer Teil der Gesellschaft hält die Kirche für eine Gefahr. Eine zunehmende Präsenz der Kirche halten sie für eine, den Interessen der Gesellschaft entgegengesetzte Entwicklung. Es mag offen bleiben, ob diese Gruppe nicht irgendwelche eigenen Interessen als das öffentliche Wohl ausgibt. Es kann auch stimmen, daß sich hier ein Konflikt zwischen Gruppeninteressen und der Kirche entfaltet. Trotzdem lohnt es sich nachzudenken, welche Argumente die Angst vor der Kirche schüren können.

In manchen, vor allem in weniger gebildeten, doch von ihrer Bildung eingenommenen Schichten, soll man die Wirkung der Indoktrination der vergangenen Jahrzehnte nicht unterschätzen. Es wurde einem ausdauernd und systematisch eingetrichtert, daß die Kirche die gesunden Wünsche der Menschen und die Eigeninteressen der Gesellschaft mißachte und verletze. „Die Kirche" wurde dabei als Machtapparat, als eine Verschwörergruppe von Dunkelmännern verstanden. Vielleicht weniger einzelne Sachaussagen, wohl aber die gleichzeitig damit erzeugte Stimmung kann langanhaltende Vorbehalte und eine tiefsitzende Furcht begründen. Es ist aufschlußreich, hierzu die Menschen danach zu unterscheiden, wann nach ihrer Meinung ihre Landsleute am wenigsten und am meisten glücklich waren, vor der kommunistischen Zeit, im Kommunismus, oder danach. Osteuropaweit sehen die Kirchen jene am ehesten als eine Bedrohung an, die unter den drei genannten historischen Epochen, für ihre Mitmenschen, den Kommunismus für die glücklichste Zeit halten.

Es kann auch andere Gründe für die Angst vor der Kirche geben. Ost(Mittel)-Europa hat sich bekanntlich frühkapitalistische und frühliberale Zustände angeeignet. Die Jahre unmittelbar vor und nach der Wende haben viele Menschen als die Freisetzung unbegrenzter Möglichkeiten erlebt. Jene, die sich bereits davor eine gute Startsituation schufen, konnten die Demontage des zentralisierten autoritären Systems in einen Ausbau der eigenen Macht und des eigenen Wohlstandes umwandeln. Jene, die zu einer Zeit der Gleichheit „noch gleicher" waren, konnten in der Zeit der Legitimierung der Ungleichheit ohne innere oder äußere Hemmungen ihre Vormacht ausbauen. Diese alte-neue Herrschaftsklasse sträubt sich nun gegen mögliche Konkurrenten, wozu sie auch die Kirche zählen. Gegen eine Institution, die moralische und soziale Kriterien einfordert und die unkontrollierte Machtanhäufung anprangert, läuft diese Schicht erst recht Sturm. Es ist kein Zufall, daß in den meisten Staaten Ost(Mittel)Europas eine, der am wenigsten religiösen und am ausdrücklichsten kirchenkritischen Gruppen in der neuentstandenen Schicht der Unternehmer gefunden werden kann.

Eine dritte Begründung können wir „das Elefantensyndrom“ nennen. Die Gesellschaft und das politische System Ost(Mittel)Europas differenziert sich. Der Pluralismus wurde in den letzten Jahren manifest und sucht nun nach einem geeigneten System, worin die Dynamik der Vielfalt garantiert und als eine treibende Kraft verwertet werden kann. Die Demokratisierung fordert Initiativen, sucht nach deren Artikulierung und strebt nach der eigenen Fundierung und Verankerung in einer neuen Gruppen- und Verbandsstruktur. Die Entstehung von Arbeits-, Interessen- und Kampfgemeinschaften, von Gruppierungen von Gleichdenkenden, von Ad-hoc-Projektgruppen usw. sind unumgängliche Elemente dieser Entwicklung. Die restlichen Strukturen des Parteistaates und die übriggebliebenen Seilschaften führen ihre Nachhutgefechte gegen solche Bestrebungen, die theoretisch klar formulierbar sind, in der Praxis aber eher als verschwommene Vorstellungen auftreten. Der Entstehung einer Zivilgesellschaft, also einer von unten entstehenden Strukturierung der Selbstverwaltung, einer subsidiären Ordnung kann aber noch etwas im Weg stehen. Bereits bestehende große Institutionen haben größere Chancen, auf den Ruinen des Parteistaates zu gedeihen als kleinere Gruppen und Unternehmungen. Große Bäume können kleineren Gewächsen das Licht nehmen. Die Kirche, wenn sie sensibel genug ist, kann zu einer Vorreiterin und zur treibenden Kraft der Entwicklung der autonomen gesellschaftlichen Entwicklung und einer Zivilgesellschaft werden. Sie kann aber genauso, wie ein Elefant im Porzellanladen, allein durch ihre Unerfahrenheit im öffentlichen Leben eine Gefahr für viele kleinere Gemeinschaften werden.

Will man die gesellschaftliche Beurteilung dieser Fragen untersuchen, so muß man vor Augen halten, daß es hierbei nicht nur um die prinzipiellen Einstellungen zur idealen Rolle der Kirche in der Gesellschaft geht, sondern auch um die Beurteilung der gerade gegebenen Machtkonstellation. Diese ist freilich von Land zu Land verschieden. In Ost(Mittel)Europa macht die Tatsache des Wandels jede Stellungnahme noch komplizierter. Nach Jahrzehnten, in denen die Kirchen aus der öffentlichen Sphäre ausgesperrt waren, werden sie jetzt in diese integriert. In westlichen Ländern dürfte es also eher um Situationsbeurteilungen, in den postkommunistischen Ländern dagegen um Optionen zum gesellschaftlichen Wandel gehen.

Erhebungen aus den frühen Neunzigerjahren haben äußerst unterschiedliche Befunde in verschiedenen Ländern zutage gefördert. Eine vergleichende Forschung wollte die öffentliche Meinung abtasten, ob die Macht der Kirchen im eigenen Land für zu viel oder für zu wenig gehalten wurde. Kleinere oder größere Mehrheiten innerhalb der einzelnen Länder, haben europaweit die Position vertreten, daß die Kirchen "gerade das richtige Ausmaß an Macht" haben. Vergleicht man aber den Anteil jener, welche die Macht der Kirchen für zu viel gehalten haben, mit jenen, die diese Macht für zu wenig hielten, so spricht diese Bilanz gegen die Kirchen. Es gibt wesentlich mehr Menschen, welche die Kirchenmacht für überzogen einstuften, als andere, die diese für ungenügend hielten. Diese Tendenz galt einhellig, wenn auch nicht im gleichen Ausmaß, in allen beobachteten Ländern der westlichen Welt. Sie galt auch in religiös so unterschiedlichen Ländern wie Deutschland-Ost, Slowenien und Polen. In Rußland und in Ungarn war dagegen der Anteil jener Menschen, welche die Macht der Kirchen für zu wenig hielten, größer als jener, die meinten, daß die Kirchen zu viel Macht besaßen (Tabelle 10).

Tabelle 10: Die Macht der Kirche – zu viel oder zu wenig?

| | Ungarn | Deutschland-West | Österreich | Groß-britannien | USA | Deutschland-Ost | Polen | Slowenien | Rußland |
|---|---|---|---|---|---|---|---|---|---|
| viel zu viel Macht | 14% | 11% | 11% | 7% | 8% | 22% | 4% | 2% | 4% |
| zu viel Macht | 34% | 32% | 17% | 16% | 26% | 39% | 22% | 5% | 10% |
| gerade das richtige Ausmaß von Macht | 47% | 55% | 60% | 59% | 58% | 36% | 65% | 30% | 52% |
| zu wenig Macht | 4% | 3% | 11% | 15% | 6% | 3% | 8% | 22% | 32% |
| viel zu wenig Macht | 1% | 0% | 1% | 3% | 1% | 0% | 1% | 41% | 3% |
| Die Überzahl jener, die die Kirchenmacht für übertrieben halten | 43% | 40% | 16% | 5% | 27% | 58% | 17% | -56% | -21% |

Quelle: ISSB 1991

Das Empfinden, daß die Kirche zu viel oder zu wenig Macht hat, hängt freilich nicht zuletzt davon ab, was für eine Vorstellung die Menschen von der Kirche haben. Diese Frage wurde 1998 gestellt. Fünf Aussagen der Forschung sprachen von der Behilflichkeit der Kirche, die „vielen Menschen seelische Hilfe" gibt; die „sagen kann, wie man in diesem Leben glücklich werden kann", die „dafür da sei, um den Menschen zu helfen", die „den Menschen die Wahrheit lehre" und schließlich die „zur Liebe zu den Mitmenschen erziehen wolle".

Andere Statements nannten Möglichkeiten, welche die befremdende Bedrohlichkeit der Kirche andeuteten. Man konnte dazu Stellung nehmen, ob die Kirche „viele Menschen seelisch knechte", ob sie „vor allem an irdischer Macht interessiert" sei, ob sie „vor anderen Überzeugungen keinen Respekt" habe, ob sie (statt einer Gemeinschaft) eine Organisation sei „unter der Herrschaft der Bischöfe und Priester".

Die beiden Schwerpunkte hat die öffentliche Meinung in verschiedenen Ländern auf unterschiedliche Weise gesetzt. Ein Vergleich der beiden Sichtweisen wurde möglich, nachdem aus den, auf die einzelnen Aussagen erhaltenen bejahenden bzw. ablehnenden Antworten (jeweils auf einer Skala von 0 bis 3) ein Durchschnitt gerechnet wurde. Ohne Ausnahme wird die Kirche von der Mehrheit der Öffentlichkeit eher als eine Hilfe denn als eine Gefährdung angesehen. Nicht unerhebliche, in Deutschland-Ost und in Slowenien besonders große Gruppen halten aber die Kirche dennoch für eine bedrohliche Macht (Abbildung 18).

Abbildung 18: Die Kirche als Hilfe oder als Bedrohung

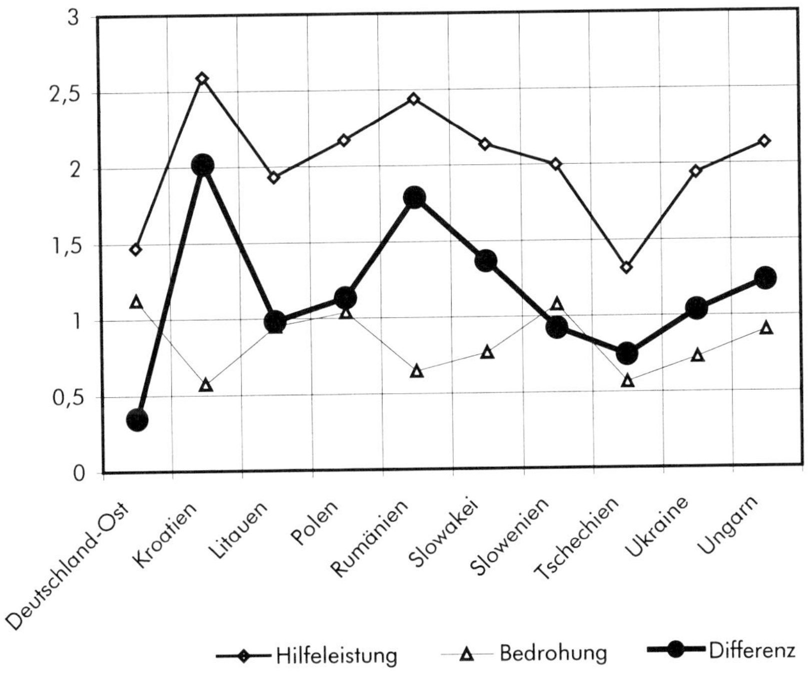


Die Bewertung der Kirche eher (a) als menschliche und gesellschaftliche Hilfeleistung oder eher (b) als Bedrohung sowie (c) die Größe der Differenz beider Positionen.
Quelle: Aufbruch 1998

Die Angst vor der Kirche ist in allen Ländern etwas stärker unter den höher als unter den elementar Gebildeten. In vielen Ländern (in Kroatien, Litauen, Polen, Rumänien, in der Slowakei und in der Ukraine) sind es die Akademiker, in anderen Ländern (in Tschechien und in Ungarn) sind es die Menschen mit einer mittleren Schulbildung, die am häufigsten Reserven der Kirche gegenüber haben. Ein ähnlicher Zusammenhang mit der Klassen- oder der Berufshierarchie besteht wesentlich weniger. Lediglich die besonders kirchendistanzierte, die Bedrohlichkeit der Kirche relativ häufig vertretende Position der Selbständigen, darunter der Kleinunternehmer, kann nachgewiesen werden.

Es kann verschiedene Logiken geben, welche Altersgruppe am stärksten in Distanz zu der Kirche steht. Wer die Kirche vor allem für eine konservative Institution hält, wird es für natürlich halten, wenn die Jugend mißtrauisch der Kirche gegenüber ist. Tatsächlich wird die Kirche öfters (in Kroatien, Litauen, Polen, Ungarn) von den unter Dreißigjährigen am stärksten, und mit steigendem Alter immer weniger für bedrohlich empfunden. In Ost(Mittel)Europa kann aber eine andere Überlegung stärker ins Gewicht fallen. Die Kirchenfeindlichkeit war hier für Jahrzehnte politisches Programm. Eigentlich müßten die damaligen systemtragenden Schichten mehr ein gestörtes Verhältnis zur Kirche haben als die Jüngeren. In der Tat, in einigen Ländern (in Slowenien und in Tschechien) wächst die Annahme, daß die Kirche eine bedrohliche Macht sei, mit dem Lebensalter. In einigen weiteren Ländern (in Deutschland-Ost, in Polen, in der Slowakei) ist es vor allem die Altersgruppe der Dreißig- bis Fünfzigjährigen, welche die Kirche am ehesten für menschenfeindlich und beängstigend empfindet. Zum Schluß sei es nur ordnungshalber erwähnt, daß das Empfinden der Bedrohlichkeit der Kirche mit der Abnahme der Religiosität und mit der wachsenden Entfernung von der Kirche wächst. Ohne unmittelbaren Kontakte werden eher die unpersönlich-machtvollen Züge der Kirche wahrgenommen. Andererseits kann gewiß selbst die Furcht vor der Kirche entfernend wirken.

## *Arme Kirche, reiche Kirche*

Die kommunistische Propaganda hat unermüdlich eingehämmert, daß die Kirche reich, daß ihr Reichtum unrechtmäßig erworben, dem Volk eigentlich geraubt und für egoistische Ziele eingesetzt sei. Diese Behauptung konnte gleichermaßen historisch und aktuell, auf die westliche und auf die Dritte Welt bezogen, auf den Vatikan und auf die landeseigenen Kirchen ausgemünzt werden. Die Menschen haben das als Teil der allgemeinen Berieselung aufgenommen. Die kommunistischen Systeme hielten sich jedoch an die Goebbelssche Maxime, wonach man die Menschen von allem überzeugen kann, wenn man es nur häufig genug wiederholt. Jetzt zeigt es sich, daß von der damaligen Propaganda tatsächlich nicht wenig haften blieb.

Die Wende hat erneut die Frage nach den Besitztümern der Kirche aufgeworfen. Diese, ob Institutionen, Ländereien oder sonstiges, sind in den meisten Ländern Ost(Mittel)Europas größtenteils enteignet, verstaatlicht und für die Zwecke des Parteistaates eingesetzt worden. Durch vierzig Jahre hat man sich daran gewöhnt, daß sie von anderen benutzt und wirklich nützlich gemacht wurden. Die Wiederherstellung der Rechtsordnung bringt die Frage der Rückgabe mit sich. Die Kirche beruft sich auf ihre früheren Rechte, auf die inzwischen verabschiedeten Restitutionsgesetze und darauf, daß sie, um existieren zu können, eine materielle Basis braucht. Diesen Argumenten kann kein anderes Recht, wohl aber die Kraft der Gewohnheit und das Vorhandensein anderer Interessen entgegengehalten werden. Soll auch die Rechtslage eindeutig sein, können die bisherigen Nutzer, Menschen und Institutionen, noch immer auf ihre Nützlichkeit pochen und die Medien und manche politischen Kräfte für ihre Interessen mobilisieren. Die Klagen, die gegen die Rückgabe erhoben werden, verzögern deren Realisierung. Jeder Rechtsstreit verstärkt weiterhin den Eindruck, daß die Kirche geld- und besitzgierig und zunehmend reich sei.

Die Vorstellungen über Armut und Reichtum der Kirche werden selbstverständlich nicht zuletzt von dem Ausmaß und Zustand des Besitzes und vom Wirtschaftsgebaren der Kirche bestimmt. Diese können von Land zu Land und von Kirche zu Kirche verschieden sein. Die Adjektive „arm“ und „reich“ sind also keineswegs einfach freundliche oder feindliche Wertungen, sondern eher subjektive Positionierungen der Kirche mit möglichen emotionellen Beiklängen.

Im Endergebnis haben die Meinungen eine weite Streuung. Eine stabile Mehrheit meint aber in sechs von zehn ost(mittel)europäischen Ländern, daß die Kirche reich sei. Lediglich in einem Landesteil, im rumänischen Siebenbürgen, wo es nebeneinander viele Kirchen gibt und wo die meisten Kirchen die religiösen und kulturellen Institutionen von ohnedies benachteiligten Minderheiten sind, hält man die Kirche weit überwiegend für arm. In drei weiteren Ländern (in Tschechien, in der Ukraine und in Ungarn) halten etwa gleich viele Menschen die Kirche für arm und für reich (Abbildung 19).

Junge Erwachsene sind Land für Land mehr geneigt, die Kirche für reich zu halten, als die Älteren. Je ausdrücklicher die Religiosität, umso stärker ist die Meinung, daß die Kirche arm sei. Akademisch Gebildete halten (im allgemeinen, nicht aber in Polen, Rumänien und der Ukraine) die Kirche häufiger für arm als Menschen mit niedriger Bildung.

Die Vorstellung, ob die Kirche reich oder arm sei, hat eine Zwillingsschwester. Sie steht in engem Zusammenhang mit der Meinung, ob die Kirche die natürliche Verbündete der Armen oder die natürliche Verbündete der Reichen sei. Es ist gut verständlich, daß jene, welche die Kirche für arm halten, sie auch für eine Verbündete der Armen ansehen. Diese Übereinstimmung funktioniert auch in die andere Richtung. Jene, welche die Kirche für reich schätzen, halten sie mit großer Wahrscheinlichkeit auch für eine Verbündete der Reichen. Sind es nun die Armen oder die Reichen selbst, welche die eine oder die andere Meinung vertreten? So kann man es nicht sagen. Es gilt dagegen, daß die Kirche besonders von jenen für eine Verbündete der Reichen gehalten wird, die, ungeachtet, ob sie objektiv arm oder reich sind, mit ihrer eigenen wirtschaftlichen Situation unzufrieden sind. Und umgekehrt, die mit ihrem Lebensstandard zufriedenen Armen und Wohlhabenden neigen eher dazu, die Kirche für eine Verbündete der Armen zu halten.

Abbildung 19: Die Bilanz der Reich-Arm-Vorstellungen

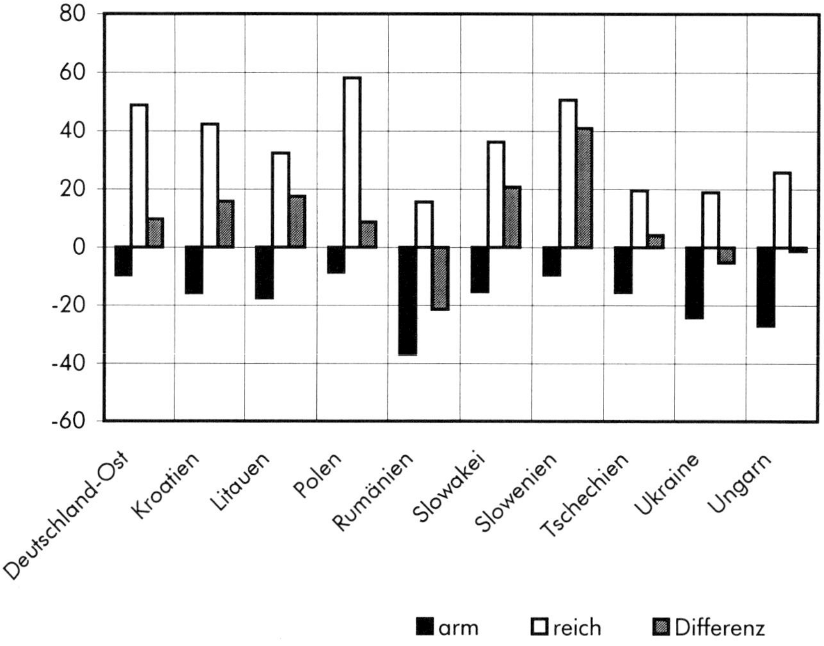


Der Anteil der Menschen, welche die Kirche reich halten (in + Werten) bzw. jener, die sie arm halten (in - Werten) und die Größe der Differenz der beiden Gruppen. Das Vorzeichen der Differenz zeigt an, ob die Kirche eher für reich oder eher für arm gehalten wird.
Quelle: Aufbruch 1998

Die Meinung über Armut und Reichtum und über die gesellschaftliche Verbundenheit der Kirche mit den Armen oder den Reichen ist ein Echo der Meinung über die bedrohlich-mächtige oder eher helfende Natur der Kirche. In allen ost(mittel)europäischen Ländern besteht der Zusamenhang, wonach jene, welche die Kirche für eine Gefahr halten, auch dazu tendieren, sie eher mit Reichtum und mit den Reichen in Verbindung zu bringen. Jene dagegen, welche die Kirche vorrangig für eine helfende Institution halten, schätzen sie auch eher als arm ein und nennen sie eine Verbündete der Armen. Die gleiche Polarisierung scheint sich in verschiedenen Dimensionen zu zeigen.

## *Kirchenbilder in der öffentlichen Meinung*

Bisher haben wir die Bereiche, in welchen die Kirche bewertet wurde, nach thematischen Gesichtspunkten – und gewissermaßen willkürlich – gruppiert. Es besteht daher weiterhin die Frage, wie sich die öffentliche Meinung in der Frage des Kirchenbildes innerlich strukturiert, bzw. ob womöglich die vielen Einzelaussagen und Entscheidungen eigentlich nur Variationen einiger weniger Grundhaltungen bezüglich der Kirche sind. Das leitende Kriterium besteht darin, welche Aussagen am häufigsten, quasi am meisten „gesetzmäßig" miteinander auftreten. Daraus wird gefolgert, daß diese von der öffentlichen Meinung – unausgesprochen – als zusammengehörend, vielleicht als zum Teil identisch oder als Ausdruck gemeinsamer Inhalte angesehen werden. Diese verborgenen, nichtdestoweniger durch die Einzelantworten irgendwie angedeuteten gemeinsamen Motive oder „Faktoren" können mit der mathematisch-statistischen Methode der Faktorenanalyse aufgedeckt werden.

Tabelle 11: Bedrohliche und hilfreiche Kirche

„Folgende Aussagen beziehen sich auf die Kirche Ihrer Mutter, bzw. in welcher Sie geboren wurden. Wenn Sie mit einer Aussage ganz einverstanden sind, sollen Sie die daneben stehende Nummer, also 1 oder 5 wählen. Falls Sie mit einer Aussage größtenteils, aber nicht ganz einverstanden sind, wählen Sie die Nummer 2 oder 4. Wenn Sie beide Aussagen gleichermaßen richtig oder gleich unrichtig finden, wählen Sie die Nummer 3."

| | hilfreich | Bedrohlich | |
|---|---|---|---|
| Die Kirche lehrt den Menschen die Wahrheit. | ,79 | | Die Kirche täuscht die Menschen mit Irrtümern. |
| Die Kirche ist eine Gemeinschaft der Gläubigen. | ,71 | | De Kirche hat keinen Respekt vor anderen Überzeugungen. |
| Die Kirche achtet jede ehrliche Überzeugung. | ,69 | | Die Kirche ist eine Organisation unter der Herrschaft der Bischöfe und Priester. |
| Die Kirche gibt vielen Menschen seelische Hilfe. | ,66 | | Die Kirche knechtet seelisch viele Menschen. |
| Die Kirche ist die natürliche Verbündete der Armen und der Machtlosen. | ,66 | | Die Kirche ist die natürliche Verbündete der Reichen und der Mächtigen. |
| Die Kirche will zur Liebe zu den Mitmenschen erziehen. | ,65 | | Die Kirche will zur Liebe zu Gott erziehen. |
| Die Kirche ist dafür da, um Gottesdienste zu feiern. | | ,62 | Die Kirche ist dafür da, um den Menschen zu helfen. |
| Die Kirche ist ein Restbestand aus der Vergangenheit. | | ,61 | Die Kirche ist eine Institution für alle Zeiten. |
| Die Kirche ist vor allem an irdischer Macht interessiert. | | ,61 | Die Kirche ist vor allem am jenseitigen Heil interessiert. |
| Die Kirche kann es nicht sagen, wie man in diesem Leben glücklich werden kann. | | ,60 | Die Kirche kann es sagen, wie man in diesem Leben glücklich werden kann. |
| In [LAND] ist die Kirche reich. | | ,50 | In [LAND] ist die Kirche arm. |

Quelle: Aufbruch 1998

Die Analyse der Antworten auf elf Einzelmerkmalpaare ergibt zwei Dimensionen. Eine erfaßt die – von der öffentlichen Meinung empfundene – Nähe oder Ferne der Kirche zu den Menschen, die andere die helfende Leistung oder die Bedrohlichkeit der Kirche (Tabelle ). Beide Dimensionen haben einen negativen und einen positiven Pol. Die erste und wichtigere Dimension beinhaltet die Fragen, ob die Kirche die Menschen lehrt oder täuscht, sie achtet oder respektlos behandelt, ihnen seelische Hilfe gibt oder sie knechtet, sie zur Liebe zueinander erzieht oder nicht, eine Gemeinschaft oder eine ihnen letztlich fremde Organisation bildet. Im ersten Fall auf der positiven Seite der Abbildung 20 kann die Kirche in freundlicher Nähe erlebt werden, im zweiten (d. h. auf der negativen Seite der Abbildung 20) wird man von ihr herumgeschoben und bedrängt.

In der zweiten Dimension wird die helfende, heilbringende und den Weg auch zum diesseitigen Glück zeigende Qualität der Kirche, weiterhin ihre Beständigkeit in der Zeit und ihre Glaubwürdigkeit aus der Armut (in der positiven, oberen Hälfte der Abbildung 20) bzw. die Gegenteile von alledem und eine weltabgewandte und eigentlich bereits überholte Position (in der negativen, unteren Hälfte) erfaßt.

Abbildung 20: Kirche als Hilfe oder als Bedrohung – Positionierung der untersuchten Länder

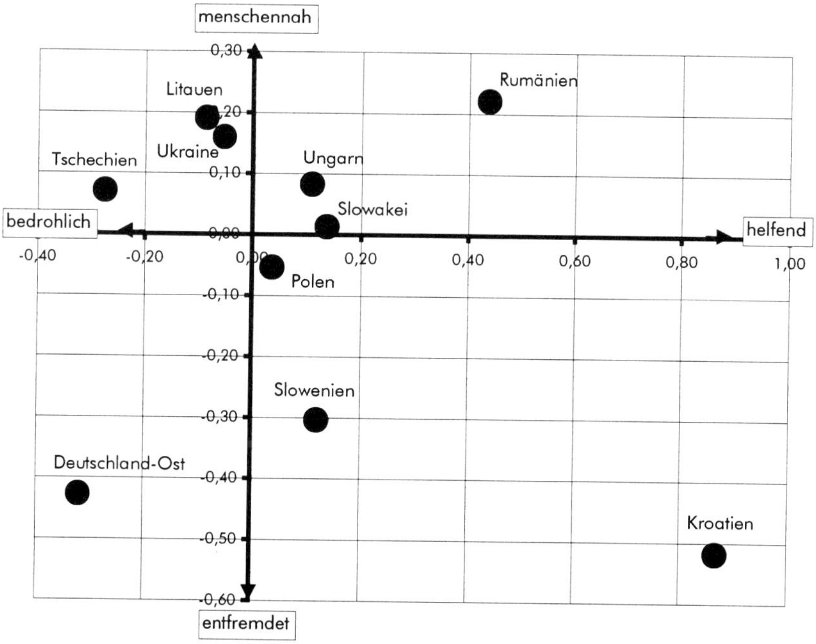


Die relative Position von zehn postkommunistischen Ländern in einem Raum, die dadurch definiert wird, daß die Kirche als Bedrohung oder als eine helfende Institution bzw. ob sie als menschennah oder als entfremdet angesehen wird.
Quelle: Aufbruch 1998

Das Kirchenbild ist etwas anderes als die Religiosität. Aus dem einen lassen sich keine direkte Schlußfolgerungen auf die andere ziehen. Höchstens soviel kann festgestellt werden, daß mit einer Zunahme der Religiosität (und auch mit der

Zunahme der Erwartung, daß die Zahl der Gläubigen sich im kommenden Jahrzehnt vergrößere) die kirchenfreundlichen, bzw. der Kirche Gutes zuschreibenden Vorstellungen in beiden Dimensionen zunehmen. Das heißt aber nur, daß Religiosität und kirchennahe Gesinnung nicht weit voneinander entfernt sind.

Für beide Dimensionen gilt, daß die höher Gebildeten, besonders die Akademiker (wie auch in der Berufsstruktur die Selbständigen), tendenziell eine kritisch-negative Sicht vertreten. Für sie ist die Kirche eher entfremdet und unfähig, jetzt und in irdisch-menschlichen Angelegenheiten helfen zu können. Die älteren Jahrgänge, besonders die über Fünfzigjährigen haben andererseits eine eher positive Vorstellung von der Kirche. Sie halten sie ausdrücklicher für eine Gemeinschaft, die sowohl für das ewige Heil als auch für das Glück in diesem Leben wichtig ist.

Das Kirchenbild ist auch in den einzelnen Ländern recht unterschiedlich. Rumänien scheint die Kirche sowohl nach ihrer Unmittelbarkeit als auch nach ihrer Fähigkeit, Heil und Glück zu vermitteln, am höchsten zu bewerten. Die heilbringende Kraft der Kirche wird auch in Litauen, in der Ukraine und – weniger – in Tschechien betont, aber die Kirche wird weniger als eine menschennahe, sondern eher als eine formale und entfremdete Institution empfunden. Eine gewisse Ähnlichkeit des Kirchenbildes verbindet die Slowakei, Polen und Ungarn, indem alle drei in beiden Dimensionen eine mittlere „Sowohl-als-auch-Position“ einnehmen. Es bestehen manche Ähnlichkeiten zwischen den Kirchenbildern Kroatiens und Sloweniens, wobei aber das erstere zum einen die Menschennähe, zum anderen die Unfähigkeit der Kirche, Glück und Heil zu vermitteln, viel stärker als Slowenien betont. Die neuen Bundesländer Deutschlands haben schließlich eine in beiden Dimensionen kritische Vorstellung von der Kirche. Sie sei entfremdet und nicht geeignet, in unserer Gegenwart und in diesseitigen Fragen glaubwürdig Hilfe und Lösungen anzubieten.

### *Die öffentlichen Einrichtungen der Kirchen*

Eine Gretchenfrage der Demokratisierung in Ost(Mittel)Europa stellt sich mit dem Bemühen um die konfessionellen Schulen, Kindergärten, Altersheime und Krankenhäuser. Die Diskussion verläuft auf zwei Ebenen und betrifft einerseits die für alle geltenden Rechte des Zugangs zu solchen Institutionen, andererseits die politisch-weltanschauliche Neutralität der öffentlichen Leistungen.

Im ersten Kontext argumentiert die eine Richtung damit, daß die Ermöglichung der allen zugänglichen Bildung, die Gesundheitspflege und die Sozialfürsorge Verpflichtungen des Staates sind, die er auch erfüllt. Sonderwünsche und Gruppeninteressen mögen zwar daneben legitim bestehen, deren Erfüllung gehe aber die öffentliche Hand nichts an. Die andere Partei behauptet, daß der Staat den genannten Verpflichtungen nur unzureichend – und gegenwärtig noch weniger als früher – nachkomme. Zusätzlich sei seine Monopolstellung geradezu eine

Ursache dafür, daß der Staat nicht zu besseren Leistungen angespornt werde. Die Schaffung konkurrierender Institutionen sei also notwendig, um Lücken zu füllen und um einen Wettbewerb zum Wohl des Bürgers zu entfachen. Darüber hinaus könnten sie ungebundene Energien der Gesellschaft freisetzen und zur Verantwortungsübernahme der Bürger, und damit auch zur Demokratisierung beitragen. Nichtstaatliche Institutionen stünden demnach voll im Dienst des Gemeinwohls. Da sie aber gesellschaftliche Aufgaben wahrnehmen, sei der Staat verpflichtet, – unter gewissen Bedingungen – für sie eine finanzielle Verantwortung zu übernehmen.

Im zweiten Kontext stoßen zwei Gesellschaftsphilosophien aufeinander. Die eine beginnt mit der unwiderlegbaren Feststellung, daß das System des modernen Staates in einer pluralistischen Gesellschaft weltanschaulich und auch politisch neutral sein muß. Davon ausgehend befürwortet die eine Partei einen einheitlichen, farblos-neutralen Dienstleistungsbetrieb des Staates, welcher niemanden zu einem öffentlichen Wertebekenntnis zwingt und in welchem auch niemand sich weltanschaulich oder politisch benachteiligt fühlen kann. Die Vertreter dieser Position bestehen als Minimalforderung darauf, daß der Staat ein flächendeckendes Netz von neutralen Institutionen aufrechterhalten muß, um einem jeden Bürger Bildung, soziale Sicherheit und gesundheitliche Pflege zu garantieren, ohne ihn dabei in Gewissensnot zu bringen. Auf dieser Seite wird behauptet, daß die gewünschte Situation im wesentlichen zur kommunistischen Zeit bereits erreicht wurde, am damals errichteten System also nicht gerüttelt werden dürfe.

Auf der Gegenseite pocht man gleichfalls auf die Menschenrechte und auf die Gewissensfreiheit. Die Argumente lauten aber hier anders:

> ‚Es bedarf keiner Beweise, daß der Parteistaat die Schule als ein bevorzugtes Gebiet der symbolischen Macht verstand. Er bemühte sich, die Bildung und auch die Personen, welche diese Bildung ausführten, nach seinem Geist umzuformen. Von einer bereits bestehenden Neutralität staatlicher Institutionen kann also keine Rede sein. Die Lehrer mögen gutwillige Individuen sein. Die Wende mag die Wege zur Ausgewogenheit und zur kulturellen Vielfalt eröffnet haben. Nichtdestoweniger wirkt die Vergangenheit noch lange nach. Menschen mit kulturellen und weltanschaulichen Vorstellungen, die von den früher vertretenen abweichen, sind somit automatisch benachteiligt und dem Versuch einer von ihnen unerwünschten Umerziehung ausgesetzt. Die Nachwirkung des Kommunismus mag zeitlich begrenzt sein. Kurzfristig aber kann diese Benachteiligung nur durch Absonderung, d. h. durch eigene Institutionen aufgehoben werden. Die Garantierung der Gewissensfreiheit und speziell der Religionsfreiheit fordert die Zulassung sowie die rechtliche und materielle Gleichstellung der nichtstaatlichen, darunter nicht zuletzt der konfessionellen Institutionen in der Bildung, in der Kranken- und Altenpflege usw. Noch allgemeiner kann die Forderung erhoben werden, daß der Staat

> sich nicht an die Stelle des Bürgers setzen soll, sondern fördern soll, daß es Menschen gibt, die ihre kulturellen Präferenzen formulieren, politisch vertreten und institutionell verwirklichen können. Im Endergebnis darf die berechtigte Zahl der „privaten“ Institutionen nicht vom Wohlwollen des Staates, sondern ausschließlich vom gesellschaftlichen Bedarf abhängen.‘

Noch ein Problem muß genannt werden. Ost(Mittel)Europa lebt mit der Hypothek einer jahrzehntelangen totalitären und autoritären Politik. Die Gesellschaften dieser Region haben noch nicht genug gelernt, wie sie die eigenen Interessen den großen Systemen des Staates, der Wirtschaft, der Medien, der bürgerfernen Parteien gegenüber durchsetzen können. Unter solchen Verhältnissen ist es unklar, was „öffentlich“ und was „privat“ ist. Im Fall der Kirche ist das Problem doppelt. Sie nennt sich „Gemeinschaft“ der Gläubigen, funktioniert aber nur allzu oft nach der Logik unpersönlicher hochentwickelter Bürokratien. Sie gibt vor, die Menschenrechte ihrer Glieder schützen zu wollen, kann sich aber vom Machtzuwachs ihrer Institution nicht freihalten. Wie verteilen sich nun die Gewinne, wenn sie sich an verschiedenen Sektoren des institutionellen Systems der Gesellschaft beteiligt?

Politische Philosophien und Mediendebatten sind eine Sache, Wünsche und Neigungen der Gesellschaft eine andere. Uns interessiert hier vor allem, was der Bürger, was die Öffentlichkeit in den verschiedenen Ländern zur Vermehrung der konfessionellen Institutionen sagt. Die Antwort ist kurz. In jedem Land Ost(Mittel)Europas befürworten große Mehrheiten, bei dem Widerstand von relativ kleinen Gruppen, die Errichtung neuer kirchlicher Institutionen (Abbildung 21).

Abbildung 21: Der Anteil der Befürworter und der Gegner von verschiedenen neuen kirchlichen Institutionen

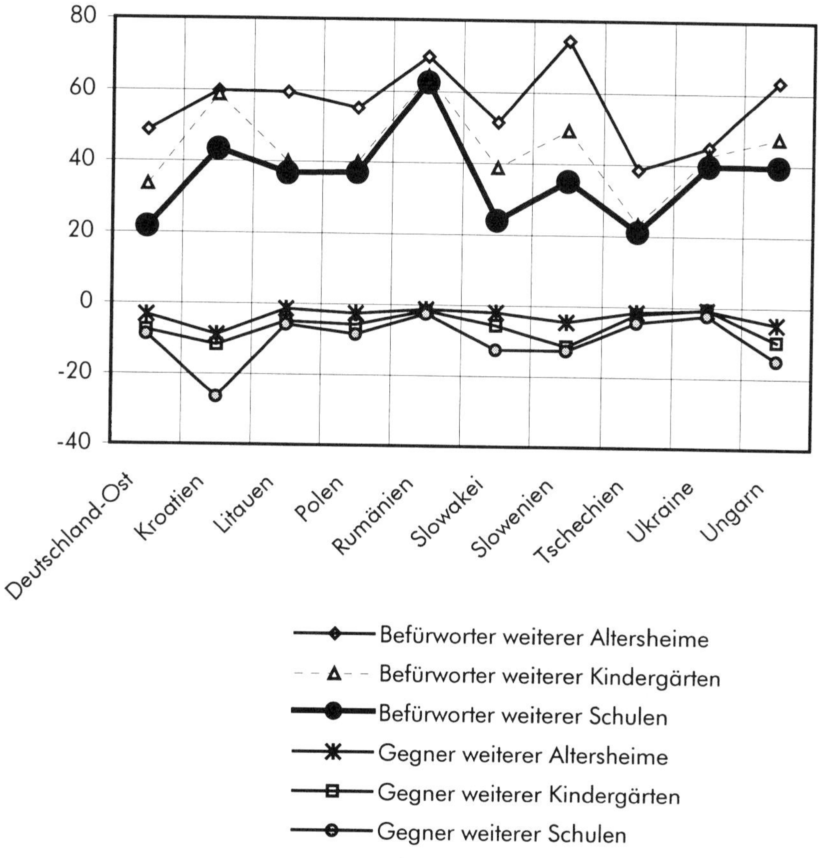


Quelle: Aufbruch 1998

Es gibt erhebliche Differenzen zwischen den einzelnen Ländern. Diese können Unterschiedliches bedeuten. Wo die Nachwirkungen des Kommunismus weniger schmerzlich empfunden werden oder wo es bereits eine größere Anzahl kirchlicher Schulen, Krankenhäuser usw. gibt, dort ist der Bedarf an neuen konfessionellen Institutionen kleiner. Die Mehrheit der Befürworter zusätzlicher kirchlicher Institutionen ist jedenfalls in allen Ländern groß. Doch sollen zwei Einschränkungen genannt werden.

- Die Errichtung neuer Kindergärten und Altenheime (die vielleicht die Sozialfürsorge der Kirche repräsentieren können) wird in den Gesellschaften fast uneingeschränkt unterstützt. Für die Schule gilt das nicht mehr im selben

Ausmaß. Die Errichtung neuer konfessioneller Schulen hat zwar eine starke Unterstützung, die aber merklich schwächer ist als die Unterstützung der beiden vorhin genannten Leistungen und die, weiterhin, auf den Widerstand einer nicht unerheblichen Gruppe stößt. Die Sozialinstitutionen der Kirche bergen kaum gesellschaftlichen Konfliktstoff. Die Schulfrage kann dazu werden.

- Nicht jedes Land heißt neue kirchliche Institutionen gleichermaßen willkommen. In Deutschland-Ost, in der Slowakei und in Tschechien sind die – weiterhin vorhandenen – Mehrheiten, welche die Errichtung neuer kirchlicher Institutionen unterstützen, merklich schwächer als anderswo. In Kroatien, in der Slowakei, in Slowenien und in Ungarn gibt es gegen weitere kirchliche Schulen einen unübersehbaren Widerstand.

Selbstverständlich befürworten vor allem die Gläubigen die Eröffnung neuer kirchlicher Institutionen. Darüber hinaus wird die Ausweitung des Systems konfessioneller Institutionen mehr von Arbeitern und Bauern als von Angestellten sowie mehr von älteren als von jüngeren Menschen gewünscht. Die öffentliche Meinung der Jüngeren ist auch nicht dagegen, sondern eher gleichgültig. In den wohlhabenden Schichten findet man beide Positionen: sowohl eine ausdrückliche Bejahung neuer kirchlicher Tätigkeiten als auch deren entschiedene Ablehnung. Hier befindet sich am ehesten das Milieu, aus dem die Vorbehalte und Widerstände kommen. Als Einzelgruppe sind es wieder die „Selbständigen", bei denen der Anteil der Gegner konfessioneller Institutionen am größten ist.

Über die Finanzierung der gemeinnützigen konfessionellen Institutionen hat ein Teil der Gesellschaft keine Vorstellungen. Selbst bei vorgelegten Alternativen können oder wollen viele (14%) keine Präferenzen äußern. Etwa ein Drittel der Bevölkerung (30%) möchte die Kosten vollkommen den Kirchen und/oder ihren Gläubigen aufbürden (Abbildung 22), jeder achte bis neunte Mensch (11%) ganz dem Staat überlassen. Die relative Mehrheit (44%) wünscht eine staatliche Subventionierung solcher Institutionen.

Menschen mit einer höheren Schulbildung neigen mehr als andere dazu, die Finanzierung konfessioneller Institute aus dem vermuteten Kirchenvermögen (in Slowenien), aus der Tasche der Gläubigen (in Rumänien und in Ungarn), bzw. gleichermaßen aus diesen beiden Quellen garantieren zu wollen (in Litauen, in Polen und in der Ukraine). Je mehr die Menschen die Kirche für reich halten, umso mehr wollen sie die kirchlichen Institutionen aus ihrem Vermögen finanziert sehen – was nicht sonderlich überrascht. Es gibt aber einen zweiten Zusammenhang, der wirtschaftlich weniger plausibel klingt und eher ideologisch fixiert anmutet. In mehreren Ländern (in Deutschland-Ost, in Litauen, in Rumänien, in Slowenien und in der Ukraine) wollen bei der Finanzierung der kirchlichen Institutionen jene, welche die Kirche (!) für reich halten, überdurchschnittlich häufig die Gläubigen (!) zur Kasse bitten.

Abbildung 22: „Die Kirche selbst soll ihre Institutionen finanzieren"

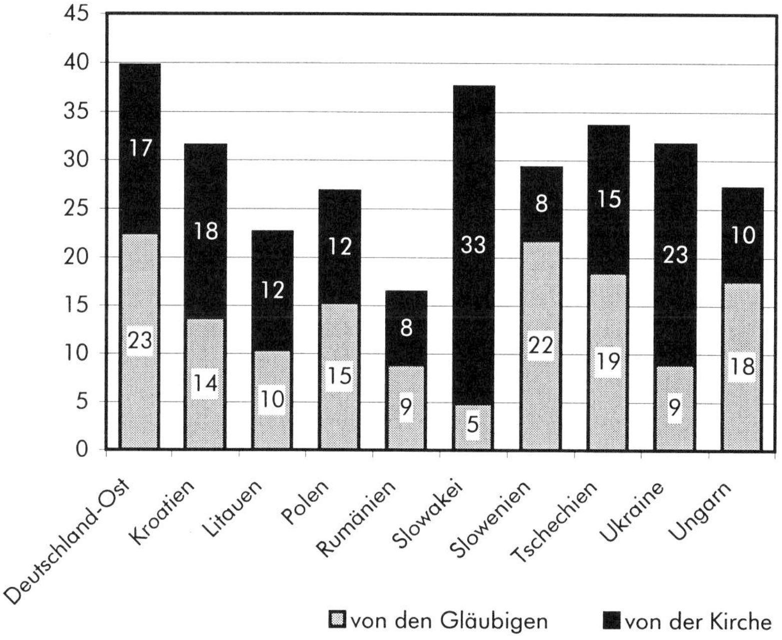


Der Anteil der Menschen in zehn postkommunistischen Gesellschaften, welche die Kosten gemeinnütziger konfessioneller Institutionen aus eigenen Mitteln der Kirche bzw. ausschließlich aus Spenden der Gläubigen bezahlen lassen wollen. (Der Anteil, der auf 100% fehlt, meint, diese Einrichtungen sollten zum Teil oder ganz vom Staat finanziert werden oder hat keine Vorstellung davon.)
Quelle: Aufbruch 1998

## *Vertrauen in die Kirchen*

Die politische Wende kam unerwartet. Genauer gesagt, niemand konnte präzise voraussagen, wann die langsamen Veränderungen in einen qualitativen Wandel umschlagen. Darüber bestand aber kein Zweifel, daß die innere Kraft der kommunistischen Systeme immer mehr nachließ. In den Spätvierziger- und Fünfzigerjahren gab es in vielen Ländern hingebungsvolle Anhänger des Kommunismus. In den Siebziger- und Achtzigerjahren konnte man in Ost(Mittel)Europa oft das Bonmot hören, daß es überzeugte Kommunisten nur noch in nichtkommunistischen Ländern gäbe. Ob der Parteistaat auf nationalistische Gefühle setzte (wie in Rumänien), eine östliche Variante der Konsumgesellschaft schuf (wie in Jugoslawien und in Ungarn) oder versuchte, den autoritären Stil beizubehalten (wie in Bulgarien, in der DDR und in der Tschechoslowakei): er hatte keinen Erfolg damit. Weltpolitische Zwänge und konkret die Bedrohung der Sowjetarmee haben die Fassade aufrechterhalten. Eine Motivation in den Menschen und eine Ordnung der Gesellschaft vermochten sie nicht zu begründen. Die öffentliche Moral hat sich in nichts aufgelöst. Solidarität und eine Verantwortung füreinander und für gemeinsame Belange haben sich verflüchtigt. Es ist den Menschen – am drastischsten in den Jahren 1953 in Berlin, 1956 in Polen und in Ungarn, 1968 in der Tschechoslowakei – klargemacht worden, daß sie die großpolitischen Rahmenbedingungen nicht verändern können. Als Antwort lernten die Menschen, die politische Ordnung zu unterlaufen. Damit wurde das gesamte System ausgehöhlt und untergraben. Sein Zusammensturz war also nur eine Frage der Zeit. Diese eindeutige Konsequenz der allgemeinen Entwicklung wagte kaum jemand zu ziehen. Der Verlust der Funktionsfähigkeit und des öffentlichen Prestiges der staatlichen Institutionen sprach aber eine beredte Sprache.

Die gesellschaftliche Beurteilung der Kirche(n) war in diesem Kontext zunächst eine unbekannte Größe. Die Politik versuchte, die Bedeutung der Kirchen herunterzuspielen und die Kirchen selbst in ein möglichst ungünstiges Licht zu rücken. Die Kirchen wurden aus der zivilen Öffentlichkeit hinausgesperrt, ihre Bewertung konnte also nicht durch die Befragung derselben Öffentlichkeit herausgefunden werden. Vor allem aber wuchsen die jüngeren Jahrgänge auf, ohne je das öffentliche Walten der Kirchen und ihre Teilnahme am profanen gesellschaftlichen Geschehen miterlebt zu haben. Die relativ kleine Gruppe der Kirchgänger hatte ihre eigene Vorstellungen. Alle anderen waren auf historische Erinnerungen und auf ihre Phantasien angewiesen. Besonders bei diesen letzteren mag die staatliche Propaganda durchaus dysfunktional gewirkt haben. Als der Staat und die meisten öffentlichen Institutionen jede Glaubwürdigkeit verloren, fingen die Menschen an, nach einem Ersatz Umschau zu halten. Nach der Devise „die Feinde meiner Feinde sind meine Freunde“ mögen sich nicht wenige allein als Folge der langjährigen antikirchlichen Propaganda der Kirche zugewandt haben.

In den Achtzigerjahren mußte es jedem aufmerksamen Beobachter klar sein, daß die Kirchen in Ost(Mittel)Europa weiterhin gewichtige Faktoren des Lebens der Gesellschaft sind. Der Kommunismus hat den Wirkungsbereich der Kirchen eingeschränkt und die Religiosität geschwächt. In dieser letzten Phase des Kommunismus hat sich aber die kirchliche Präsenz in mehreren Ländern der Region erneut befestigt.[20]

---

[20] Agoston Ferencz: Der Dienst der Versöhnung als Aufgabe der Pastoral in Rumänien. Dettelbach 1992. – Arends Cor, van Dartel Geert (Hg.): Katholieken in Oosteuropa. Kampen 1989. – Baloban Josip: Kirche in einer sozialistischen Gesellschaft. Zürich-Einsiedeln-Köln 1982. – Bozsoky Paul G., Lukács László: De l'oppression à la liberté, L'église en Hongrie 1945–1992. Paris 1993. – Dube S.C., Basilov V. N. (Hg.): Secularization in Multi-Religious Societies. In-

Soziologische Erhebungen der Achtziger- und Frühneunzigerjahre dokumentierten überzeugend, daß das Ansehen der Kirche(n) nicht hinter sonstigen Institutionen der Gesellschaft zurückblieb.[21] Im Gegenteil: dem allgemeinen Prestigeverlust der politischen Institutionen stand vielerorts eine Funktions- und Prestigezunahme der Kirchen gegenüber.[22] Diese Prestigeverlagerung zwischen 1985–1990 wurde in Ungarn in Längsschnittuntersuchungen verfolgt.[23] Die Europäische Wertestudie hat das Vertrauen in 13 gesellschaftliche und politische Institutionen – vom Militär bis zur Sozialversicherung und von dem Erziehungssystem bis zur EU – in zwölf Ländern miteinander verglichen. In acht von den zwölf Ländern waren die Kirchen unter den drei meistgeschätzten Institutionen.

Während der politischen Transformation meinten viele, in den Kirchen die einzige zuverlässige und stabile Institution vor sich zu haben. Die Lösung mancher unlösbaren Probleme wurde treuherzig von ihr erwartet. Solche Hoffnungen mußten bald enttäuscht werden. (Aus diesem Grund konnten manche Kritiker die Ergebnisse der empirischen Datensammlungen der Frühneunzigerjahre als Eintagsfliegen relativieren.) Das außerordentlich hohe Prestige, das die Kirchen in den Augenblicken der gesellschaftlich-politischen Metamorphose hatten, fiel in der Tat in manchen Ländern zurück. Anderswo behielten die Kirchen ihr Gewicht in der Gestaltung lebenswichtiger Fragen der Gesellschaft. Hier wie dort muß man sich fragen, was alles die Gesellschaft den Kirchen zutraut. Worin werden die Kirchen für kompetent gehalten? Was erwarten die Gesellschaften von den Kirchen? Um die Antwort ganz konkret zu bekommen, versuchen wir die Vorstellungen über und die Erwartungen von der katholischen Kirche zu klären.

### *Kompetenzen und Erwartungen*

Die Gesellschaften Ost(Mittel)Europas haben eine Zeit des kämpferischen Säkularismus hinter sich, welche die Religiosität überall, wenn auch in unterschiedlichem Ausmaß beeinträchtigte. Viele Menschen haben keine „Kirchener-

---

do-Soviet Perspectives. New Delhi 1983. – Grabner Wolf-Jürgen, Heinze Christiane, Pollack, Detlef (Hg.): Leipzig im Oktober. Berlin 1990. – Hankiss Elemér: East European Alternatives. Oxford 1990. – Pollack Detlef: Kirche in der Organisationsgesellschaft. Stuttgart-Berlin-Köln 1994. – Spieker Manfred (Hg.): Vom Sozialismus zum demokratischen Rechtsstaat. Paderborn 1992.

21 Zulehner, Denz aaO.

22 Rotter Zdenko: Revitalizacija religije v Sloveniji koncem osemdesetih let (= Die Neubelebung der Religiosität in Slowenien Ende der achtziger Jahre), in: Toš Niko u.a.: Slovenski utrip. Javno mmenje 1988-1989. (=Das Plus Sloweniens. Die öffentliche Meinung 1988-1989.) Ljubljana, 105-127.

23 Bruszt László, Simon, János: A lecsendesitett többség (= Die pazifizierte Mehrheit). Budapest 1990.

fahrung". Dazu kommt, daß der Kommunismus versuchte, die politische und kulturelle Elite nur Menschen offenzuhalten, die – neben weiteren Bedingungen – keine sichtbaren Zeichen einer religiösen Überzeugung gaben. „Man" (und ganz besonders, wenn man höhere Positionen hatte) hat es gelernt, den Kirchen ganz und gar keine Kompetenzen zuzuweisen und zuzulassen. Drittens sind alle Länder Ost(Mittel)Europas konfessionell mehr oder weniger gemischt. Wenn wir uns nach den Fähigkeiten und Zuständigkeiten der *katholischen* Kirche erkundigten, konnten Gläubige aus anderen Konfessionen sich überfragt oder auch gereizt empfinden. Es gäbe also manchen Grund dafür, daß nur kleine Gruppen der katholischen Kirche eine Antwort in wichtigen Fragen des individuellen und des gesellschaftlichen Lebens zutrauten. Die Ergebnisse übertreffen die Erwartungen, bringen aber auch sonst Überraschungen.

In individuellen Fragen etwa die Hälfte, in sozialen Fragen ein Siebtel bis zu einem Viertel der Bevölkerung rechnet damit, daß die katholische Kirche eine Antwort geben kann (Tabelle 12).

Tabelle 12: Worauf die katholische Kirche eine Antwort geben kann

„Glauben Sie, daß die katholische Kirche im allgemeinen eine Antwort geben kann auf..."

| | |
|---|---|
| ... moralische Probleme und Nöte des Einzelnen | 46% |
| ... Probleme des Familienlebens | 43% |
| ... Fragen nach dem Sinn des Lebens | 58% |
| ... aktuelle soziale Probleme unseres Landes | 27% |
| ... die Wiederherstellung der öffentlichen Ordnung | 25% |

Die bejahenden Antworten in (im gewichteten Durchschnitt von) zehn postkommunistischen Ländern.

Quelle: Aufbruch 1998

Abbildung 23: Der Glaube daran, daß die katholische Kirche in verschiedenen Fragen eine Antwort geben kann

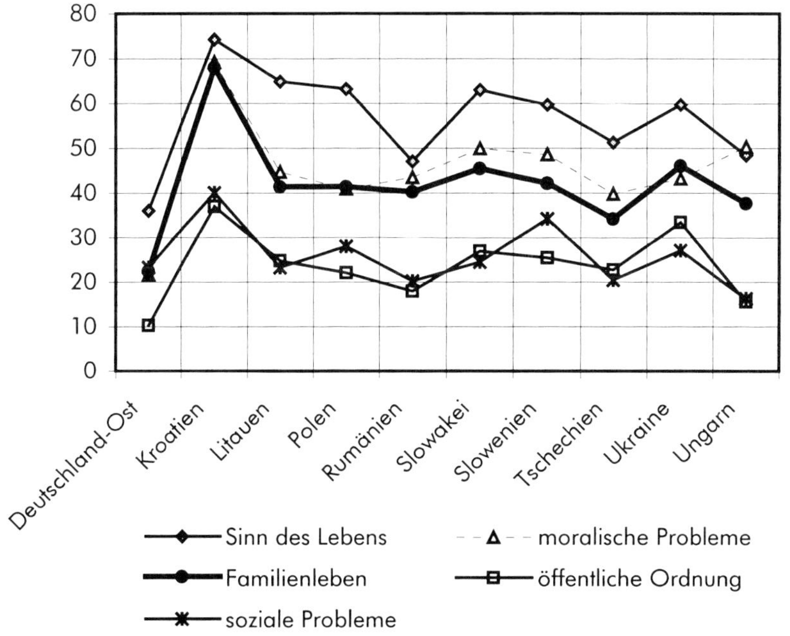


Quelle: Aufbruch 1998

Der Anteil jener, die der katholischen Kirche die Fähigkeit des Antwortgebens zumutet, ist von Land zu Land verschieden. Die Unterschiede sind aber erheblich kleiner als die Differenzen im Glauben, in der religiösen Praxis, in der weltanschaulichen Identifikation oder in sonstigen Erscheinungen der Religiosität oder Religionslosigkeit. Offensichtlich geht es in dieser Frage um eine öffentliche Meinung, die sich von stabileren kulturellen Mustern speist als die aktuelle Religionsausübung (Abbildung 24).

Die Länderdifferenzen bestimmen – zumindest in etwa – den Anteil jener, die meinen, daß die katholische Kirche eine Antwort geben kann. Was mehr und was weniger in die Zuständigkeit der Kirche gewiesen wird, wo also eher erwartet wird, daß sie eine Antwort geben kann, das wird ohne Abweichungen äußerst einheitlich beurteilt.

Vor allem die Älteren und die Dorfbewohner, die im Schnitt auch eine niedrigere Schulbildung haben, glauben, daß die katholische Kirche auf verschiedenen Gebieten eine Antwort geben kann. Am wenigsten rechnen mit einer Antwort der Kirche die jungen Erwachsenen und die Menschen mit einem mittleren Bildungsgrad.

Die zugewiesene Kompetenz ist allerdings nicht ganz im Einklang mit der zuerkannten Zuständigkeit. Das Antwortenkönnen scheint etwas mehr eine neutrale, beschreibende Feststellung zu sein. Ob die Kirche aber auch in persönliche oder in gesellschaftliche Fragen hineinreden soll, das ist eine andere Frage.

Tabelle 13: Worauf die katholische Kirche eine Antwort geben soll

„Finden Sie es angebracht, wenn sich die katholische Kirche zu folgenden Themen äußert?"

| | |
|---|---|
| Arbeitslosigkeit | 47% |
| Abtreibung | 47% |
| außereheliche Beziehungen | 47% |
| wachsende soziale Differenzen | 54% |
| Situation der Zigeuner (der Roma) | 41% |
| die Politik der Regierung | 29% |
| Stil und Inhalt der Medien | 32% |

Die bejahenden Antworten in (im gewichteten Durchschnitt von) zehn postkommunistischen Ländern.
Quelle: Aufbruch 1998

Ein Wort der katholischen Kirche wird eher in persönlichen moralischen und auch in konkreten gesellschaftlichen und sozialen Fragen, aber weniger in der direkten Politik erwartet. Die öffentliche Meinung der verschiedenen Länder ist in dieser Hinsicht einheitlich. Die Differenzen zwischen den Altersgruppen sind hier größer als vorhin bei der Frage des Antworten-Könnens. Die verschiedenen Bildungsgruppen zeigen auch ein verändertes Bild: die Höchstgebildeten fordern am stärksten, daß die katholische Kirche sich zu Wort melden soll.

Der Wunsch nach einem Wort der katholischen Kirche kommt also nicht genau aus jenen Schichten, die davon überzeugt sind, daß die Kirche eine Antwort geben kann. Die Akzentverschiebung kann weiterverfolgt werden, wenn aus den vorhandenen Fragen Durchschnitte des – in verschiedenen Ländern und Schichten behaupteten – Sagen-Könnens und des Sagen-Sollens der katholischen Kirche gerechnet und wenn diese Durchschnittswerte miteinander verglichen werden.

Besonders die Ergebnisse entlang der Dimension der Religiosität – Religionslosigkeit sind interessant. Die am meisten Religiösen behaupten wesentlich häufiger, daß die katholische Kirche antworten kann, als daß sie von ihr eine Antwort wünschten. Sie kann, soll aber nicht unbedingt. Dieses Bild verändert sich kontinuierlich mit der Abnahme der Religiosität. Am anderen Ende der Skala sind die Nichtglaubenden. Sie sind gar nicht so sehr überzeugt, daß die katholische

Kirche auf verschiedene Fragen eine Antwort geben kann. Nichtdestoweniger erwarten sie, daß die Kirche eine Antwort geben soll. Sie soll, auch wenn sie nicht kann! (Tabelle 14)

Tabelle 14: Bilanz des Antwortvertrauens

| | kann | soll | Differenz |
|---|---|---|---|
| ganz besonders religiös | 66% | 62% | +4,8 |
| einigermaßen religiös | 51% | 49% | +2,7 |
| weder religiös noch nichtreligiös | 33% | 40% | -6,6 |
| nicht religiös | 24% | 34% | -9,7 |

Der Anteil jener, die vermuten, daß die katholische Kirche eine Antwort geben kann, und jener, die eine Antwort von ihr erwarten – im Durchschnitt der gestellten Fragen, in verschiedenen weltanschaulichen Gruppen.
Quelle: Aufbruch 1998

So überraschend diese Erwartung auch sein mag, es muß gleich angemerkt werden, daß sie nicht sehr häufig ist; sie kommt aber bei den Älteren und bei den akademisch Gebildeten am häufigsten vor. Sie kann vielleicht so gedeutet werden, daß bestimmte Gruppen die Teilnahme der Kirche in der Öffentlichkeit auch dann wünschen, wenn sie ihr nicht zutrauen, daß sie über die Lösung der Probleme verfügt. Das Ausmaß und der Charakter der Differenz ist dann ein zusätzlicher Indikator dafür, ob bzw. wie entschieden die öffentliche Rolle der Kirche gewünscht wird.

Es ist eigentlich selbstverständlich, daß Katholiken mehr als andere überzeugt sind, daß ihre Kirche auf verschiedene Fragen eine Antwort geben kann. Prinzipiell möchten sie auch mehr als andere die Äußerungen der katholischen Kirche hören. Weniger einsichtig ist, daß in etlichen Ländern (in Kroatien, in Polen, in der Slowakei, in Slowenien, in Tschechien und in der Ukraine) die Katholiken weniger als Nichtkatholiken wünschen, daß die Kirche ihr vermutetes Antworten-Können tatsächlich in öffentlichen Äußerungen realisiert. Dieser Tatbestand kann verschiedene Wurzeln haben. Er kann einerseits auf ein gesellschaftliches Desinteresse und Abstinenz der Katholiken oder sogar auf ihre Unzufriedenheit mit den Äußerungen ihrer Kirche hinweisen. Andererseits kann er auch die Wahrnehmung einer gesellschaftlichen Konfliktsituation und die nüchterne Bemühung um die Vermeidung zusätzlicher Spannungen anzeigen.

Im Ländervergleich sieht man, daß auch in „sehr katholischen“ Ländern (in Kroatien, in Polen und in der Slowakei) vorkommen kann, daß der Kirche mehr Können attestiert wird, als daß ihre Äußerungen gewünscht wären. Eine ähnliche Distanzierung kann man freilich auch in weniger religiösen Ländern (so in Slowenien) finden. In der Mehrheit der Länder halten sich die Vorstellungen über das Antwortgeben-Können und das Antwortgeben-Sollen die Waage. In so unterschiedlichen Ländern wie Deutschland, der Ukraine und Ungarn gilt es auch im Landesdurchschnitt, daß die Zahl jener, die Äußerungen der katholischen Kirche wünschen, größer ist als jener, die meinen, daß sie eine Antwort geben kann (Abbildung 24).

Abbildung 24: Vertrauen in die Kirchenantwort - nach Ländern

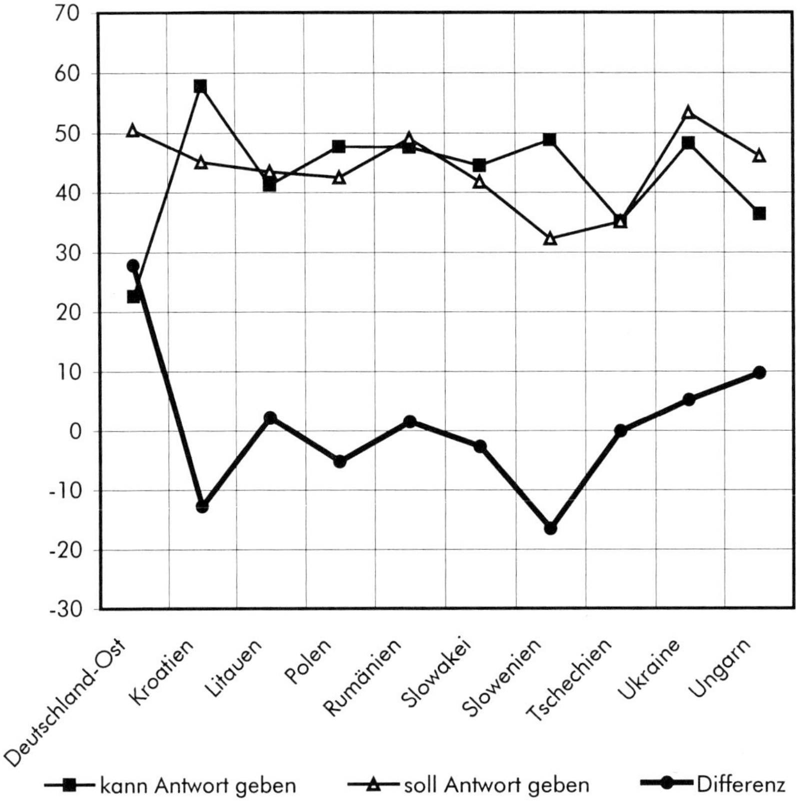


Der Anteil (a) jener, die annehmen, daß die katholische Kirche eine Antwort geben kann, und (b) jener, die eine Antwort von ihr erwarten, sowie (c) die Differenz der beiden Anteile.
Quelle: Aufbruch 1998

Eine gründlichere Analyse der Fragenbereiche, wo die katholische Kirche – vielleicht – eine Antwort geben kann bzw. soll, zeigt, daß im ersten Fall, beim „kann" es durchaus eine einheitliche Einstellung gibt. Private und soziale Anliegen werden ungefähr in dem gleichem Ausmaß unter die Kompetenz der Kirche gestellt. Wer bei der einen Frage meint, daß die katholische Kirche darauf eine Antwort geben könne, hat bei den anderen Fragen mit hoher Wahrscheinlichkeit eine ähnliche Meinung. Zwischen den Antworten auf diese Einzelfragen besteht eine hohe Korrelation. Die Fragen können in einen einzelnen Faktor zusammengefaßt werden.[24] Das ist nicht der Fall bei den „Soll"-Fragen. Hier gliedert sich die öffentliche Meinung über die an die Kirche gestellten Erwartungen in zwei unabhängige Sachbereiche: in den der gesellschaftlichen Anliegen und in die Fragen, welche die Intimsphäre betreffen.

Durch die Gegenüberstellung der beiden Faktoren, d. h. (a) der katholischen Kirche zugeschriebenen Kompetenzen und (b) der Erwartungen im gesellschaftlichen Bereich[25], können (mit Hilfe der Faktorenwerte) die Länderdifferenzen sehr anschaulich dargestellt werden. Zur weiteren Deutung sollen an derselben Abbildung die Positionen der religiösen und nichtreligiösen Gruppen angezeigt werden (Abbildung 25).

[24] Faktorenanalyse „Kirchenkompetenzen"

| Die katholische Kirche kann im allgemeinen eine Antwort geben auf: | Ladung |
|---|---|
| moralische Probleme und Nöte des einzelnen | ,80 |
| Probleme im Familienleben | ,80 |
| Fragen nach dem Sinn des Lebens | ,74 |
| Wiederherstellung der öffentlichen Ordnung | ,74 |
| aktuelle soziale Probleme unseres Landes | ,73 |

Quelle: Aufbruch 1998

[25] Faktorenanalyse „Kirchenerwartungen"

| Es ist angebracht, wenn sich die katholische Kirche äußert zu: | Ladung |
|---|---|
| wachsende soziale Differenzen | ,78 |
| Arbeitslosigkeit | ,77 |
| Situation der Zigeuner (der Roma) | ,77 |
| Politik der Regierung | ,77 |
| Stil und Inhalt der Medien | ,77 |

Quelle: Aufbruch 1998

Abbildung 25: Wie Kompetenzvorstellungen von und Erwartungen an die Kirchen zueinander stehen

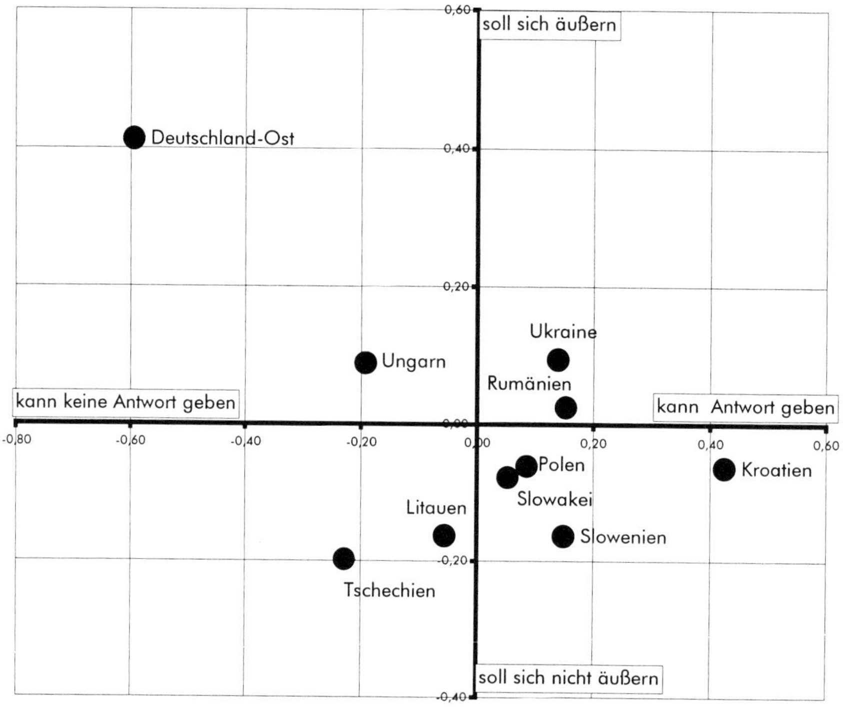


Die relativen Positionen der zehn postkommunistischen Länder in den beiden Dimensionen, (a) ob die katholische Kirche – nach der öffentlichen Meinung des jeweiligen Landes – in verschiedenen Fragen Antwort geben kann oder nicht, bzw. (b) ob sie sich äußern soll oder nicht. (Die Positionen der religiösen und nichtreligiösen Gruppen dienen dem besseren Verständnis.)
Quelle: Aufbruch 1998

Deutschland-Ost nimmt eine Ausnahmestellung ein, indem hier der katholischen Kirche sehr wohl eine hohe Kompetenz bescheinigt, dennoch aber darauf bestanden wird, daß die Kirche sich nicht äußern soll. Die öffentliche Meinung in Ungarn weist in die gleiche Richtung, aber wesentlich weniger ausgeprägt. Die andere spannungsgeladene Position vertreten am ausdrücklichsten Slowenien und Kroatien, weniger klar auch Polen und die Slowakei. Die Gesellschaften dieser Länder neigen eher dazu, daß die katholische Kirche keine Antwort geben kann. Sie wünschen trotzdem, daß sich die Kirche äußere. Dieser Wunsch kann freilich, wie vorhin bereits erwähnt, weniger verbreitet sein als die Annahme, daß die Kirche Antworten bereit hat.

Die kirchennaheste Position haben die Ukraine und Rumänien, zwei Länder mit einer orthodoxen Mehrheit, aber mit einer starken und gesellschaftlich sehr aktiven katholischen Kirche. Die hier vertretene Meinung heißt: Die Kirche kann und soll auch ihre Antworten zu wichtigen Fragen sagen. (Um die „Katholizität" dieser Position nicht überzubewerten, sei daran erinnert, daß die Position der sich „einigermaßen religiös" Bezeichnenden genau zwischen diesen beiden Ländern liegt.) Am Gegenpol zu dieser Position befinden sich Litauen und, etwas stärker artikuliert, Tschechien. Die öffentliche Meinung in diesen beiden Ländern geht in die Richtung, daß die Kirche nur wenig auf wichtige Fragen eine Antwort geben kann und, im Einklang damit, sich auch nicht äußern soll. Diese Einstellung liegt nahe sowohl zu der „weder religiös noch nicht religiösen" Selbstbezeichnung als auch zu der „nicht religiösen" Position. Der Abstand zu diesen beiden zeigt aber, daß die hier besprochenen Vorstellungen von der Kirche nicht unbedingt mit Glaube und Unglaube etwas zu tun haben, sondern eher ein gesellschaftlich-politisches Verhältnis zu einer konkreten Institution widerspiegeln.

## Zeitliche Verschiebung

Die Europäische Wertestudie hat in den Augenblicken des politischen Systemwandels in den Jahren 1990/91 in mehreren ost(mittel)europäischen Ländern festgestellt, wie weit den Kirchen Kompetenzen bescheinigt und wie weit ihre öffentlichen Stellungnahmen erwünscht werden. Die Befragten – Kirchenglieder und Nichtmitglieder, Gläubige und Nichtglaubende – sollten sich darüber äußern, ob „ihrer Meinung nach ihre Kirche (sic!) eine Antwort geben kann auf..." (und dann folgten die konkreten Themenbereiche). Zumindest im Fall der Nichtkirchengliedern war die Formulierung nicht sehr glücklich gelungen. Sie hat aber das Antwortgeben nicht behindert. Starke Mehrheiten behaupteten, daß die Kirche auf verschiedene relevante Fragen eine Antwort geben könnte. Ähnlich lag die Gesamttendenz der Antworten bei der nächsten Frage, ob „die Kirche, Ihrer Meinung nach, in der Frage ... (und dann wurden nacheinander zehn Sachbereiche genannt) sich äußern sollte"? Die Mehrheit schien der Kirche wohlgeneigt gewesen zu sein.

Eine wichtige Beobachtung bestand darin, daß sowohl die Kompetenzzuweisung an die Kirche als auch der Wunsch nach kirchlichen Äußerungen klar altersabhängig war. Die Jüngeren setzten weniger Vertrauen in die Kirche und hielten die Kirchenworte weniger für angebracht als die Älteren. Es sind seit jener Erhebung sieben bis acht Jahre vergangen. Die Reihen der den Kirchen am meisten vertrauenden Alten wurden inzwischen gelichtet, und eine Jugend mit weniger Kirchenbindung ist in das Erwachsenenalter getreten. Diese demographische Entwicklung hat das Bild verändert, und zwar zu Ungunsten des Kirchenvertrauens.

Die Messung der Verschiebung kann auf der Grundlage der Europäischen Wertestudie allein erfolgen. Es braucht aber zwei hypothetische Annahmen. Das zu lösende Problem besteht darin, daß etwas über die Meinung jener Altersgruppen ausgesagt werden soll, über welche, wegen ihrer Jugend – weil sie 1990, als damals noch Minderjährige, nicht befragt werden konnten – in der zitierten Forschung keine Meßdaten existieren. Man kann aber mit Recht vermuten, daß jene acht Jahrgänge, die inzwischen in das Erwachsenenalter getreten sind, von den vielen Altersgruppen am ehesten den nächstältesten ähneln, jenen, die vor acht Jahren 18–25 Jahre alt waren, bzw. die heute 26–33 Jahre alt sind. Wir haben keine Daten über die Position der jüngsten acht Jahrgänge, können sie aber, mit einer kleinen Nachsicht, mit der nächstältesten Altersgruppe gleichsetzen.

Das andere Problem ergibt sich aus den Sterbefällen. Diese sind wohl in allen Jahrgängen vorgekommen. Über das allgemeine sporadische Hinscheiden hinaus hat die Sterblichkeit den Anteil der vor acht Jahren ältesten Altersgruppe bedeutend gemindert. Wir kommen der Wahrheit nahe, wenn wir das Gewicht der vor acht Jahren Siebzigjährigen und Älteren auf die Hälfte setzen. Durch diese beiden rechnerischen Griffe kann eine annähernde Projektion über die Auswirkung der Verschiebung der Generationen erstellt werden. (Weitere Einflüsse, die die öffentliche Meinung zu beeinflussen vermochten, wurden hier zunächst außer Acht gelassen. Denen wollen wir uns später zuwenden.)

Die Kompetenzzuweisung an die Kirche soll in diesem Kontext mit der Gesamtheit der Stellungnahmen zu vier Fragen charakterisiert werden. Diese Fragen haben sich danach erkundigt, ob die Kirchen die richtigen Antworten haben (1) „auf die moralischen Probleme und Nöte des einzelnen"; (2) „auf Probleme im Familienleben"; (3) „auf die geistigen Bedürfnisse der Menschen" und (4) „auf die aktuellen Probleme unseres Landes". Die vier Fragen haben miteinander verwandte Reaktionen hervorgerufen, die in der gleichen Dimension lagen. Sie haben, mit anderen Worten, einen Faktor gebildet.[26] Die Zeitvergleiche können mit Hilfe der Durchschnittswerte dieses Faktors durchgeführt werden (Abbildung 26).

---

[26] Faktorenanalyse „Kirchenkompetenzen" für elf ost(mittel)europäische Länder

| Die Kirche kann eine Antwort geben auf: | Ladung |
|---|---|
| Moralische Probleme und Nöte des einzelnen | ,85 |
| Probleme im Familienleben | ,84 |
| Geistige Bedürfnisse der Menschen | ,76 |
| Aktuelle soziale Probleme unseres Landes | ,72 |

Quelle: Europäische Wertestudie 1991

Abbildung 26: Wie die Abfolge der Generationen das Kirchenvertrauen beeinflußt

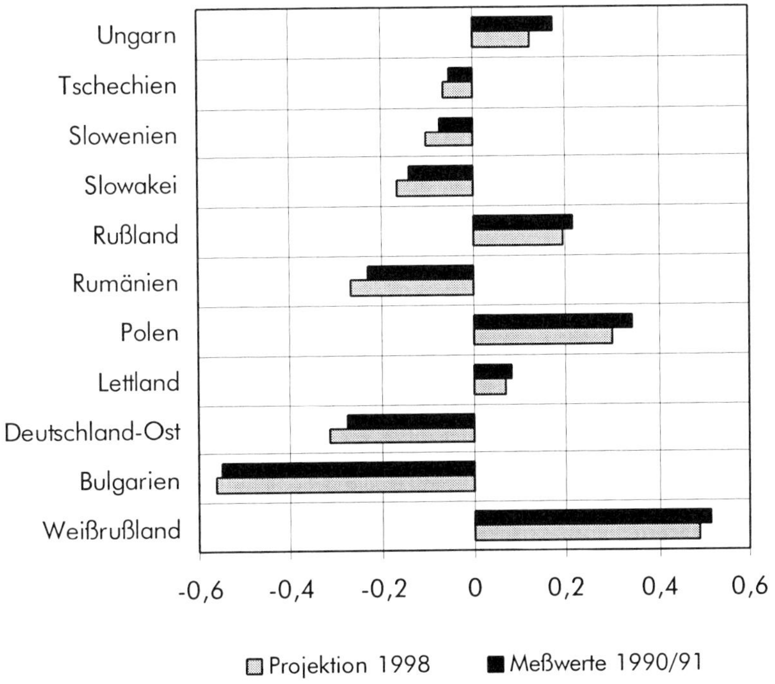


Eine hypothetische Rekonstruktion der durch den Wandel der Generationen bewirkten Veränderung der Kompetenzzuweisungen an die Kirche – in der nach dem Alter standardisierten Bevölkerung von elf postkommunistischen Ländern; durchschnittliche Faktorenwerte.
Quelle: Europäische Wertestudie 1990/91.

Die errechnete Verschiebung ist einheitlich und eindeutig. Das Sterben der Alten und das Heranreifen neuer Generationen mindert die Überzeugung der Gesellschaft, daß die Kirche auf verschiedene Fragen eine Antwort geben kann. In Ländern, wo früher die Mehrheit von der Antwortfähigkeit der Kirche überzeugt war, schwächt sich mit der Zeit diese Meinung ab. In Ländern, wo die Gesellschaft auch früher mehrheitlich nicht den Antworten der Kirche traute, bestärkt sich dieses Mißtrauen. Bereits nach dem Verlauf von acht Jahren ist der Meinungswandel in der Frage der der Kirche unterstellten Kompetenzen gut sichtbar (Abbildung 26).

In der Beantwortung der nächsten Frage, ob und wie allgemein in einer Reihe von wichtigen gesellschaftlichen Fragen[27] öffentliche Äußerungen der Kirchen erwünscht werden, können nur wesentlich kleinere Altersunterschiede ausgewiesen werden. Sie sind nicht einmal ein Zehntel so groß wie die Differenzen über die Kirchenkompetenzen. Dementsprechend bringen die demographischen Veränderungen in dieser Hinsicht nur kleinere Verschiebungen des öffentlichen Urteils mit sich. Zusätzlich dazu sind die Veränderungen in den verschiedenen Ländern in dieser Frage ungleich. In den meisten Ländern läßt der Wunsch nach kirchlichen Äußerungen leicht – in Rumänien und in der Slowakei stärker – nach, bzw. wo auch bisher Vorbehalte gegen solchen Äußerungen bestanden – in Deutschland-Ost –, dort verstärken sich diese. In Rußland und in Ungarn schwächen sich aber solche Vorbehalte ab.

In mehr persönlichen, auf das individuelle Leben bezogenen Fragen wie außereheliche Verhältnisse, Abtreibung, Euthanasie und Homosexualität zeigten sich wieder stärkere Altersunterschiede. Die Stellungnahmen der Kirchen wurden in diesen Bereichen in fast allen Ländern (die einzige Ausnahme war Bulgarien) von den Jüngeren weniger als von den Älteren gewünscht. Das Ableben der Alten und das Heranreifen von Jungen bringt also einen Meinungswandel mit sich, wonach das Kirchenwort weniger als früher gewünscht wird.

Die Ergebnisse der Europäischen Wertestudie zu diesen Punkten können kurz zusammengefaßt werden. Für die Zeit zwischen 1990–1998 konnte demnach (1) eine merkliche Abnahme der der Kirche zugeschriebenen Kompetenzen festgestellt bzw. ausgerechnet werden; (2) es scheint aber, daß die Erwartungen nach öffentlichen Stellungnahmen der Kirchen in wichtigen gesellschaftlichen Fragen in dieser Zeitspanne sich nur unerheblich minderten; (3) der Wunsch nach Kirchenworten zu persönlichen, das individuelle Leben betreffenden moralischen Fragen ließ allerdings wieder stärker nach.

Es reicht freilich nicht, die Auswirkungen der demographischen Veränderungen allein festzuhalten. Im Gegenteil, noch interessanter ist die Frage, wie die äußeren politischen und sozialen Einflüsse und das Abklingen der ersten Euphorie nach der Wende die Meinung der gleichen Menschen zu verändern vermochten. Von den in 1990/91 gestellten Fragen sind manche im Jahr 1998 in einigen ost(mittel)europäischen Ländern erneut untersucht worden. Wir wollen uns im Weiteren auf diese Länder konzentrieren. Im folgenden Vergleich sind für uns jene Altersgruppen von Interesse, die in beiden Erhebungen zu Wort kamen. Wir befassen uns deshalb nur mit jenen Jahrgängen, die 1990 bereits erwachsen, 1998 aber noch nicht über 65 Jahre alt waren, also frühestens im Jahr 1932 und spätestens in 1972 geboren wurden. Es gibt auch eine dritte Begrenzung unserer Befunde. Wie bereits erwähnt, hat die Europäische Wertestudie die Meinungen

---

27 Diese Fragen betrafen die Abrüstung, Dritte-Welt-Probleme, die Arbeitslosigkeit, die Rassendiskriminierung, Umweltfragen und die Regierungspolitik.

über die „eigene“ Kirche erhoben. Unsere Arbeit befaßt sich vornehmlich mit der Mehrheitsreligion der Region, mit der katholischen. Zweifelsohne gibt es eine hohe Deckungsgleichheit, aber keine vollständige. Die sich daraus möglicherweise ergebenden Abweichungen müssen in Kauf genommen werden.

Die Daten des Vergleichs vermitteln eine kontroverse Botschaft (Abbildung 27). Der Glaube daran, daß die Kirche in wichtigen Fragen eine richtige Antwort habe, nahm – im Kreis der gleichen Menschen – in Deutschland-Ost, in Polen, in Tschechien und in Ungarn ab. Er nahm aber zu in Rumänien, in der Slowakei und in Slowenien. In wenigen Jahren sind zum Teil beträchtliche Veränderungen, bis hin zur Umkehr der Hauptrichtung der öffentlichen Meinung erfolgt. Vieles mag dabei eine Rolle gespielt haben. Die Aussagen in 1990/91 können sowohl die Nachwirkungen des Kommunismus als auch die Freude über dessen Überwindung widerspiegelt haben. Die gegenwärtigen Daten können auch von unterschiedlichen Momenten bestimmt sein. Sie können Reaktionen auf das geschickte oder ungeschickte Verhalten der Kirche sein. Sie können in einer gesellschaftlichen Ratlosigkeit und im Wissen des Mangels an anderen vertrauenserweckenden Instanzen oder gerade in der Überzeugung über das gute Funktionieren gesellschaftlicher Institutionen gegeben worden sein. Die Tatsache bleibt jedenfalls bestehen, daß die öffentliche Meinung – der gleichen Generationen – sich in der Frage, wie weit sie den Kirchen Kompetenzen zuspricht, in verschiedenen Ländern unterschiedlich entwickelt hat.

Abbildung 27: Vertrauenswandel innerhalb der gleichen Generationen

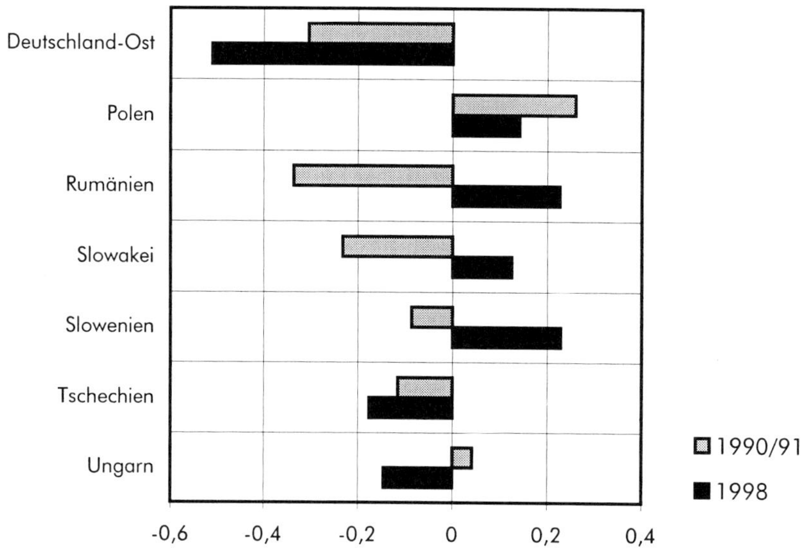


Die Gesamtbewertung der den Kirchen zugesprochenen Kompetenzen in der zwischen 1932 und 1972 geborenen Bevölkerung von sieben ost(mittel)europäischen Ländern. Durchschnittliche Faktorenwerte.
Quelle: Europäische Wertestudie 1990/91 und Aufbruch 1998

Alter und sozio-politische Einflüsse haben also die öffentliche Meinung über die der Kirche zugesprochenen Kompetenz unterschiedlich beeinflußt. Deshalb sollen wir uns nochmals der Frage zuwenden, ob und wie sich die Rolle des Lebensalters in den vergangenen acht Jahren verändert hat. Die Basis dieser Überlegungen bilden jetzt nicht Projektionen, sondern jene Menschen, die sowohl in 1990/91 als auch in 1998 interviewt wurden (Abbildung 28).

Abbildung 28: Altersdifferenzen im Kirchenvertrauen in den Jahren 1990/91 und 1998

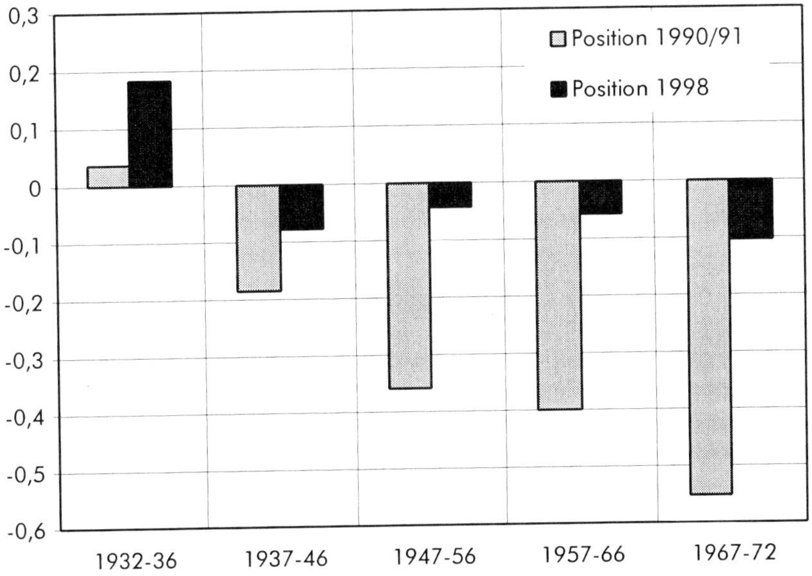


Das Ausmaß der der Kirche zugewiesenen Kompetenzen (bei annähernd gleichen Fragestellungen) in den Jahren 1990/91 und in 1998, in den jeweils gleichen Geburtsjahrgängen, in der – durch die Bevölkerungsgröße – gewichteten Gesamtheit von sieben ost(mittel)europäischen Ländern. Durchschnittliche Faktorenwerte.
Quelle: Europäische Wertestudie 1990/91 und Aufbruch 1998

Die Ergebnisse sind aussagekräftig:

- Nimmt man die Bevölkerung der ost(mittel)europäischen Region zum Ausgangspunkt, dann ist die Annahme, daß die Kirche adäquate Antworten zur Hand hat, zwischen 1991–1998 in allen, durch die Geburtsjahre definierten Altersgruppen (Kohorten) angewachsen.
- Das Meinungsbild hat sich besonders in den mittleren und jüngeren Altersgruppen zugunsten der Kirchen verschoben.
- Im Zusammenhang damit wurde das frühere Altersgefälle mit einer neuen Struktur ersetzt, worin die 62jährigen und Älteren eine wesentlich andere, der Kirche mehr vertrauende Position einnehmen als alle jüngeren Jahrgänge.
- Die Vorstellungen der Jüngeren über die Kompetenzen der Kirche haben sich der gesellschaftlichen Mitte zubewegt. Damit ist jene Prognose, die aus

den laufenden demographischen Prozessen automatisch auf einen Prestigeverlust der Kirche schließt, hinfällig geworden. Sehr wohl muß aber damit gerechnet werden, daß nach dem Sterben der jetzt über Sechzigjährigen die öffentliche Meinung den Kirchen weniger Vertrauen entgegenbringen wird.

Hinter diesem Gesamtbild der Region gibt es manche einheitliche Tendenzen, aber auch unterschiedliche Entwicklungen (Abbildung 29).

In der Mehrheit der Länder gilt der Zusammenhang, wonach jene Vorstellung, daß die Kirche Antworten geben kann, in den jüngeren Jahrgängen stärker zunimmt als in den älteren. Vielleicht geht es um eine Binsenwahrheit, zumal die Älteren bereits früher kirchlicher waren, also eine weitere Zuwendung zur Kirche von ihnen weniger erwartet werden kann. Nichtsdestoweniger bedeutet diese Tatsache die Abnahme der Differenzen zwischen den Altersgruppen.

Einen Gegensatz zu den Mehrheitstendenzen repräsentieren Tschechien und Ungarn, wo die jüngeren Altersgruppen bereits 1990/91 den Kirchen relativ selten eine gute Antwort zutrauten, aber heute noch weniger glauben, daß die Kirchen eine adäquate Antwort geben könnten. In der Frage des Vertrauens in Kirchenworte verschärft sich in diesen beiden Ländern die Generationendifferenz.

Abbildung 29: Die Veränderung des Kirchenvertrauens in verschiedenen Geburtsjahrgängen

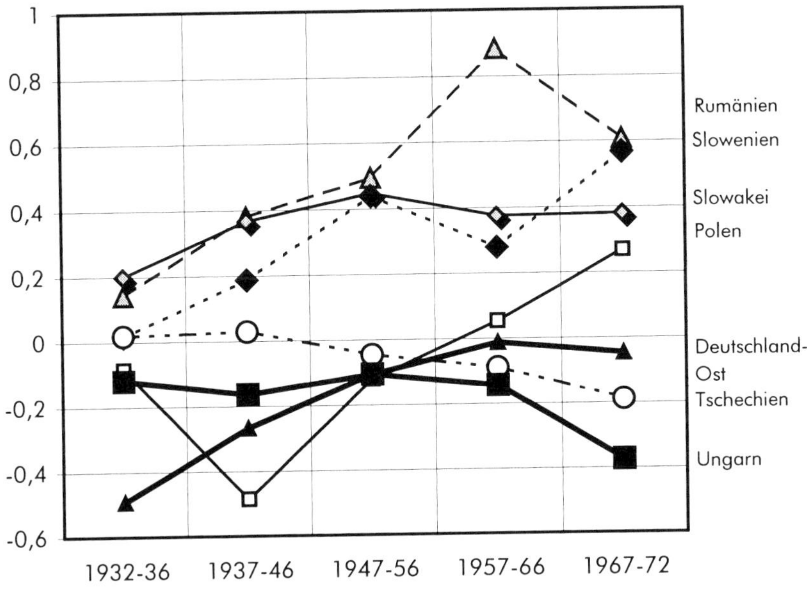


Die Differenz der in den Stellungnahmen von 1990/91 und von 1998 der Kirche in wichtigen gesellschaftlichen Fragen zugesprochenen (mit dem durchschnittlichen Faktorenwert gemessenen) Kompetenz, in verschiedenen Kohorten von sieben ost(mittel)europäischen Ländern.
Quelle: Europäische Wertestudie 1990/91 und Aufbruch 1998

Die Schlußkonsequenz besteht – neben Länderbesonderheiten – im Vorhandensein von zwei entgegenlaufenden Tendenzen. Die erste Tendenz ergibt sich aus dem Zusammenhang zwischen Alter und Kirchenbindung. Die jüngeren und jüngsten Generationen sind erheblich weniger religiös und kirchlich als die älteren. Die heute über Sechzigjährigen sind noch eine große Stufe stärker kirchlich als alle nachfolgenden Generationen. Angesichts dieser Tatsachen ist die Folge des Generationenwandels eindeutig: Der gesellschaftliche Anteil jener, die auf das Wort der Kirche hören und die überhaupt kirchliche Äußerungen wünschen, nimmt ab. Dieser Zusammenhang ist keine prinzipielle Notwendigkeit, jedoch eine vorhandene Gegebenheit, die sich durch die vergangenen Jahrzehnte aufgebaut hat und deren Wirkung noch lange spürbar bleibt.

Die zweite Tendenz wirkt der ersten entgegen, hebt diese vielleicht gelegentlich auf. Bei dieser zweiten Tendenz geht es um die weiter nicht begründete, aber klar dokumentierte Tatsache, daß das Vertrauen in die Antwortfähigkeit der Kirche in allen Jahrgängen, ganz besonders in den jüngeren zunimmt. Diese Tendenz kann als Beleg einer religiösen Suche, als Zeichen des Bedürfnisses für stabile Werte, als Unzufriedenheit mit bisherigen nichtreligiösen Antworten, als Bestätigung der Tätigkeit der Kirche und als manches mehr gedeutet werden. Sicher ist, daß diese zweite Tendenz noch weniger als die erste eine historische oder sonstwelche Notwendigkeit ist. Ihre gegenwärtige Bedeutung wird dadurch nicht gemindert. Im Endergebnis kann die zweite Tendenz kaum anders als ein Erfolg und als eine Chance der Kirche gelten. Sie ist der sichtbarste Beweis, daß die negativen Auswirkungen der kommunistischen Vergangenheit überwunden werden können.

## Kirchliche Äußerungen

Nach den eher theoretischen oder auch prinzipiellen Aussagen über das Antworten-Können und das Antworten-Sollen der katholischen Kirche lohnt es sich auch danach zu fragen, wieweit die Kirche in den letzten sieben bis acht Jahren, also seit dem sie frei sprechen kann, diesen Erwartungen entsprach. Die absolute Mehrheit (57%) der Bevölkerung dieser ehemals kommunistischen Region findet Ausmaß und Häufigkeit der katholisch-kirchlichen Äußerungen gerade richtig, weder zu viel noch zu wenig. Es gibt also eine mehrheitliche Zufriedenheit, die freilich genauso auch aus Desinteresse genährt werden kann. Die restliche knappe Hälfte der Bevölkerung der Region ist in dieser Frage polarisiert und neigt dazu, sich den kirchlichen Äußerungen gegenüber überdrüssig zu zeigen.

Die passive Zustimmung der Mehrheit und die geteilte – wenn auch im Endergebnis eher ablehnende – Meinung einer größeren Minderheit könnten das Urteil suggerieren, daß der Widerstand gegen Äußerungen der Kirche eine Bagatelle ist. Diese Kritik kommt allerdings aus dem Kernbestand der Gesellschaft. Sie ist stark bei den Menschen mit mittlerer Bildung, besonders wenn sie die fünfzig Jahre noch nicht überschritten haben. In anderen Teilen der Gesellschaft ist der Anteil jener, welche die kirchlichen Äußerungen für zu viel halten, lediglich 3–4% höher als der Anteil jener, die noch mehr kirchliche Äußerungen wünschten. Im Gegensatz dazu betont etwa ein Drittel der 18–50jährigen mit Facharbeiterausbildung, mit Reifeprüfung oder mit einer sonstigen mittleren Qualifikation, daß die katholische Kirche in den vergangenen sieben bis acht Jahren sich viel zu viel in der Öffentlichkeit geäußert habe. Dieser Anteil ist 18–19% höher als der Anteil jener, die meinen, daß die Kirche sich noch zu wenig in der Öffentlichkeit geäußert habe. Hier liegt also ein Konfliktpotential, das auch dadurch erhöht wird, daß diese Altersgruppe sich mehr als die Älteren am öffentlichen Leben beteiligt.

Die Unterschiede zwischen den Ländern sind indessen so beträchtlich, daß es sich gebietet, diese einzeln zu untersuchen (Abbildung 30). Der Wunsch nach mehr kirchlichen Äußerungen – jeweils auf der rechten Abbildungsseite – ist in zwei Ländern (in Deutschland und in der Ukraine) stärker verbreitet als der Widerstand dagegen (auf der linken Abbildungsseite). In der Bilanz der Meinungen – in der Abbildung mit schwarzen Balken angezeigt – überwiegt also in diesen Ländern die Befürwortung weiterer kirchlicher Äußerungen. In weiteren drei Ländern (in Rumänien, in Tschechien und in Ungarn) sagen etwa gleich viele Menschen, daß die Kirche sich zu viel bzw. noch zu wenig in der Öffentlichkeit geäußert habe. In allen anderen Ländern gibt es große Teile der Gesellschaft, welche die Äußerungen der katholischen Kirche für zu viel, und nur kleine Gruppen, welche diese für zu wenig halten. Die Bilanz zeigt die relative Stärke der Opposition gegen weitere kirchliche Äußerungen.

Abbildung 30: Die Verteilung der Meinungen, ob die katholische Kirche sich bereits zu viel oder noch zu wenig in der Öffentlichkeit geäußert hat

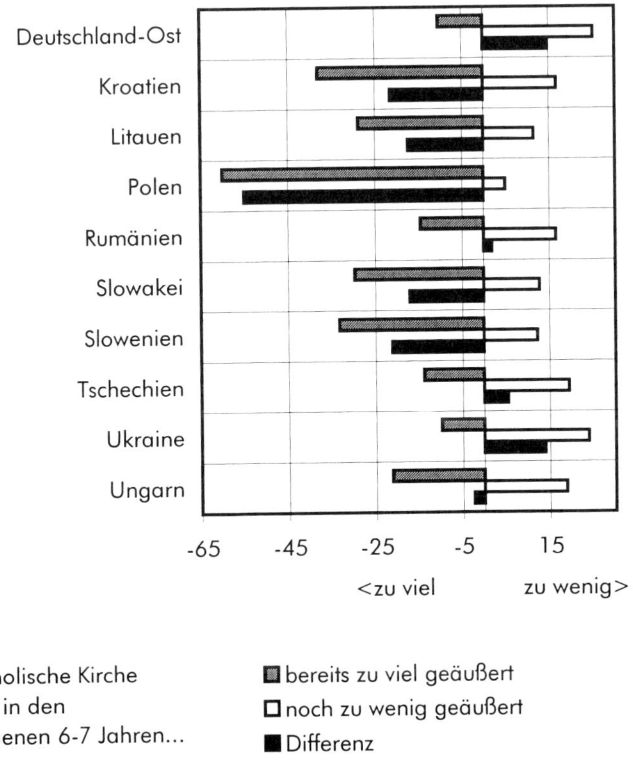


In Prozenten.
Quelle: Aufbruch 1998

Es ist nicht zu übersehen, daß unter anderen auch die Bewohner von Ländern, die als sehr katholisch gelten, behaupten, daß die katholische Kirche sich in der Öffentlichkeit bereits zu viel geäußert habe. Die Meinung, daß die katholische Kirche sich bereits zu oft zu Wort gemeldet habe, vertreten zudem Mitglieder der großen protestantischen Kirchen etwa anderthalbmal so häufig wie die Katholiken, Anhänger kleinerer protestantischen Gemeinschaften und Sekten noch etwas häufiger. Das ändert aber nichts daran, daß auch ein beachtlicher Teil der ost(mittel)europäischen Katholiken die in den letzten sieben bis acht Jahren entfaltete öffentliche Präsenz der katholischen Kirche für eine Übertreibung halten. Viele Ursachen können hinter solch einer Meinung stehen. Sie spiegeln sicherlich ein gestörtes Verhältnis zwischen einer „Kirche", die als die sich Äußernde erlebt wird, und den Menschen, die sich als Christen (Katholiken) verstehen, sich aber mit dem Inhalt oder mit der Häufigkeit dieser Äußerungen nicht voll identifizieren können. Ein Urteil über die Sache selbst steht uns hier nicht zu. Wohl aber gehört es zu unserer Arbeit zu klären, woher, aus welchen Teilen der Gesellschaft und auch des Kirchenvolkes solche kritische Stimmen kommen.

Es liegt vor allem an der sehr kritischen Meinung in Polen, wenn im Durchschnitt der Region, prozentual gesehen, von mehr Katholiken (42%) als von Nichtkatholiken (12%) und von Nichtglaubenden (18%) die Äußerungen der katholischen Kirche für zu viel gehalten werden. Von solchen Einzelfällen muß man vielleicht absehen, wenn man zu einem sachlichen Gesamturteil kommen will. Vor allem aber: Es gibt einen viel bedeutenderen Zusammenhang. Sowohl in der Altersverteilung als auch in der Bildungsstruktur gibt es Trennlinien, welche die Meinungen über die Häufigkeit der katholisch-kirchlichen Äußerungen differenzieren. Die Analyse der Meinung der Katholiken ist schon deswegen von Belang, um nicht automatisch jede Kritik irgendwelchen realen oder eingebildeten Kirchengegnern in die Schuhe schieben zu wollen.

Die über fünfzigjährigen Katholiken haben über die Frage, ob die Kirche sich zu viel oder zu wenig geäußert hat, in den meisten Ländern eine ausgeprägtere Meinung als die Jüngeren. Diese Meinung geht meistens in die Richtung, daß die Kirche sich noch zu wenig geäußert habe. Solch eine Position vertreten zumindest genauso viele wie das Gegenteil, also daß die Kirche bereits zu viel geredet hätte. In jüngeren Jahrgängen ist diese zweite Meinung stärker. Unter den 18- bis 50jährigen Katholiken sind die unverbindlichen und unbeteiligten Sowohl-als-auch-Meinungen häufiger. Der Anteil jener, welche die kirchlichen Äußerungen für zu viel halten, ist in dieser Altersgruppe auf alle Fälle wesentlich höher, als jener, die meinen, daß es noch zu wenig kirchliche Äußerungen gegeben hätte.

Eine andere Polarisierung ergibt sich in der Bildungsstruktur. Katholiken mit einer elementaren oder noch niedrigeren Schulbildung – die freilich sehr oft auch alt sind – halten im etwa gleichen Maß die katholischen kirchlichen Äußerungen für zu viel und für zu wenig. In der öffentlichen Meinung der wenig Gebildeten gleichen sich die Gegensätze aus. Bei den höher Gebildeten gibt es diese Möglichkeit nicht: Eine höhere Bildung bringt bei den Katholiken Ost(Mittel)Europas stärker die Meinung mit sich, daß die katholische Kirche sich in den letzten sieben bis acht Jahren bereits zu oft geäußert habe. Aus dieser Position kann die Sorge für die Kirche sprechen. Sie kann aber auch ein Indikator der Kirchennähe bzw. der Kirchenferne sein. Weniger engagierte Katholiken sagen häufiger, daß die Kirche sich bereits zu oft geäußert hätte, als die (nach eigener Beurteilung) „ganz besonders religiösen" Katholiken. Doch auch in dieser letzten Kategorie gibt es viele, für welche die kirchlichen Äußerungen der letzten Jahre zu viel sind.

Für jene, die auf die Zukunft der Kirche bedacht sind, dürfte also die Meinung der 18- bis 50jährigen Katholiken mit mehr als nur Grundschulbildung von besonderem Interesse sein. Es lohnt sich, die Vorstellungen der sich als „einigermaßen religiös" und als „ganz besonders religiös" Bezeichnenden aus der obigen Alters- und Bildungskategorie mit denen der gesamten erwachsenen Bevölkerung der jeweiligen Länder zu vergleichen. Das Gesamtbild setzt sich aus Menschen zusammen, die zum Teil einfach die gegebene Situation gutheißen, und aus solchen, die in die eine oder in die andere Richtung Veränderungen wünschen. Es ist nicht das Gesamtbild selbst, wohl aber relevant für die gesamte gesellschaftliche und kulturelle Situation – und nicht zuletzt für die katholische Kirche –, wenn hier zur Charakterisierung der Situation der Katholiken lediglich die prozentualen Anteile jener angegeben werden, die meinen, daß die katholische Kirche sich in den letzten sieben bis acht Jahren bereits zu viel geäußert habe (Tabelle 15).

Das Endergebnis kann kurz so zusammengefaßt werden: Mit Ausnahme von Polen hält die größere Hälfte der Bevölkerung der ost(mittel)europäischen Länder die Häufigkeit der öffentlichen Äußerungen der katholischen Kirche für gerade richtig. Die andere Hälfte der Gesellschaft ist geteilt, aber eher überfordert von den kirchlichen Äußerungen. Die kritische Reserviertheit ist stärker unter jüngeren und besser gebildeten Menschen, Christen nicht ausgenommen. Die Zahl der mit der Fülle der kirchlichen Äußerungen nicht ganz Zufriedenen deutet klar ein gesellschaftliches Konfliktfeld an. (Diese Feststellung der Spannungen ist keine Parteinahme. Es wird nicht behauptet, die katholische Kirche allgemein, oder die Kirche gewisser Länder, würde sich in der Öffentlichkeit zu viel oder zu ungeschickt äußern. Es konnte auch nicht ausgelotet werden, woher das bei manchen Menschen bei der Vermehrung kirchlicher Äußerungen entstehende ungute Gefühl herrührt. Das Phänomen der öffentlichen Präsenz der Kirche ist für viele Menschen neu. Vielleicht geht es lediglich um Angewöhnungsschwierigkeiten. Oder die Kirche machte bei der Art, sich zu äußern, Fehler. Vielleicht mangelt es auch am Demokratieverständnis mancher Bürger. All das konnte durch die Befragung der Gesellschaft nicht entschieden werden. Die

Anzeige eines Konfliktfeldes und ihre Lokalisierung dürften aber auch an sich eine gewisse Aufmerksamkeit beanspruchen.)

Tabelle 15: Kirche hat sich zuviel geäußert

| | 18-65jährige erwachsene Bevölkerung | 18-50jährige Katholiken mit mehr als Grundschulbildung | |
|---|---|---|---|
| | | einigermaßen religiös | Ganz besonders religiös |
| Deutschland-Ost | 10% | 8% | *** |
| Kroatien | 38% | 44% | 27% |
| Litauen | 29% | 24% | 14% |
| Polen | 60% | 60% | 35% |
| Rumänien | 15% | 0% | *** |
| Slowakei | 30% | 23% | 8% |
| Slowenien | 33% | 20% | 14% |
| Tschechien | 13% | 4% | 0% |
| Ukraine | 10% | 18% | 16% |
| Ungarn | 21% | 11% | 14% |

*** wegen zu wenig Personen in dieser Kategorie keine zuverlässige Angaben.
Der Anteil derer, welche die Äußerungen der katholischen Kirche in den letzten 7-8 Jahren für zuviel halten – unter „einigermaßen religiösen" und „ganz besonders religiösen" 18-50jährigen Katholiken mit mehr als Grundschulbildung sowie in der gesamten 18-65jährigen Bevölkerung.
Quelle: Aufbruch 1998

### *(Un)Zufriedenheit mit der katholischen Kirche*

Ist man letzten Endes zufrieden oder unzufrieden mit der katholischen Kirche? Um in einem Wort zu sagen: die bisherigen Daten erlauben keine Ja- oder Nein-Antwort. Die neuen gesellschaftlichen Verhältnisse und in ihrem Rahmen die Kirche sind zu komplex, um in ein Schwarz-Weiß-Bild gebracht werden zu können. Die bisherigen Daten und Zusammenhänge haben viele Sympathien zutage gefördert. Mit wenigen Ausnahmen (die ehemalige DDR und Slowenien gehören dazu, in einzelnen Sachbereichen auch Kroatien und Tschechien) werden die Kirchen und wird die katholische Kirche von den Gesellschaften Ost(Mittel)Europas geschätzt, gewollt, als Partner angenommen. Das bedeutet aber keine bedingungslose Annahme, auch nicht eine ungeteilte, restlos über die gesamte Gesellschaft ziehende Zustimmung. Die Kirchen stehen einer kritischen Öffentlichkeit gegenüber, zu der, neben einer sie bejahenden Mehrheit, beträchtliche nichtglaubende und kirchenkritische Gruppen gehören. Die Kirchen müssen sich also der Konkurrenz stellen und sich Tag für Tag neu bewähren. Erst mit der Zeit können sie darauf hoffen, daß die vielen, ihr Wesen und ihre Tätigkeiten betreffenden Mißverständnisse allmählich ausgeräumt werden. Dazu bedürfen sie eines Dialogs mit der Gesellschaft, auch mit deren nichtglaubenden Teilen. Stützen können sich aber die Kirchen auf die vorhandenen, auch in dieser Forschung belegten Sympathien, die ihnen die Gesellschaft entgegenbringt. Man kann freilich auch direkt nach Sympathie oder Antipathie fragen. Solch eine Frage liefert eine Antwort, die aus vielen Teilfragen nur sehr aufwendig gegeben werden könnte.

Die direkte Frage und die darauf bekommenen Antworten machen allerdings zunächst etwas Unbeabsichtigtes offensichtlich. Ein beachtlicher Teil der Gesellschaft kümmert sich überhaupt nicht darum, wie es um die katholische Kirche steht. Er hat in dieser Frage keine Meinung, gibt keine Antwort. Mindestens ein Drittel der Bevölkerung gehört in diese Kategorie, es kann aber auch das Doppelte sein, zumal die Weder-noch-Antwort vermutlich etwas ähnliches bedeutet, nur vornehmer ausgedrückt. Eine bewußte, von den Menschen wahrgenommene Zufriedenheit oder Unzufriedenheit mit der katholischen Kirche charakterisiert weniger als jeden dritten Bürger in Ost(Mittel)Europa, in Ländern mit einer nichtkatholischen Mehrheit (wie die neuen Bundesländer Deutschlands, Rumänien und die Ukraine) ist dieser Anteil noch etwas kleiner.

Eine andere Ergänzung muß zum Wortlaut der Frage gemacht werden. Das Leben der katholischen Kirche beinhaltet ihre inneren und äußeren Verhältnisse, ihr eigenes Tun und Lassen und die soziopolitischen Umstände, die ihr Leben bestimmen. Die Frage erlaubt keine Rückschlüsse auf konkrete Anlässe, worauf sich die zufriedene oder unzufriedene Meinung stützt. Das hier laut gewordene Urteil kann aber als ein Gesamtgefühl verstanden werden. Zufriedenheit heißt hier „um die Kirche ist alles in Ordnung", „der in den letzten sieben bis acht Jahren eingeschlagene Weg ist richtig", „die Entwicklung ist in guten Bahnen", „es stehen keine besonderen Probleme an". Die Unzufriedenheit kommt im wesentlichen dem Wunsch nach Veränderung gleich. Es wird aber weder gesagt, ob die katholische Kirche selbst oder ihre äußeren Lebensbedingungen geändert werden sollen, noch ob die bisherige Entwicklung als zu langsam, zu schnell oder überhaupt als falsch beurteilt wird. Die Unzufriedenheit ist eine nicht weiter spezifizierte Problemanzeige.

Im Gesamtbild dominiert die distanzierte Position, die Beziehungslosigkeit, vielleicht das Desinteresse. Bei den Beteiligten ist die Zufriedenheit etwas häufiger als die Unzufriedenheit (Tabelle 16). Die Differenz ist allerdings klein. Sie kann in einzelnen Ländern und gesellschaftlichen Gruppen leicht in die andere Richtung kippen.

Tabelle 16: Zufriedenheit mit der katholischen Kirche

„Wenn Sie das Leben der katholischen Kirche in den vergangenen sieben bis acht Jahren bedenken, sind Sie damit..."

| | |
|---|---|
| äußerst unzufrieden | 4% |
| unzufrieden | 10% |
| weder unzufrieden noch zufrieden | 31% |
| zufrieden | 17% |
| vollkommen zufrieden | 2% |
| uninteressiert, keine Meinung | 26% |
| keine Antwort | 10% |

Quelle: Aufbruch 1998

Die Zufriedenheit mit der Kirche wächst mit dem Lebensalter. Die Jüngeren sagen häufiger, daß diese Frage sie nichts angeht. Wenn sie doch Position beziehen, ist diese kritischer als jene der Älteren. Unter den Menschen mit einer Hochschul- oder Universitätsbildung sind die mit der katholischen Kirche Unzufriedenen fast überall (Ausnahmen sind Litauen, Rumänien und die Ukraine) etwas zahlreicher als die Zufriedenen. Eine mehrheitliche Unzufriedenheit mit dem Leben der katholischen Kirche ist bei Nichtglaubenden und bei den Mitgliedern anderer Konfessionen, besonders bei Kleinkirchen- und Sektenanhängern, zu hören. Es sei aber wiederholt, daß diese Unzufriedenheit fast überall (die einzige Ausnahme ist Deutschland) ein Randphänomen ist, die Gesamtstimmung ist von der passiven Weder-noch-Antwort der großen Mehrheit beherrscht.

Dieses Bild ist nicht voll im Einklang mit jenen Eindrücken, die in konkreteren Fragen entstanden sind. Der Unterschied entstand vermutlich dadurch, daß viele Menschen in der einen oder anderen konkreten Frage eine Meinung haben, auch wenn es um kirchenbezogene Fragen geht. Ein Gesamturteil würde aber eine bewußtere Auseinandersetzung mit der katholischen Kirche fordern. Kirchlich engagierte Gläubige werden dazu immer wieder angeleitet, nicht aber die Fernstehenden, die Mitglieder anderer Kirchen und die Nichtglaubenden. So bleibt die ungetrübte Oberfläche erhalten, welche eine passive Zustimmung und ein leichtes positives Übergewicht widerspiegelt. Mögliche Differenzen und Spannungen, die zum Teil schon genannt wurden, verschwinden unter dieser Oberfläche der öffentlichen Meinung.

# INNENSICHT

## INNENSICHT 1: RELIGION UND BIOGRAPHIEN

Für mehrere Jahrzehnte waren die Religion, ihre Bewahrung oder die Distanzierung von ihr existenzbestimmende Momente in Ost(Mittel)Europa. Persönliche Identitäten, die – bewußt oder unbewußt – stark von der Religion geprägt waren, wurden mit der offiziellen Erwartung konfrontiert, sich von ihrer Glaubenswelt zu trennen oder sich sogar demonstrativ dagegen zu wenden. Diese Erwartung bzw. ihr Befolgen oder Nicht-Befolgen hat Familien und Freundschaften getrennt, sie hat über Lebensläufe und Karrieren entschieden, sie hat weiterhin das Leben der Mitglieder der nachrückenden Generation in unterschiedliche Bahnen geleitet. Mehr als sonst üblich, ist die Religion eine biographieformende Kraft geworden. Und mehr als zu sonstigen Zeiten ist die Erhaltung oder der Verlust der Religiosität von biographischen Gegebenheiten bestimmt worden.

Die Familie und die heimische religiöse Erziehung waren und blieben die wichtigsten Instanzen der Weitergabe der Religiosität.[28] Viele Familien wurden allerdings zerrüttet, in ihrer Religiosität oder in ihrer Tradierungsfähigkeit geschwächt. Im weltanschaulichen Bereich wurde die Schule bewußt und konsequent zum Gegenspieler der familiären Erziehung aufgebaut. Und die Kirche besaß ihrerseits nicht die Möglichkeit, durch einen allgemeinen Religionsunterricht religionsbewahrend zu wirken. Solch ein Unterricht konnte in den meisten Ländern der Region immer schwieriger und nur für eine immer kleiner werdende Schar durchgeführt werden. Der religiöse Wandel ist engstens mit einem Wandel des Familienlebens und der verwandtschaftlichen Beziehungen verknüpft. Die Deutung des religiösen Wandels hat also von der Analyse des familiären und biographischen Hintergrundes auszugehen.

Die erste Frage ist, wie weit die Familie die *Kindererziehung* bestimmen konnte. Ist das Kind zu Hause oder im Heim oder auf der Straße aufgewachsen? Hat es eine Mutter gehabt? Ist sie beim Kind zu Hause gewesen, oder ist sie arbeiten gegangen? Lebte man als Kind im ländlichen Milieu, vielleicht in einer Großfamilie, oder in der Stadt?

Für viele Generationen begann die soziale Vermittlung der Religiosität in der Kindheit und der Familie. Die Rahmen sind relativ leicht eruierbar. Gab es in den Wohnungen religiöse Symbole, Kreuze, Heiligenbilder, Ikonen? Waren die Eltern religiös? Haben sie – auch für ihre Kinder sichtbar und nachvollziehbar –

---

[28] Vaskovics Laszlo A.: Familie und religiöse Sozialisation. Wien 1970. – Arndt Manfred (Hg.): Religiöse Sozialisation. Stuttgart 1975.

ihre Religion praktiziert? Haben sie davon gesprochen? Haben sie mit ihren Kindern gebetet, sie mit in die Kirche genommen? Oder haben die Kinder diesen ersten Zugang zur Religion nicht bekommen?

Eine weitere Stufe begann mit der *Schulzeit*. Konnte man am Religionsunterricht teilnehmen? Wie lange? Hat man Erstkommunion, Firmung, Konfirmation gehabt? Und welchen Stellenwert hat die Schule gegenüber den Überzeugungen des Elternhauses bekommen? Hat die Schule ein Selbstbewußtsein und einen Bildungsstatus vermittelt, der die gläubigen Ansichten der Eltern in den Schatten stellen konnte? Hat man dann das Leben in der alten Umgebung auf den Spuren der Eltern weitergeführt, oder haben sich Wohnort und Lebensumstände stark gewandelt? Ist man in moralischen und religiösen Fragen mit den Eltern jetzt noch einer Meinung, oder hat man der elterlichen Tradition den Rücken gekehrt? Die Gabelungen der Lebenswege haben verschiedene Schicksale eingeleitet.

Die Religionsfeindlichkeit des Kommunismus ist auch den Kindern nicht verborgen geblieben. Bereits in jungen Jahren mußte man lernen, worüber man nur zu Hause reden durfte. Die *Benachteiligungen* und Strafen für die religiöse Teilnahme haben früh begonnen. Darauf konnte man gleichfalls sehr unterschiedlich reagieren. Einen tiefen Eindruck hat die Erfahrung des Verfolgtseins auf alle Fälle hinterlassen. War man selbst davon betroffen? Oder jemand in der Familie oder im Bekanntenkreis? Oder niemand in der unmittelbarer Nähe, doch hat es die Atmosphäre bestimmt? Oder hat man von dieser Spannung nichts mitbekommen? Wie es auch geschah, es hatte Folgen für die Lebensführung und für die Wahrnehmung der gesamten Umwelt.

Die Verfolgung konnte einen zermalmen, aber auch stählen. Man konnte davonlaufen oder umso bewußter seinen Weg gehen. Das hat sich spätestens beim Beginn des eigenen Lebensweges gezeigt. Hat man bei der Wahl einer Gefährtin oder eines Gefährten auf deren/dessen Weltanschauung Gewicht gelegt? Mißt man der gleichen Überzeugung eine Bedeutung für das *Eheglück* bei? Und für wie wichtig hält man es, die Kinder religiös zu erziehen und die Lebenswenden im religiösen Rahmen zu begehen? So viele Menschentypen, so viele Antworten.

Vor einigen Jahrzehnten war die Religion ein selbstverständlicher und meistens unreflektierter Teil des Lebens. Man hat sie in die Wiege bekommen. Sie gehörte zum Normalverhalten. Sie stellte den Rahmen für Moral und Ordnung. Sie war in die Gesamtheit der Kultur und in deren formale und informelle Vermittlung eingebunden. Man mußte nicht besonders persönlich fromm sein, man konnte sogar recht skeptisch und ungläubig sein, und doch befand man sich im religiös mitbestimmten Kosmos. Dieser Kosmos war vor der kommunistischen Machtübernahme nur in wenigen Fällen – vielleicht in Deutschland und in Tschechien, vielleicht in liberalen städtischen Schichten – angefochten. Seine

Zerstörung ist das Werk der Umwälzungen, die im Kommunismus erfolgten. Im Gegensatz zu früher gibt es kaum noch irgendwo weltanschauliche Selbstverständlichkeiten. Die Vielfalt fordert eine Wahl. Die vielen Variationen der Religiosität und der Religionslosigkeit entsprechen nicht mehr zwingenden gesellschaftlichen Vorlagen, sondern sind Produkte der persönlichen Lebensführung.

Der Kommunismus wollte ursprünglich die ökonomische und gesellschaftliche Ordnung umgestalten. Diese Bemühung war aber unzertrennlich mit einer kämpferischen Religionsfeindlichkeit verbunden. Die Sprengung der Tradition zerstörte die Selbstverständlichkeit der herkömmlichen religiösen Kultur. Konnte aber die Tradition überall zerstört werden? Wann war der Kommunismus erfolgreich, und wo und wann konnte sich die Gesellschaft der politischen Macht gegenüber behaupten? Verschiedene Menschen, ganze Gesellschaften wurden in neue und in unterschiedliche Richtungen gelenkt. Woran lag es aber, ob man beim Alten verbleiben konnte und wenn nicht, in welche Richtung wurde man umgeleitet? Die Antworten entschieden sich an den vielen Weichen des Lebensweges. Es ist lehrreich, diese einzeln anzuschauen. Vielleicht ergeben sich dann zum Schluß einige typische Varianten. Es bleibt jedenfalls dabei: Die Geschichte der vergangenen Jahrzehnte ist nicht nur ein Kampf auf der Ebene der Macht und der Institutionen, sondern viel mehr das sehr persönliche Ringen einzelner Individuen mit ihren Lebensmöglichkeiten. So war es, und so ist es geblieben. Der politische, systemische Wandel hat inzwischen große Fortschritte gemacht. Die Menschen können aber nicht anders, als ihr Leben fortzusetzen. Somit haben die Biographien eine bleibende und nicht nur individuelle Relevanz.

## *Die Veränderung des Kindheitsmilieus*

Jene Menschen, die im Winter 1997/98 – als diese Untersuchung durchgeführt wurde – 61–65jährig waren, wurden zwischen 1933–1938 geboren. Es waren die Jahre nach der Weltwirtschaftskrise und vor dem Zweiten Weltkrieg. Stalin hat die Kollektivierung der Landwirtschaft bereits durchgeführt, zeigte sich aber ansonsten eher gesprächsbereit. Die Baltischen Staaten waren noch unabhängig. Das neue Staatenmosaik in Ost(Mittel)Europa ist aus den Ruinen der Österreichisch-Ungarischen k.u.k Monarchie und auch zum Teil aus ehemaligen deutschen, russischen und türkischen Herrschaftsgebieten erst 1920 entstanden. Nach einem schweren ersten Jahrzehnt ist die zweite Hälfte der dreißiger Jahre ökonomisch, politisch und kulturell eher eine Phase der Stabilisierung gewesen.

Nahezu zwei Drittel (59%) der heute 61–65jährigen hat seine/ihre Kindheit auf dem Lande verbracht. Sehr viele (41%) unter ihnen sind auch nie weitergekommen. Der Großteil (61%) der Väter hatte eine Schulbildung von weniger als sechs Klassen. Sie waren meistens Bauern (zu 44%) oder Arbeiter (zu 40%). Die meisten Mütter arbeiteten auf dem Feld oder waren zu Hause. Vier Fünftel

(80%) der damaligen Kinder sind also in einer Familie aufgewachsen, wo die Mutter nicht woanders zur Arbeit ging. Mehr als die Hälfte der damaligen Kinder hat bis in das Alter hinein die in der Kindheit erworbene Religiosität bewahrt.

Die weiteren Jahrzehnte, als die Jüngeren geboren wurden, waren nicht nur vom Krieg und vom Kommunismus gezeichnet, sondern auch von der Industrialisierung und Verstädterung, von der Ausweitung des Bildungssystems und – vielerorts – von einer massiven Entchristlichung. Die Kinder haben immer häufiger eine höhere Bildung als ihre Eltern erworben. Sie konnten andere, mehr angesehene Berufe als ihre Eltern wählen und damit in eine höher bewertete Klasse kommen. Die Hälfte der Gesellschaft hat sich von jenem sozialen Stand, in welchen er/sie hineingeboren wurde, wegbewegt. In einem einmaligen Wirbelwind wurden die früheren höheren Schichten der Gesellschaft enteignet, entmachtet und zum Staatsfeind erklärt. In den so entstandenen Raum konnten neue Gruppen einströmen. Eine zweite und noch größere Welle wurde durch die extensive Industrialisierung ausgelöst. Die rasch ausgeweitete Industrie benötigte hunderttausende neue Arbeitskräfte. Die oft fehlende höhere Bezahlung wurde mit der Ideologie des höheren Berufsprestiges ersetzt. Eine dritte Welle der Aufwärtsmobilität entstand nach der Kollektivierung der Landwirtschaft. Die dabei plötzlich mittellos gewordenen Bauern flohen in die Stadt. Ihnen wurde es beteuert, daß man selbst als Hilfsarbeiter mehr als ein Bauer sei. Die Verschiebung der sozialen Struktur ist eine Tatsache geworden – für breite Schichten mit dem erhebenden Gefühl des sozialen Aufstiegs verbunden. Dieser Eindruck prägte besonders das soziale Umfeld der heute über Fünfzigjährigen (Tabelle 17).

Tabelle 17: Jobmobilität

| | 51–60jährige | 61–65jährige |
|---|---|---|
| Deutschland-Ost | 43% | 43% |
| Kroatien | 54% | 51% |
| Litauen | 59% | 46% |
| Polen | 50% | 39% |
| Rumänien | 59% | 55% |
| Slowakei | 42% | 50% |
| Slowenien | 56% | 55% |
| Tschechien | 40% | 37% |
| Ukraine | 45% | 50% |
| Ungarn | 57% | 49% |

Der Anteil jener, die, verglichen mit ihrem Vater, in eine höher bewertete Berufskategorie und damit in eine höhere soziale Klasse aufgestiegen sind – in zehn postkommunistischen Ländern, in den Altersgruppen der 51–60- und der 61–65jährigen.
Quelle: Aufbruch 1998

Wie sich die soziale Mobilität in den verschiedenen Altersgruppen verteilte, hing nicht zuletzt von ländertypischen Gegebenheiten ab. Länder wie Tschechien, die bereits einen höheren Stand der Verstädterung und Industrialisierung erreicht haben, hatten weniger Bedarf an Industriearbeitern, besaßen aber auch geringere „Menschenreserven“ für eine weitere industrielle Expansion. Auf der anderen Seite haben manche Länder wie z. B. Polen und Rumänien die Agrarstruktur und damit die bäuerlichen Schichten weitgehend bewahrt. Hier gestaltete sich der Übergang sanfter und kontinuierlicher. In den meisten Ländern Ost(Mittel)Europas gibt es aber ganz bestimmte Jahrgänge, die mehr als andere von der Mobilität erfaßt wurden.

Der Statusverlust der ehemaligen Oberschichten hat die Euphorie des sozialen Aufsteigens zunächst wenig beeinträchtigt. Der Anteil der Verlierer war relativ klein, verglichen mit der Zahl jener, die an Ansehen gewonnen haben. Erst mit der Zeit, also bei den Jüngeren, verlangsamte sich die Aufwärtsmobilität. Der Anteil jener, die im Berufsstand ihrer Eltern blieben, wuchs wieder an. Und die Abwärtsmobilität begann größere Ausmaße anzunehmen. Die Differenz der Anteile der sich aufwärts und abwärts Bewegenden wurde kleiner (Abbildung 31). Der Mythos vom unaufhörlichen Höhersteigen hat sich langsam verflüchtigt. Die erste Schockwelle war aber in vielen Ländern stark genug, um die Kontinuität der Tradition abzubrechen.

Abbildung 31: Die Bilanz der Mobilität

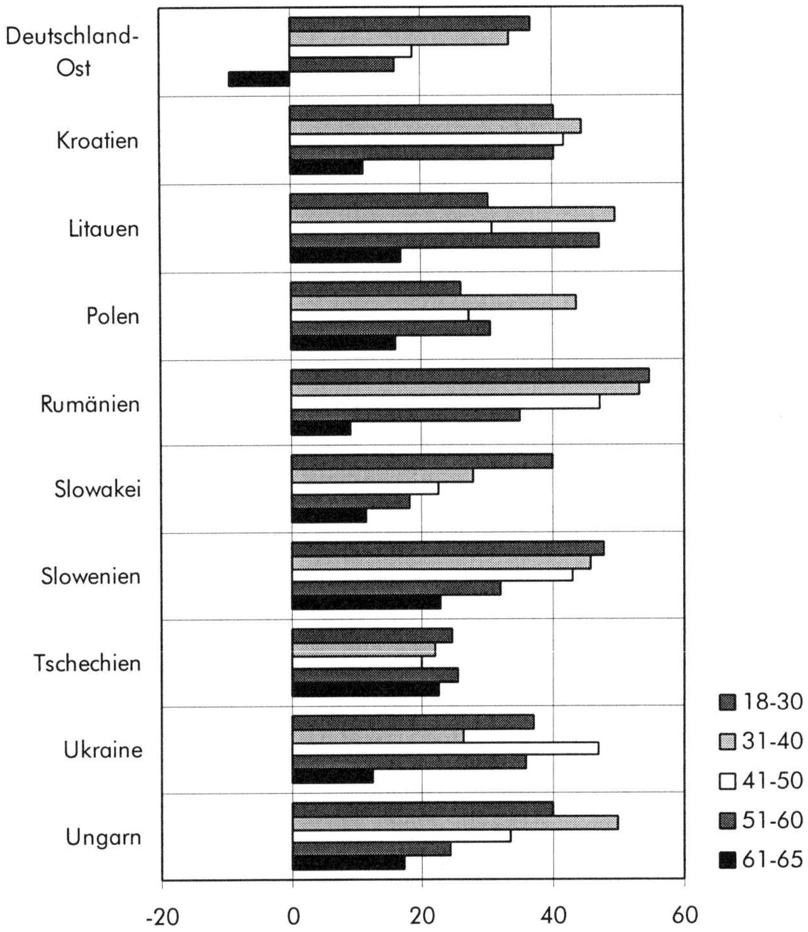


Die Differenz der Anteile der sich auf der sozialen Rangskala der Berufe (bzw. der Klassen) aufwärts und abwärts Bewegenden in zehn postkommunistischen Ländern und in verschiedenen Altersgruppen - in Prozenten der Altersgruppen.
Quelle: Aufbruch 1998

Zur Zeit des Klassendenkens und der Klassenpolitik wurden Fortschritt oder gar Menschenglück nicht selten in Klassenkategorien gemessen. Es galt mehr, ein Arbeiter als ein Bauer zu sein. Ideologisch nicht ganz konsequent, doch ein Angestellter besaß ein höheres Berufsprestige als ein Arbeiter. Und so ging es hinauf bis zu den leitenden Funktionären und den Akademikern. In dem von der Staatspartei regierten System wurde das Höhersteigen in dieser Hierarchie von der politischen Macht kontrolliert. Mit dem höheren sozialen Stand war die explizite Erwartung verbunden, sich von der "Rückständigkeit" der älteren Generation zu trennen. Viele haben sich gehorsam von der familiären Tradition losgesagt. Die Entfernung zwischen jung und alt wuchs.

Die jüngste Gruppe unserer Arbeit sind die 18- bis 30jährigen. Sie wurden zwischen 1968–1980 geboren. Ihre Eltern sind die 68er Generation. Ihre Kindheit und Jugend haben sie in einer relativ liberalen Atmosphäre und mit dem (Vor-)-Gefühl der Demontage des Kommunismus erlebt. Ihre Mehrheit (63%) hat keine Dorferinnerungen aus der Kindheit. Die Mobilität der fünfziger und sechziger Jahre hat inzwischen in den meisten Ländern der Region bereits nachgelassen. Die große Abwanderung in die Stadt war beendet. Mehr als die Hälfte (60%) der 18- bis 30jährigen hat das ganze bisherige Leben an einem Ort verbracht. Die Väter dieser Generation sind bereits selbst in der Nachkriegswelt aufgewachsen. Nahezu jeder fünfte (20%) unter ihnen hat Hochschul- oder Universitätsbildung. Vielleicht geht es dabei nur um eine Parteihochschule oder um einen Fernkurs – einen akademischen Status haben diese dennoch verliehen. Ein zusätzliches Drittel (39%) der Väter hatte Oberschulabschluß und damit die Chance zum Leben eines Angestellten oder Facharbeiters. In der Generation der Eltern blieb nur noch eine Minderheit bei der Grundschulausbildung. Die Mehrheit der Väter (60%) war Arbeiter. Eine kleinere Gruppe (23%) bestand aus niedrigeren Beamten, Angestellten oder Selbständigen. Die Menschen in Führungspositionen und akademischen Berufen zusammen waren zahlreicher (13%) als die Beschäftigten in der Landwirtschaft (8%).

Noch dramatischer hat sich die Berufssituation der Mütter gewandelt. Akademische Berufe oder Führungspositionen erwarben unter ihnen genauso viele wie unter den Vätern. Der Anteil der in der Landwirtschaft und im Haushalt Tätigen betrug nunmehr insgesamt weniger als ein Fünftel (18%) aller Mütter. Die Bedeutung dieser Tatsache für die Weitergabe der Religiosität wurde schon früher belegt. Familien, in denen die Mütter in der Landwirtschaft oder als Hausfrau tätig waren, konnten ihren Kindern den Glauben etwa zweimal so wirksam weitergeben wie Familien mit berufstätigen Müttern in nicht landwirtschaftlichen Berufen.[29]

Die Entchristlichung hätte ohne die Religions- und Kirchenverfolgung des Kommunismus vermutlich nicht die tatsächlich erfolgten Ausmaße annehmen können. Es gehört aber zum Bild, daß die Entchristlichung im Rahmen eines umfassenden ökonomischen und gesellschaftlichen Erdrutsches erfolgt ist. Tendenzen des Wandels verlaufen in unterschiedlichen Kontexten, zeigen aber in die gleiche Richtung und haben womöglich etwas miteinander zu tun. Traditio-

[29] Tomka Miklós: „Kommunistische Modernisierung" und religiöser Wandel in Ungarn, in: Pollack Detlef, Borowik Irena, Jagodzinski Wolfgang (Hg.): Religiöser Wandel in den postkommunistischen Ländern Ost- und Mitteleuropas. Würzburg 1998, 287–316, hier 310.

nelle, ländliche Gesellschaften mit einem relativ niedrigen Niveau der öffentlichen Bildung sind in den vergangenen Jahrzehnten von der verstädterten Industriegesellschaft abgelöst worden. Die Stufen dieses Überganges sind am Wandel der Lebensverhältnisse der aufeinanderfolgenden Generationen abzulesen. Sie sind besonders leicht erfaßbar, wenn wir jene Verhältnisse zum Ausgangspunkt nehmen, welche die Kindheit der einzelnen Altersgruppen prägte (Abbildung 32).

Abbildung 32: Die Veränderung der familiären Verhältnisse und der Religiosität im Wandel der Generationen

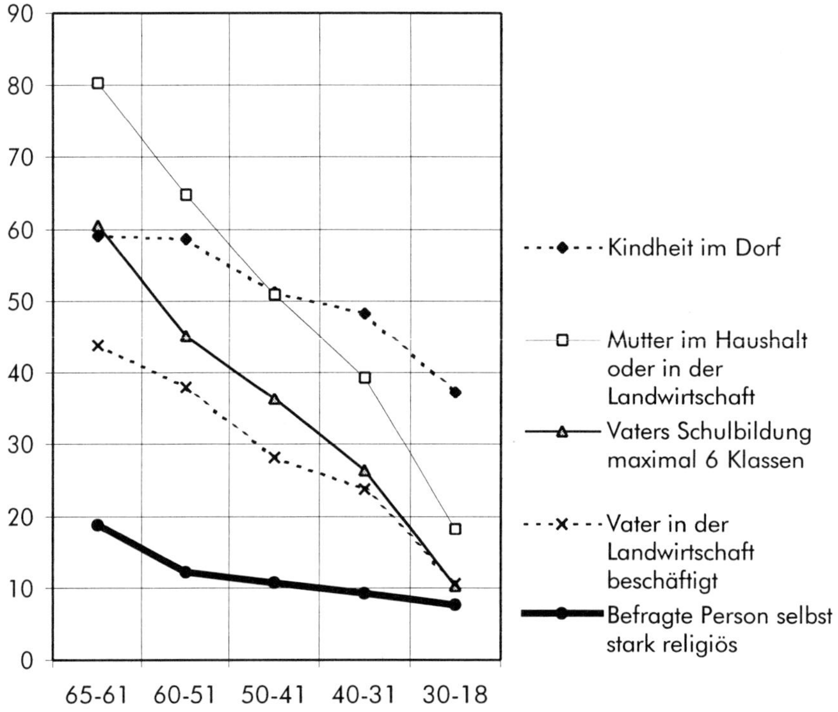


Durch die Bevölkerungszahl gewichtete Gesamtheit von zehn ost(mittel)europäischen Ländern. In Prozenten.
Quelle: Aufbruch 1998

In diesem Zusammenhang soll uns auch die weitere Tatsache nicht entgehen, daß die Entchristlichung gerade in jenen Ländern schwächer ist bzw. nicht eingetreten ist, wo der gesellschaftliche Wandel langsamer oder begrenzter war.

Die Bildungsexplosion mag die Generationen allgemein voneinander entfernt haben. Auf die Religiosität hat sie sich jedenfalls mehrschichtig ausgewirkt. In allen beobachteten Ländern und in allen Berufsgruppen zeigt sich eine klare Tendenz, wonach

- zum Erwerb oder zur Beibehaltung eines höheren Standes der Religiosität das gleiche Bildungsniveau der Eltern und der Kinder, also die kulturelle Unveränderlichkeit am günstigsten ist;
- die kulturelle Abwärtsmobilität, wo also die Kinder eine niedrigere Ausbildung erwarben als ihre Eltern, der Religiosität abträglich ist;
- die kulturelle Aufwärtsmobilität in ihrer schwächsten Form, wo die Kinder mit einer, höchstens mit zwei Bildungsstufen die schulische Qualifikation ihrer Eltern übersteigen, sich gegen die Religiosität auswirkt; dagegen aber
- eine starke kulturelle Aufwärtsmobilität und eine damit einhergehende größere kulturelle Entfernung vom Bildungsstand der Eltern, überraschenderweise, erneut zu einer gewissen Erhöhung der Religiosität führt, die aber weniger eine Bekenntnisreligiosität, sondern eher eine Sympathie für die Religion, vielleicht eine Kulturreligiosität ist (Tabelle 18).

Tabelle 18: Religiosität und Religionslosigkeit in sozialen Gruppen, die sich nach ihrer kulturellen Mobilität unterscheiden

| Verglichen mit dem Schulabschluß des Vaters ist die Bildung der befragten Person → | niedriger | gleich hoch | eine | zwei | mehrere |
|---|---|---|---|---|---|
| ↓ befragte Person ist | | | Bildungsstufen höher | | |
| nicht religiös | 24% | 13% | 26% | 14% | 13% |
| weder religiös noch nichtreligiös | 18% | 16% | 17% | 18% | 17% |
| einigermaßen religiös | 44% | 52% | 46% | 54% | 58% |
| ganz besonders religiös | 14% | 19% | 11% | 14% | 12% |

In der (mit der Bevölkerungszahl) gewichteten Gesamtheit der erwachsenen Bevölkerung von zehn postkommunistischen Ländern.
Quelle: Aufbruch 1998

Diese Befunde erfordern einige klärende Ergänzungen. Die kulturelle Immobilität ist vor allem in der ältesten Altersgruppe zu finden. Ein Teil dieser Gruppe ist vom sozialen Wandel gar nicht erfaßt worden. Nicht sie haben ihre Religion bewahrt, sondern ihre persönliche Welt ist unverändert geblieben. Diese Art der kulturellen Unveränderlichkeit gehört aber inzwischen der Vergangenheit an. Und wenn wir nur die 50jährigen und die Jüngeren vor Augen haben, verblaßt die Bedeutung des unveränderten Bildungsniveaus. Weiterhin gelten aber die anderen Beobachtungen, die also andere Erklärungen brauchen.

Jene, die nicht einmal den Schulabschluß ihres Vaters erreichen konnten, müssen – in einer Zeit einer allgemeinen Bildungsexpansion – als Versager gelten. Das ist zwar keine Erklärung für, steht aber auch nicht im Widerspruch zu ihrer relativ niedrigen Religiosität. Ob ihr Versagen mit einer Verbitterung und mit einer allgemeinen Ablehnung der Werte und der Ideale der Eltern einhergeht, oder ob die Ablehnung der Religion ein verspäteter Versuch ist, sich Erwartungen anzupassen, wie sie in der Schule vermittelt wurden, oder ob andere Deutungen aufschlußreicher sind? Die Antwort müssen weitere Untersuchungen geben. Für uns bleibt die Feststellung, daß das kulturelle Zurückbleiben – hinter dem Bildungsstand der Eltern, aber auch hinter dem allgemeinen Trend der Erhöhung der Bildung – in allen beobachteten Ländern und in allen Alters- und Berufsgruppen eine Affinität zur Religionslosigkeit hat.

Wie steht es aber mit denen, die sehr wohl eine etwas, wenn auch nicht viel höhere Bildung als die Eltern erworben haben? Zwei zusätzliche Informationen mögen etwas weiterhelfen. Bei den Fünfzigjährigen und in jüngeren Altersgruppen ist die ständige Ausweitung der Bildung bereits der Normalfall. Nur noch ein Viertel dieses Bevölkerungsteils der Region ist im schulisch-kulturellen Sinn immobil oder abwärtsmobil. Drei Viertel der Fünfzigjährigen und der jüngeren Bevölkerung Ost(Mittel)Europas erwarb eine höhere Bildung als ihre Eltern. Innerhalb dieser, an ihrer Schulbildung gemessen sich aufwärts bewegenden Bevölkerung stellen jene, die nur einen Qualifikationsgrad mehr als ihre Eltern erreichen konnten, etwas weniger als die Hälfte dar. Sie sind die weniger erfolgreiche Hälfte, die in einer weniger günstigen sozialen Situation steckengeblieben ist.

Eine weitere Komponente wird sichtbar, wenn wir die berufliche Zugehörigkeit der verschiedenen Mobilitätsgruppen untersuchen. Die wenig Mobilen sind vor allem in der Arbeiterschaft zu finden. Es gilt zwar auch in dieser Berufskategorie, daß die leicht Aufwärtsmobilen (wie auch die Abwärtsmobilen) weniger religiös sind, es ist aber beim jetzigen Datenstand nicht zu klären, wieweit die Arbeiterkultur beziehungsweise die Anpassung an diese Kultur Mitursachen sein könnten.

Bisher unausgesprochen blieb die Schlußfolgerung, daß die stärkere Bildungsmobilität die Neigung zur Religiosität erhöht. Wer aber den Schulabschluß der Eltern mit mehreren Stufen übertrifft, erwirbt dabei mit hoher Wahrscheinlichkeit eine relativ hohe Bildung. Über die Frage der Berufsmobilität sind wir damit zur Erkenntnis gelangt, daß die Religiosität (auch) in Ost(Mittel)Europa – neben den älteren, wenig gebildeten und immobilen Schichten und Gruppen –

wesentlich in den Bildungsschichten wurzelt. Dieses Ergebnis entspricht aber in vielen Ländern nicht der Alltagserfahrung (und auch nicht anderen Daten der vorliegenden Untersuchung). Eine Erklärung soll hier noch nicht gegeben werden. Eine Besonderheit muß aber hervorgehoben werden. In den bildungsmäßig sehr mobilen Gruppen, die also eine relativ hohe Bildung erworben haben, ist nicht der Anteil jener Menschen hoch, die sich als ganz besonders religiös bezeichnen, sondern jener Menschen, die sich als einigermaßen religiös charakterisieren. Eine vorsichtige Identifikation ist vorhanden, ein volles Engagement nicht.

## *Religion in der Herkunftsfamilie*

Nach ihren Eltern befragt, berichtete jeder siebte Ost(Mittel)Europäer (14%), daß keiner seiner beiden Eltern einer Konfession angehör(t)e. Weitere 6% sagten, daß nur einer der beiden Elternteile Mitglied einer Konfession ist bzw. war. Mindestens ein Fünftel der Menschen wuchs demnach in einer religionslosen oder religiös gespaltenen Atmosphäre auf. Hinter diesen umfassenden Daten verbergen sich aber einschneidende Länder- und Generationsdifferenzen.

In der Reihe der Länder stellt Rumänien die eine Grenzposition dar: die Eltern der befragten Personen gehör(t)en ohne Ausnahme irgendeiner Religionsgemeinschaft an. In einer weiteren Reihe von Ländern gehörten in 90% und mehr Fällen beide Eltern irgendeiner Konfession an (Kroatien: 94%; Litauen: 94%; Polen: 96%; Slowakei: 92%; Slowenien: 91%; Ungarn: 95%). Dieser Anteil muß dann noch mit den Fällen ergänzt werden, wo nur ein Elternteil einer Kirche angehört. Es gibt schließlich drei Länder, wo ein wesentlicher Teil der Eltern keiner Konfession und keiner Kirche angehört(e) – Deutschland-Ost, Tschechien und die Ukraine (mit 28%, 37% und 24% der Fälle, wo keiner der Eltern einer Konfession angehört[e]) (Abbildung 33).

Abbildung 33: Nicht konfessionsgebundene Eltern

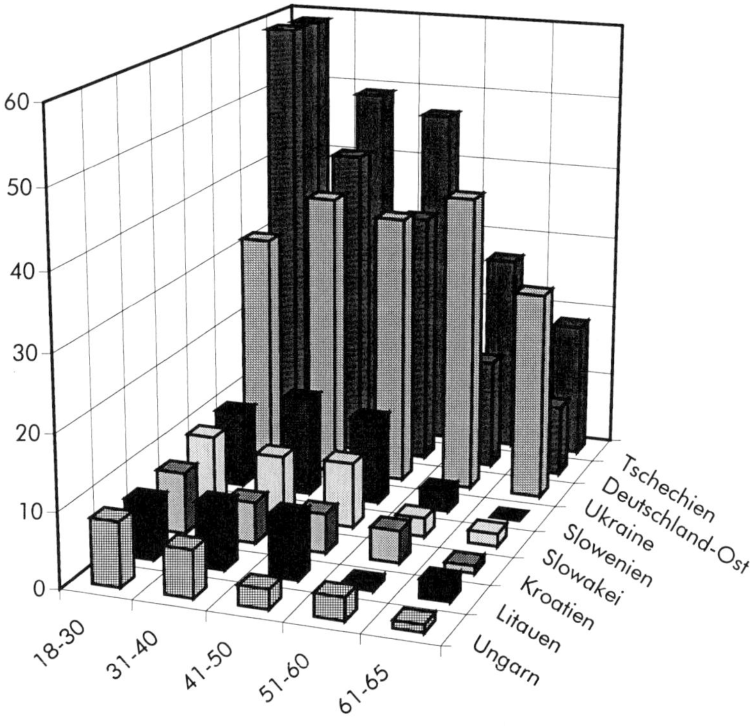


Der Anteil der nicht konfessionsgebundenen Eltern in acht postkommunistischen Ländern, unter den Eltern verschiedener Altersgruppen. In Prozenten.
Quelle: Aufbruch 1998

Die Länderdifferenzen sind offensichtlich sehr groß. Auch ein zweiter Zusammenhang ist gut ersichtlich. Die nicht Konfessionsgebundenen wachsen allgemein bei den Eltern der jüngeren Jahrgänge an. Es nimmt allgemein die Zahl solcher Familien zu, in denen Religion von den Eltern zu ihren Kindern gar nicht mehr weitervermittelt wird, zumal die Eltern selbst keine Beziehung zu ihr haben. Diese Tendenz verläuft allerdings nicht linear. Die vorhandenen Daten erlauben auch keine Verlängerung in die Zukunft hinein.

Die Häufigkeit der Erfahrung, nicht konfessionsgebundene Eltern zu haben, ist bei der Generation der heute unter Fünfzigjährigen hochgeschnellt. Jene, die nach 1948 geboren wurden, kamen häufiger aus Familien, welche die Beziehung zur Religion und Kirche abgebrochen haben. 1948 war das Jahr der kommunistischen Machtübernahme und der Beginn der genannten gesellschaftlichen Umwälzungen in Ost(Mittel)Europa. Es ist unschwer, hier die Zusammenhänge zu erkennen. (Die einzige Ausnahme vom plötzlichen Ansteigen des Anteils konfessionsloser Eltern ist die Ukraine. Dort ist allerdings der Kommunismus bereits Jahrzehnte früher an die Macht gekommen.)

Die Tendenz der gleichmäßigen Zunahme der Unkirchlichkeit und der Konfessionslosigkeit der Eltern trifft auch in einer anderen Hinsicht nicht zu. Diese Tendenz scheint sich neuerdings in drei Ländern, in Litauen, in Slowenien und in der Ukraine geradezu umzukehren. In diesen Ländern berichtete die jüngste Gruppe seltener über eine Konfessionslosigkeit ihrer Eltern als die beiden älteren Alterskohorten. Offensichtlich gibt es in diesen Ländern bereits seit einiger Zeit eine Aufweichung der Religionsfeindlichkeit, vielleicht sogar eine leichte Zuwendung zur Religion, die betont die jüngere Hälfte der Gesellschaft betrifft und deren Spuren auch im Wandel der weltanschaulichen Atmosphäre der Familie zu sehen sind.

## *Religiöse Kinderstube*

Daten der Europäischen Wertestudie aus den Jahren 1990/91 haben in Ost(Mittel)Europa eine grundlegende Erschütterung der familiären religiösen Sozialisation angezeigt. Auch in West-Europa gibt es Länder (Frankreich, Großbritannien, Deutschland und die skandinavischen Länder), in denen eine religiöse Erziehung in der Kindheit der jüngsten Erwachsenen nur halb so oft vorkam, als bei den über Siebzigjährigen. Doch auch in diesen Gesellschaften hat etwa die Hälfte selbst der jüngsten Altersgruppen eine religiöse Erziehung bekommen. Und neben diesen Ländern gibt es andere (Italien, Spanien, Portugal, Irland), in denen vier Fünftel der Kinder eine religiöse Erziehung bekommen.

In Ost(Mittel)Europa ist der Schwund der religiösen Erziehung allgemeiner. In einer ganzen Reihe von Ländern (vor allem in den Ländern der ehemaligen Sowjetunion, aber auch in Deutschland-Ost, Tschechien und Bulgarien), konnte man – nach den Daten der Europäischen Wertestudie, bzw. nach den Erinnerungen der jüngsten Erwachsenen – in den vergangenen zwei bis drei Jahrzehnten kaum noch von einer allgemeinen gesellschaftlichen Praxis der religiösen Kindererziehung sprechen (Abbildung 34).

Abbildung 34: Altersgefälle der religiösen Erziehung

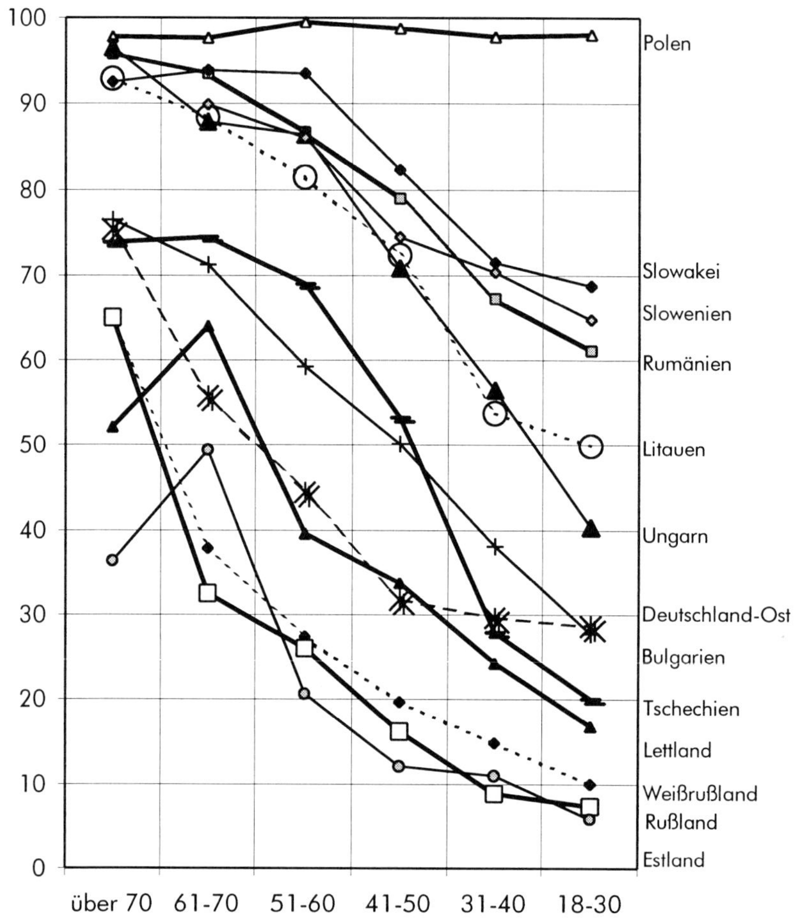


Der Anteil der Menschen in verschiedenen Altersgruppen, die in ihrer Kindheit, ihren eigenen Angaben nach, eine religiöse Erziehung bekommen haben – in dreizehn ost(mittel)europäischen Ländern, in 1990/91. In Prozenten.
Quelle: Europäische Wertestudie 1990/91

Wie erinnern sich die Menschen sieben bis acht Jahre später, zu einer Zeit, in der sich die gesellschaftlichen Erwartungen in Bezug auf die Religion stark gewandelt haben? Gehörte der Kirchgang, das Gebet, das Gespräch über die Religion in jener Zeit, als die jetzigen Erwachsenen Kinder waren, zum Familienleben? Hat man damals religiöse Gegenstände in der Wohnung gehabt? Sind zwischen den verschiedenen Generationen Unterschiede zu erkennen?

Die Entwicklung der verschiedenen Elemente des religiösen Familienmilieus entspricht dem bereits gezeichneten Bild. Das religiöse Umfeld der Kinder schwächte sich in all seinen Bestandteilen, wie auch in ihrer Gesamtheit, mit der Zeit ab. Das Nichtreligiöse gewann, im Durchschnitt der Region (wenn auch nicht unbedingt einzeln in allen Ländern), Oberhand (Tabelle 19).

Tabelle 19: Wandel des religiösen familiären Milieus

| In den Erinnerungen der Altersgruppe der→ | 65-61 | 60-51 | 50-41 | 40-31 | 30-18 |
|---|---|---|---|---|---|
| hatten Kreuz, Heiligenbild oder Ikone in der Wohnung | 66% | 65% | 71% | 71% | 71% |
| Mutter ging wöchentlich in die Kirche | 30% | 38% | 42% | 42% | 46% |
| Vater ging wöchentlich in die Kirche | 21% | 27% | 28% | 30% | 37% |
| in der Familie wurde oft über Religion geredet | 16% | 22% | 27% | 31% | 38% |
| das Kind ging wöchentlich in die Kirche | 29% | 36% | 39% | 40% | 42% |
| das Kind nahm an Wallfahrten teil | 18% | 19% | 19% | 23% | 26% |
| das Kind nahm mehrere Jahre hindurch am Religionsunterricht teil | 38% | 42% | 43% | 51% | 52% |

Die Häufigkeit einzelner Vorkommnisse der Religion zu einer Zeit, als die jetzigen Erwachsenen 11-12 Jahre alt waren. Im Rückblick verschiedener Altersgruppen, in der (mit der Bevölkerungszahl der Länder) gewichteten Gesamtheit der zehn ost(mittel)europäischen Länder.
Quelle: Aufbruch 1998

Die Veränderung der Alltagsreligiosität hat markante Umrisse:

- Religiöse Gegenstände in der Wohnung sind über die Folge der Generationen hinaus allgemeiner erhalten geblieben als die religiöse Praxis.
- Die Gewohnheit gelegentlicher Wallfahrten – eine stark länderspezifische Gewohnheit – hat sich gleichfalls mehr erhalten als die reguläre religiöse Praxis der Eltern oder der Kinder.
- In die Kirche gingen die Mütter zu jeder Zeit mehr als die Väter. Der Anteil der Nichtkirchgänger ist allerdings im Verlauf der Zeit bei den Müttern stärker als bei den Vätern angewachsen. Die Differenz im Kirchgangsverhalten der Mütter und der Väter hat also eher abgenommen.
- Die Zahl der wöchentlich oder häufiger in die Kirche gehenden Kinder gestaltete sich der Zahl der genauso oft in die Kirche gehenden Müttern entsprechend.

- Gespräche über religiöse Fragen in der Familie waren schon immer eine Minderheitenpraxis. Diese Gewohnheit ist noch mehr geschwunden als sonstige Elemente des religiösen Umfeldes der Kinderzeit.
- Ein Drittel der ältesten Generation hat gar nicht, mehr als die Hälfte dagegen hat über mehrere Jahre hindurch am Religionsunterricht teilgenommen. Bei der jüngsten Erwachsenengeneration haben sich die Verhältnisse umgedreht. Ein Drittel unter ihnen hat länger, ihre Hälfte hat gar nicht am Religionsunterricht teilgenommen. (Der Anteil jener, die gelegentlich oder kurz am Religionsunterricht teilgenommen haben, ist im Durchschnitt der Region mit 10–11% gleich geblieben.)

Diese sieben Merkmale haben ihre eigenen Charakteristiken, korrelieren nichtsdestoweniger eng miteinander. Sie bilden ein einziges Bündel des weltanschaulichen Umfeldes.[30] Dieses Bündel, in etwa die Gesamtheit aller Merkmale, kann zusammenfassend in einem Faktor dargestellt werden. Dessen hohe positive Werte entsprechen einer vielseitigen religiösen Praxis der Familie. Die Negativwerte bezeichnen Mängel oder ein niedriges Niveau der familiären Religiosität. Bei hohen positiven Werten war also die religiöse Erziehung weitgehend gesichert, bei negativen Werten hat es an ihr gemangelt. Mit diesem Faktor können wir nun die Länder und auch die Altersgruppen innerhalb der einzelnen Länder, miteinander vergleichen (Tabelle 20).

---

30 Faktorenanalyse „Familienreligiosität“

| | Ladung |
|---|---|
| ...wie oft gingen Sie selbst in die Kirche? | ,91 |
| ...wie oft ging Ihre Mutter in die Kirche? | ,87 |
| ...wie oft haben Sie gebetet? | ,86 |
| ...wie oft ging Ihr Vater in die Kirche? | ,77 |
| Als Kind...in Ihrer Wohnung ein Kreuz | ,65 |
| Haben Sie als Kind an einer religiösen Unterweisung teilgenommen? | -,64 |
| Als Sie ein Kind waren, haben Sie in der Familie über Religion und dem Glauben geredet? | ,42 |

Quelle: Aufbruch 1998

Tabelle 20: Religiosität der Familien in den Kindheitserinnerungen der heute Erwachsenen

| | |
|---|---|
| Polen | 0,95 |
| Rumänien | 0,50 |
| Slowakei | 0,39 |
| Kroatien | 0,39 |
| Slowenien | 0,28 |
| Ungarn | 0,12 |
| Litauen | 0,10 |
| Ukraine | -0,56 |
| Tschechien | -0,57 |
| Deutschland-Ost | -0,67 |

Durchschnittliche Faktorscores.
Quelle: Aufbruch 1998

Ein solcher erster Vergleich hat allerdings den Fehler, daß dabei die auf verschiedene historische Zeiten bezogenen Erinnerungen verschiedener Generationen zusammengenommen wurden. Falls die Veränderungen der religiösen Milieus in den Ländern ungleich verlaufen sind – was wir mit Sicherheit wissen -, kann es für bestimmte Jahrgänge vom Länderdurchschnitt stark abweichende Werte geben. Für einzelne Generationen kann sich somit auch die Reihenfolge der Länder ändern. Die getrennte Untersuchung der Kindheitserfahrungen verschiedener Generationen ist unerläßlich zum Verständnis des religiösen Wandels und dabei auch der gegenwärtigen Situation. Diese Unterscheidung zeigt schließlich etwas vom Verhältnis der gegenwärtigen jüngeren und der älteren Erwachsenengenerationen zueinander (Abbildung 35).

Abbildung 35: Differenzen der religiösen Sozialisation

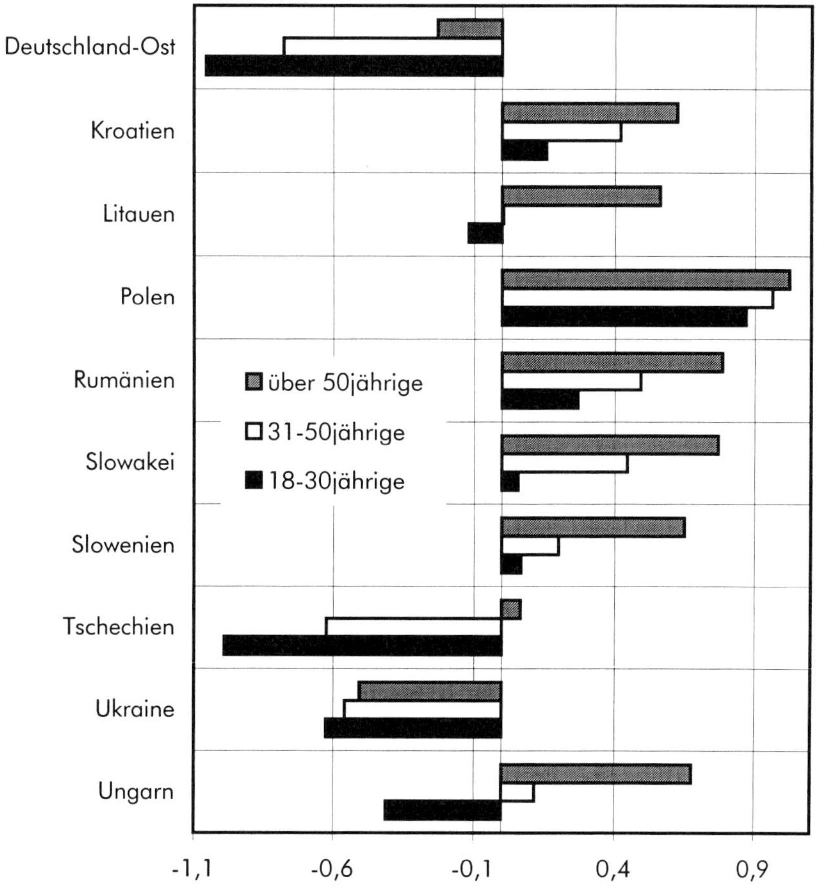


Meßwerte der Religiosität der Familien in den Kindheitserinnerungen der gegenwärtigen Erwachsenen - in verschiedenen Altersgruppen von zehn ost(mittel)-europäischen Ländern. Durchschnittliche Faktorscores.
Quelle: Aufbruch 1998

Wenn die Länder danach bewertet werden, wie umfassend die Bedingungen einer religiösen Sozialisation in den Familien gegeben sind, gestaltet sich die Sequenz der Länder in den verschiedenen Generationen unterschiedlich. In der ältesten Altersgruppe standen – nach ihrer religiösen Tradierungsfähigkeit – die Slowakei auf der dritten, Ungarn auf der vierten und Tschechien auf der achten Stelle. Sie gerieten in der Reihenfolge der jüngsten Altersgruppe auf die fünfte bzw. siebte und neunte Stelle. Im ost(mittel)europäischen Vergleich hat sich die religiöse Tradierungsfähigkeit dieser drei Länder verschlechtert. Ein Positionswechsel in die umgekehrte Richtung kennzeichnet vier weitere Länder. Im Vergleich der älteren Altersgruppen der Länder hatten Kroatien die sechste, Slowenien die fünfte, Litauen die siebte und die Ukraine die zehnte Stelle inne. Im Vergleich der 30jährigen und Jüngeren haben sie die dritte, die vierte, die sechste beziehungsweise die achte Stelle. Im ost(mittel)europäischen Vergleich der familiären Bedingungen der religiösen Sozialisation haben sie eine günstigere Position erreicht.

Die Daten vermitteln auch eine weitere Information. In manchen Ländern haben sich die Bedingungen der familiären religiösen Sozialisation vergleichsweise wenig, in anderen Ländern sehr stark verändert. Die unterschiedliche Spanne zwischen den Faktorscores der ältesten und der jüngsten Generation – die jeweils noch weiter gespannt wäre und vielleicht auch andere Tendenzen zeigen würde, wenn nicht die 18- bis 30jährigen und die über 50jährigen, sondern z. B. die 18- bis 25jährigen und die über 60- oder über 70jährigen miteinander verglichen wären – zeigt die Differenz der Länder an (Tabelle 21).

Tabelle 21: Die Veränderung der weltanschaulichen Atmosphäre in den Familien

| | |
|---|---|
| Deutschland-Ost | 0,83 |
| Kroatien | 0,46 |
| Litauen | 0,68 |
| Polen | 0,16 |
| Rumänien | 0,51 |
| Slowakei | 0,71 |
| Slowenien | 0,58 |
| Tschechien | 1,06 |
| Ukraine | 0,12 |
| Ungarn | 1,09 |

Die Differenz der durchschnittlichen Faktorscores der über 50jährigen und der 18- bis 30jährigen Altersgruppe in zehn postkommunistischen Ländern.
Quelle: Aufbruch 1998

In Polen ist die religiöse, in der Ukraine ist die religionslose Atmosphäre über den Wandel der Generationen hinaus relativ stabil. Die leichten Veränderungen führen allerdings in die entgegengesetzte Richtung: in Polen zu einem leichten Abbau des geschlossenen religiösen familiären Milieus, in der Ukraine zur Vermehrung religiöser Elemente in der Familie. In Tschechien und in Ungarn ist eine ausgesprochen starke Veränderung – zur Religionslosigkeit hin – eingetreten, wobei Tschechien wesentlich stärker religionslos geworden ist als Ungarn. In Kroatien, Rumänien und Slowenien ist die erfolgte Veränderung der familiären Verhältnisse vergleichsweise eher klein, in Deutschland-Ost, in Litauen und in der Slowakei eher groß.

## *Die Spuren der Verfolgung der Religion*

Für viele Menschen ist die kommunistische Religions- und Kirchenverfolgung ein Erlebnis geworden, welches die Lebensführung bestimmte, das zu besonderen Anstrengungen zwang und immer wieder in Konflikte mündete. Mehr als ein Zehntel aller gegenwärtig in Ost(Mittel)Europa lebenden und nicht älter als 65jährigen Erwachsenen spricht davon, daß er oder sie für den Glauben verfolgt wurde oder daß jemand unter den Verwandten und Bekannten benachteiligt wurde. Die Verfolgung der Religion war eine persönliche Realität. Das Christsein ist eine gegen die offiziellen Erwartungen durchgehaltene Stellungnahme geworden.

Es wurde bereits früher besprochen, wie diese Erinnerung in der Gesamtheit der ost(mittel)europäischen Gesellschaften aussieht. Die Härte der Verfolgung traf nicht alle gleich.

- Die Länderdifferenzen sind beträchtlich. Es gibt Länder (Polen), wo die Verfolgung der Religion vergleichsweise zahm verlief, wo sie die gläubigen Personen relativ wenig benachteiligte, und andere Länder, wo sie vielen Christen wortwörtlich das Martyrium und anderen eine lang andauernde Diskriminierung brachte.
- Die Mitglieder verschiedener Konfessionen waren unterschiedlich von der Verfolgung betroffen.
- Besonders hart betroffen waren jene Menschen, welche die totalitäre Zeit der Spätvierziger-, Frühfünfzigerjahre bereits als Studierende oder als Erwachsene mitgemacht haben, die also heute etwa sechzig Jahre alt oder älter sind,
- sowie die Menschen in höheren Bildungsschichten und jene, die eine höhere Bildung und höhere gesellschaftliche Position angestrebt haben.
- Es ist nur selbstverständlich, daß jene, die als Christen durchgehalten haben, sich häufiger – jeder siebte (15%) religiöse Mensch in Ost(Mittel)Europa – als persönlich Betroffene oder als Freunde von Betroffenen erinnern als andere, die religiös uninteressiert oder religionslos sind.

Zu diesem bereits gezeichneten Bild soll hier nur noch ein Detail genannt werden. Die kommunistische Politik wollte die Religion vernichten, indem sie diese (a) aus der Öffentlichkeit entfernte, (b) ihre Organisation, die Kirche, behinderte und gängelte und (c) die Oberschichten von Gläubigen frei machen wollte. Die Verfolgung der Religion wurde am Lebensweg jener eine ganz besondere Probe, die durch ihre Bildung oder durch ihren Beruf eine öffentliche Rolle innehatten. In der Gesamtheit der Ost(Mittel)Europäer mit akademischer Ausbildung und/oder in einer leitenden Position – mit Ausnahme der Polen – empfindet sich etwa jeder vierte bis fünfte Mensch als Opfer der Religionsverfolgung.

Ein nächster Schritt ist problematisch. Es drängt sich die Frage auf, wie hoch wohl der Verfolgtenanteil unter jenen ist, die nicht nur Hochschulbildung haben und/oder in einer leitenden Position stehen, sondern sich auch als Gläubige verstehen. Statistisch läßt sich die Antwort leicht geben. Unter den Gläubigen in der akademisch gebildeten Schicht sowie in der Führungsschicht beklagt sich ein Drittel (31%), von der Religionsverfolgung selbst oder im Freundeskreis betroffen zu sein. Diese Zahl ist jedoch trügerisch. Gerade jene sind nicht inbegriffen, die wegen der Verfolgung nicht in diese Schicht hineinkommen konnten oder aber aus ihr entfernt wurden. Das Ausmaß der sozialen Zerstörungen und die Zahl der durch die Verfolgung beschädigten menschlichen Existenzen ist höher, als aus der genannten Angabe ersichtlich wird.

Das eigentliche Problem besteht aber eher darin, wie die Verfolgung und die Einstellungen und Vorstellungen der Menschen zusammenhängen. Es geht um eine zweiseitige Beziehung. Das soziale, kulturelle, wirtschaftliche Höherkommen wurde vielen Menschen aus weltanschaulichen Gründen verwehrt. Diese Benachteiligung und Behinderung kann sich auf die persönliche Entwicklung und auf die späteren – auf die gegenwärtigen – Verhaltensmuster und Ansichten der Verfolgten ausgewirkt haben. Andererseits wurden Menschen drangsaliert, die eine christliche Weltanschauung und bestimmte gesellschaftliche Positionen vertraten. Die menschlichen Schicksale im Kommunismus und die heute beobachtbaren Denk- und Verhaltensweisen können nicht nur Folgen, sondern auch mitbestimmende Ursachen der Verfolgung gewesen sein. Wie dem auch sei, die Frage, wie jemand die Religionsverfolgung erlebte, scheidet nachträglich die Geister.

Abbildung 36: Verfolgungserfahrung und Geschichtsbild

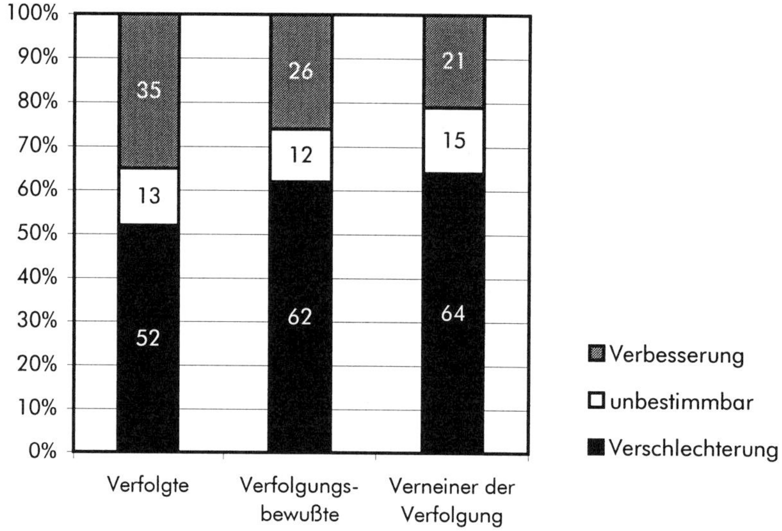


Der Anteil der Menschen, nach denen die Mehrheit ihrer Mitmenschen vor 1945, im Kommunismus bzw. seit der Wende am glücklichsten waren oder sind, – in Gruppen von Menschen, welche (a) die Kirchenverfolgung persönlich erlitten, (b) sie ohne unmittelbarer Betroffenheit als Lebensrahmen erlebten oder aber (c) gar nicht wahrgenommen haben (bzw. haben wollten) – im (mit der Bevölkerungszahl) gewichteten Durchschnitt Ost(Mittel)Europas.
Quelle: Aufbruch 1998

Wenn man die Ost(Mittel)Europäer entsprechend ihrer Wahrnehmung der Religionsverfolgung kategorisiert und dann ihr Geschichtsbild und ihre Meinungen über Religion und Kirche untersucht, findet man klare Tendenzen.

1. Je mehr die Verfolgung das persönliche Schicksal betraf, umso häufiger wird behauptet, daß die Menschen vor dem Zweiten Weltkrieg oder aber seit der Systemwende am glücklichsten gewesen seien, nicht aber in den Jahrzehnten des Kommunismus. Die Mehrheit der Verneiner der Kirchenverfolgung behauptet, daß die Menschen nicht vor dem Zweiten Weltkrieg und auch nicht in den vergangenen sechs bis acht Jahren, sondern zwischen dem Zweiten Weltkrieg und der Wende am glücklichsten waren (Abbildung 37).

2. Die Mehrheit der Menschen mit einem unmittelbaren oder auch nur mittelbaren Verfolgungserlebnis meint, einen religiösen Aufschwung zu sehen. Jene, welche die Existenz der Kirchenverfolgung bestreiten, sprechen mehrheitlich weiterhin – sowohl rückblickend auf die vergangenen zehn Jahre als auch für die Zukunft – vom Verfall der Religiosität (Abbildung 37).

Abbildung 37: Verfolgungserfahrung und die Bewertung des religiösen Wandels

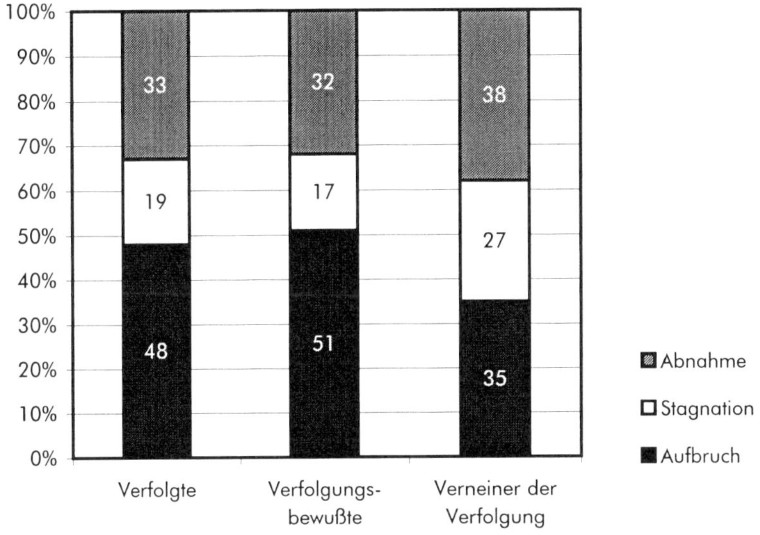


Der Anteil der Menschen, die meinen, aus den Erfahrungen der vergangenen zehn Jahre und aus den erwartbaren Entwicklungen des kommenden Jahrzehnts einen religiösen Aufschwung, eine Stagnation oder die Abnahme der Religiosität herauslesen zu können – in Gruppen von Menschen, welche (a) die Kirchenverfolgung persönlich erlitten, (b) sie ohne unmittelbare Betroffenheit als Lebensrahmen erlebten oder aber (c) gar nicht wahrgenommen haben (haben wollten). Im (mit der Bevölkerungszahl) gewichteten Durchschnitt Ost(Mittel)Europas.
Quelle: Aufbruch 1998

3. Die Verfolgten halten die Religion wichtig für das persönliche Glück und für die Stabilität der Ehe, für die Befestigung der Demokratie, für die Wirtschaftsentwicklung und auch für die Zukunft der Welt. Jene, die nichts von einer Religionsverfolgung des Kommunismus wissen (oder wissen wollen), halten die Religion in den genannten Zusammenhängen nicht für wichtig. (Ob die Opposition oder Indifferenz der Religion gegenüber die Augen bei der Wahrnehmung der Kirchenerfolgung trübt oder umgekehrt, das Nicht-Wahrnehmenwollen der Verfolgung automatisch mit einer Verdrängung der Welt des Glaubens einhergeht, kann hier nicht entschieden werden.)

4. Die Menschen, welche die Verfolgung am eigenen Leib oder in ihrer Umgebung erlebt haben, sind die gleichen, die die Kirche für menschennah und für eine Hilfe auch in dieser Welt halten. Auf der anderen Seite findet man in der gleichen Gruppe von Menschen die Weigerung, die Kirchenverfol-

gung wahrzunehmen, und die Meinung, daß die Kirche befremdlich und bedrohlich sei.

5. Es bedarf keiner Erklärung, daß jene, welche die Vergangenheit als die Jahrzehnte der Kirchenverfolgung erlebten, jetzt dazu neigen, die öffentliche Präsenz und die Stellungnahmen der Kirche in öffentlichen Anliegen zu fordern. In der anderen Hälfte der Gesellschaften der ost(mittel)-europäischen Länder befinden sich jene, für welche die Kirchenverfolgung keine Realität ist (oder keine sein soll) und welche die Kirche in der Öffentlichkeit auch jetzt nicht hören (und vielleicht auch nicht sprechen lassen) wollen.
6. Die Befürwortung weiterer kirchlicher Institutionen wie Kindergärten, Schulen und Altenheime ist schließlich unter den früher Verfolgten verbreitet. Die Mehrheit jener, die nichts von einer Kirchenverfolgung wissen (wollen), spricht auch nicht für weitere konfessionelle Institutionen.
7. Die genannten Zusammenhänge gelten in der gesamten Region und auch (fast) in jedem Land einzeln (auf den Zusammenhang 4 trifft man nicht in der Ukraine).
8. Die gleichen Zusammenhänge gelten nochmals auch innerhalb der sich als religiös identifizierenden Gruppe. Diese Tatsache weist darauf hin, daß das Verfolgungserlebnis und dessen individuelle Verarbeitung weniger mit der Dimension der Religiosität/Religionslosigkeit, sondern eher mit der Kirchlichkeit/Kirchendistanz zusammenhängt.
9. Die festgestellten Zusammenhänge sind in der ältesten Altersgruppe am ausgeprägtesten und bei der jüngsten Gruppe nur noch wenig – doch auch dort – vorhanden. Die Verfolgung war also eine lebensgestaltende Erfahrung der älteren, weniger aber der jüngeren Generation. Oder anders: die Persönlichkeitsfolgen und die gesellschaftlichen Differenzen und Konflikte, die durch die Verfolgung erzeugt oder in der Verfolgung handfest gemacht wurden, nehmen mit der Zeit ab.

Die Kirchenverfolgung hat die Bevölkerung Ost(Mittel)Europas gespalten. Sie hat die Lebenswege und die Einstellungen der Verfolgten wie auch der unbeteiligt Zuschauenden nachhaltig beeinflußt.

## *Persönliche Wendepunkte*

Unter dem Deckmantel des Kommunismus fast unbemerkt, haben große Teile Ost(Mittel)Europas die ländliche und prämoderne Lebensweise hinter sich gelassen. Nur noch wenige Länder und wenige Regionen haben ihre gemeinschaftliche Sozialstruktur und ihre von der Tradition bestimmte Kultur beibehalten. Dieser Wandel erfolgte einem System, das den Atheismus auf seine Fahnen setzte. Er erfolgte weiterhin bei einer straffen staatlichen Gesellschaftspolitik. Für die persönlichen Lebenswege wurde die Loslösung vom religiösen Glauben zur Vorbedingung einer Karriere erklärt. Über diese an die einzelnen gerichtete Forderung hinaus haben sich auch der Staat und seinen sämtlichen Institutionen bemüht, die Religiosität niederzukämpfen. In vielen Ländern Ost(Mittel)Europas, besonders in jenen, in welchen ein sozioökonomischer Wandel die Gesellschaft und die Kultur umformte, erfolgte in der Tat eine beträchtliche Entchristlichung.

Es gab auch Gegenbewegungen, die nicht außer Acht gelassen werden sollten. Bereits in den Jahren des Kommunismus gab es Aufbruchsbewegungen, Zeichen einer religiösen Erneuerung. In der letzten Dekade des kommunistischen Systems wurden diese geradezu zu Markenzeichen einer wachsenden weltanschaulichen Autonomie und der Veränderung der politischen Kräfteverhältnisse. Nach der Wende können sowohl eine plötzlich entstandene Orientierungslosigkeit als auch der auf manchen lastende Druck, sich reinzuwaschen, dazu beigetragen haben, daß die religiöse Suche zu einem Massenphänomen wurde. Offensichtlich ist diese Epoche noch keineswegs vorbei. Die Desorientiertheit kann nicht nur vom Zerfall des Kommunismus herrühren, sondern auch in der Entstehung von Staaten wurzeln, die historisch nie oder nur kurz eigenständig waren. Die persönliche Suche soll mancherorts durch eine nationale Identitätssuche multipliziert werden.

Kurz gesagt: viele Menschen wurden in diesen Jahrzehnten und ganz besonders in den letzten Jahren aus den Bahnen ihres ursprünglich geplanten Lebens geworfen. Entgleisungen und Zusammenstöße sind fast zum Normalfall geworden. So gesehen sind nicht so sehr die Bekehrungen, eher ihr, im internationalen Vergleich, bescheidener Anteil überraschend. Nach der in 1991 durchgeführten Religionsforschung des International Social Survey Program haben im Durchschnitt aller in Europa untersuchten Länder etwa ein Fünftel (19%) der Befragten erklärt, daß sie im Laufe ihres Lebens einmal eine Wende zu einem neuen, persönlichen religiösen Engagement hatten. Die ost(mittel)europäischen Daten lagen leicht unter diesem Niveau (Deutschland-Ost: 11%, Polen: 19%, Rußland: 9%, Slowenien: 17% und Ungarn: 15%).

Die gleiche Studie hat allerdings auf sehr unterschiedliche Richtungen aufmerksam gemacht. Über die Zeitdimension des Gottesglaubens befragt, schien der Anteil der Wechsler eher hoch zu sein. Der Wechsel bezeichnet in manchen Fällen (Deutschland-Ost, Slowenien) überwiegend den Verlust, in anderen (Rußland) den Erwerb, in weiteren Ländern (Polen und Ungarn) häufiger den Verlust, doch nicht selten einen Zugewinn des religiösen Glaubens (Tabelle 22).

Tabelle 22: Weltanschauliche Wendepunkte

| Der eigene Gottesglaube ist am besten dadurch beschrieben, daß er/sie.. | Durchschnitt aller untersuchter Länder in Ost und West | Deutschland-Ost | Polen | Rußland | Slowenien | Ungarn |
|---|---|---|---|---|---|---|
| ...nie geglaubt hat | 21% | 50% | 1% | 50% | 27% | 22% |
| ...glaubte früher, aber jetzt nicht mehr | 12% | 25% | 5% | 3% | 12% | 13% |
| ...früher nicht glaubte, aber jetzt glaubt | 8% | 5% | 2% | 22% | 3% | 8% |
| ...immer geglaubt hat | 59% | 20% | 92% | 25% | 58% | 57% |

Die Verteilung der Bevölkerungen einzelner ost(mittel)europäischer Länder und der ungewichteten Gesamtheit aller untersuchten Länder danach, wie ihr Gottesglaube sich mit der Zeit verändert hat, in Prozenten der Länder bzw. der Gesamtstichprobe.
Quelle: ISSP 1991

1998 haben in Ost(Mittel)Europa mehr Menschen als im Jahre 1991 über einen Wendepunkt in ihrem Leben gesprochen: daß sie also „eine neue und persönliche Beziehung zur Religion gefunden haben". Solch eine Erklärung ist mit Vorsicht zu bewerten, zumal sie oft von Menschen kommt, die auch jetzt ein sehr eigenartiges Verhältnis zur Religion haben. Auch der genaue Inhalt einer solchen Aussage ist unbestimmt. Geht es dabei um eine Erleuchtung, um eine Bekehrung oder um ein Bewußtwerden des Glaubens? Diese Fragen können nicht entschieden werden. Unsere Kenntnisse beschränken sich auf die Tatsache, daß die Befragten meinen, einen Schritt zu einer mehr persönlichen Religiosität getan zu haben. Solch ein sehr subjektives Gefühl ist nicht wenig. Es deutet das Vorhandensein einer religiösen Bestrebung an, und es behauptet die persönliche Annahme eines, noch dazu als Wendepunkt auslegbaren Fortschritts in die angestrebte Richtung. Wenn auch nicht seltener als woanders: der Anteil der Ost(Mittel)Europäer, die meinen, auf diese Weise eine neue Beziehung zur Religion gefunden zu haben, ist keineswegs klein. Die Länderunterschiede sind freilich beträchtlich (Abbildung 38). Wenn man die unterschiedlichen Stile und Grade der Religiosität und die unterschiedlichen Stufen der sozioökonomischen Entwicklung bedenkt, kann es auch nicht anders sein.

Abbildung 38: Die Entdecker der Religion

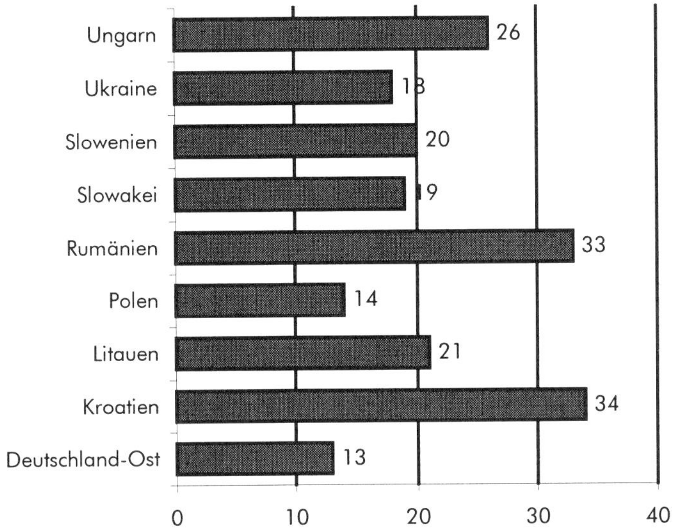


Der Anteil jener, die im Laufe ihres Lebens eine neue und persönliche Beziehung zur Religion gefunden haben, in neun ost(mittel)europäischen Länder, in Prozenten. Quelle: Aufbruch 1998

Es wäre ein schwieriges Unterfangen, das Vorkommen solcher religiöser Wenden nach Altersgruppen verteilt systematisch und hinreichend zu untersuchen. Das Problem besteht darin, daß je älter jemand wird, umso mehr Zeit ihm/ihr bereits zur Verfügung stand, um neue Erkenntnisse und Erfahrungen zu sammeln und um neue Lebensentscheidungen zu treffen. Dazu kommt ein zweites Moment. Nach allgemeiner Erfahrung wenden sich viele Menschen mit zunehmendem Alter Gott und der Religion zu. Gewisse Lebenssituationen wie Todesfälle von geliebten Menschen, die Einengung der menschlichen Beziehungen nach der Beendigung des Berufslebens, der Witwenstand und andere fordern geradezu existentielle Reflexionen heraus.

Abbildung 39: Lebensalter und die Wende zur Religion

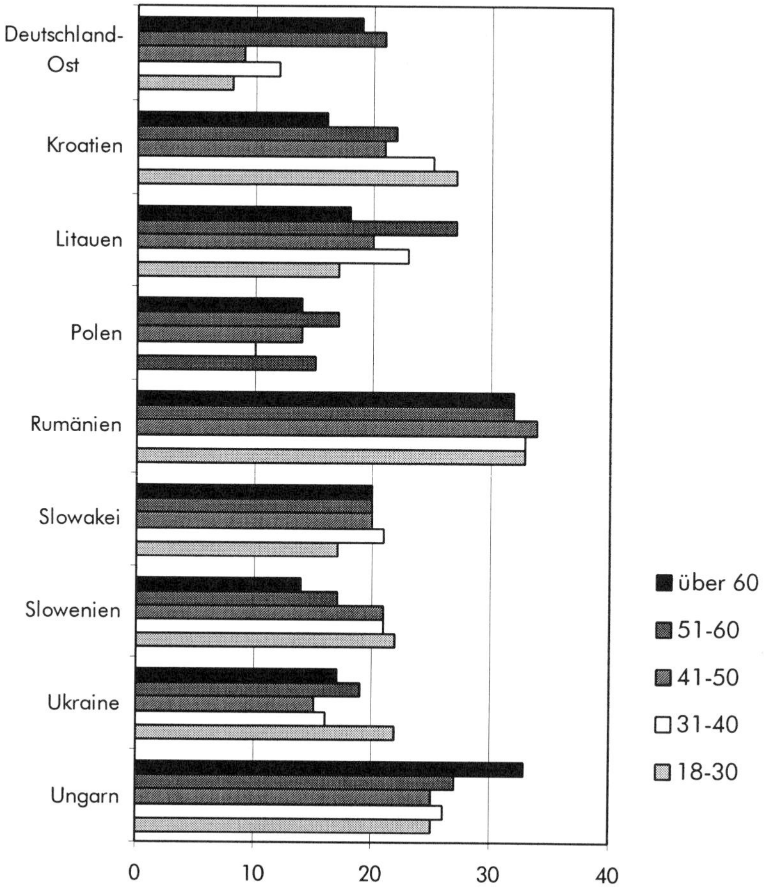


Die Häufigkeit der Menschen in verschiedenen Altersgruppen von neun ost(mittel)europäischen Ländern, die darüber berichten, daß es in ihrem Leben einen Wendepunkt gab, als sie eine neue und persönliche Beziehung zur Religion gefunden haben. – In Prozenten der Altersgruppen.
Quelle: Aufbruch 1998

# INNENSICHT 2: DAS PHÄNOMEN

Zumal in entwickelten Gesellschaften sind Person und Gesellschaft nicht dekkungsgleich, wenngleich aufeinander eng bezogen. Um diese beiden Aspekte auch sprachlich auseinanderzuhalten, soll die gesellschaftliche Dimension als „Religion", die persönliche hingegen als „Religiosität" bezeichnet werden. In diesem Abschnitt wird die „Religiosität" der Menschen in Ost(Mittel)Europa als Phänomen dargestellt.

## *Selbsteinschätzung*

An den Beginn wird die subjektive Selbsteinschätzung gestellt. Für wie religiös halten sich die Befragten? Die Frage nach der subjektiven religiösen Selbsteinschätzung wurde in zwei Varianten vorgelegt:

Variante 1:

Einmal abgesehen, ob Sie in die Kirche gehen oder nicht - würden Sie sagen, daß Sie
5=ganz besonders religiös sind;
4=einigermaßen religiös;
3=weder religiös noch nicht religiös;
2=einigermaßen nichtreligiös;
1=ganz besonders nichtreligiös?

Variante 2:

Welche der folgenden Aussagen trifft am ehesten auf Sie zu?

1 Ich bin religiös nach der Lehre der Kirche.
2 Ich bin religiös nach meiner eigenen Art.
3 Ich kann mich nicht entscheiden, ob ich religiös bin oder nicht.
4 Ich bin nicht religiös, habe mit der Religion nichts zu tun.
5 Ich bin gar nicht religiös, halte die Religion für eine Selbsttäuschung.

Tabelle 23: Subjektive religiöse Selbsteinschätzung

| | ganz besonders nicht-religiös | einiger-maßen nicht-religiös | weder noch | einiger-maßen religiös | ganz besonders religiös | Mittel-wert |
|---|---|---|---|---|---|---|
| Deutschland-Ost | 38% | 17% | 19% | 23% | 2% | 2,34 |
| Kroatien | 7% | 4% | 13% | 43% | 34% | 3,92 |
| Litauen | 3% | 5% | 25% | 61% | 6% | 3,62 |
| Polen | 2% | 4% | 20% | 54% | 20% | 3,85 |
| Rumänien | 4% | 14% | 19% | 51% | 12% | 3,53 |
| Slowakei | 23% | 4% | 19% | 44% | 11% | 3,14 |
| Slowenien | 10% | 13% | 27% | 44% | 5% | 3,20 |
| Tschechien | 39% | 17% | 17% | 21% | 6% | 2,40 |
| Ukraine | 20% | 6% | 16% | 50% | 7% | 3,18 |
| Ungarn | 22% | 12% | 12% | 37% | 17% | 3,15 |
| Alle | 17% | 10% | 18% | 43% | 12% | 3,26 |

Quelle: Aufbruch 1998

Tabelle 24: Modifizierte religiöse Selbsteinschätzung

| | nach Lehre der Kirche | nach eigener Art | kann mich nicht entscheiden | nicht religiös | Selbst-täuschung |
|---|---|---|---|---|---|
| Alle | 27% | 45% | 10% | 13% | 5% |
| Deutsch-land-Ost | 9% | 24% | 9% | 42% | 16% |
| Kroatien | 31% | 53% | 8% | 6% | 2% |
| Litauen | 39% | 43% | 11% | 4% | 2% |
| Polen | 40% | 53% | 4% | 2% | 1% |
| Rumänien | 25% | 57% | 14% | 2% | 1% |
| Slowakei | 16% | 47% | 15% | 15% | 7% |
| Slowenien | 15% | 53% | 13% | 15% | 4% |
| Tschechien | 10% | 34% | 9% | 35% | 13% |
| Ukraine | 32% | 43% | 15% | 8% | 2% |
| Ungarn | 15% | 55% | 9% | 17% | 5% |

Quelle: Aufbruch 1998

Im Schnitt bezeichnet sich ein Viertel der Menschen in allen befragten Ländern als nichtreligiös. Ihnen stehen 55% Religiöse gegenüber. Sobald die Antwortmöglichkeit „nicht religiös, ich habe mit der Religion nichts zu tun" unter andere eingefügt wird, sinkt der Anteil der Nichtreligiösen auf 13%. Dazu kommen 5% jener, die Religion für eine Selbsttäuschung halten. Nahezu die Hälfte betont, daß Religiosität ihre Privatsache sei (religiös nach eigener Art). 27% sehen eine Formung ihrer Religiosität durch die Lehre der Kirche. Wir werden diesen kirchenbezogenen Aspekt noch weiter analysieren.

Der Durchschnittswert für alle zehn untersuchten nachkommunistischen Länder täuscht freilich darüber hinweg, daß sich in dieser Hinsicht die einzelnen Länder drastisch unterscheiden. Gestützt auf die Daten läßt sich sagen, daß es Länder mit starken religiösen Mehrheiten und nichtreligiösen Minderheiten gibt – insofern man die Selbstzuordnung der Menschen für zuverlässig hält. Andere Länder hingegen können als mehrheitlich nichtreligiös gelten; hier sind die Religiösen in der Minderheitsposition. Zur Erinnerung: Das Kriterium der Zuordnung ist die subjektive Selbsteinschätzung der Menschen.

- Zu den Ländern mit klaren – nach eigenen Aussagen – religiösen Mehrheiten (76 bis 63%) zählen Kroatien, Polen, Litauen und Rumänien;
- Länder mit einer mehrheitlich nichtreligiösen Bevölkerung sind Deutschland-Ost und Tschechien.
- Die Slowakei, Slowenien, Ungarn sowie die Ukraine nehmen eine eher religiöse Mittelposition ein.

Von unterschiedlicher Stärke ist die Position „weder noch". Ihr Anteil schwankt zwischen 11% (Ungarn) und 27% (Slowenien).

Abbildung 40: Religiöse Selbsteinschätzung nach Ländern

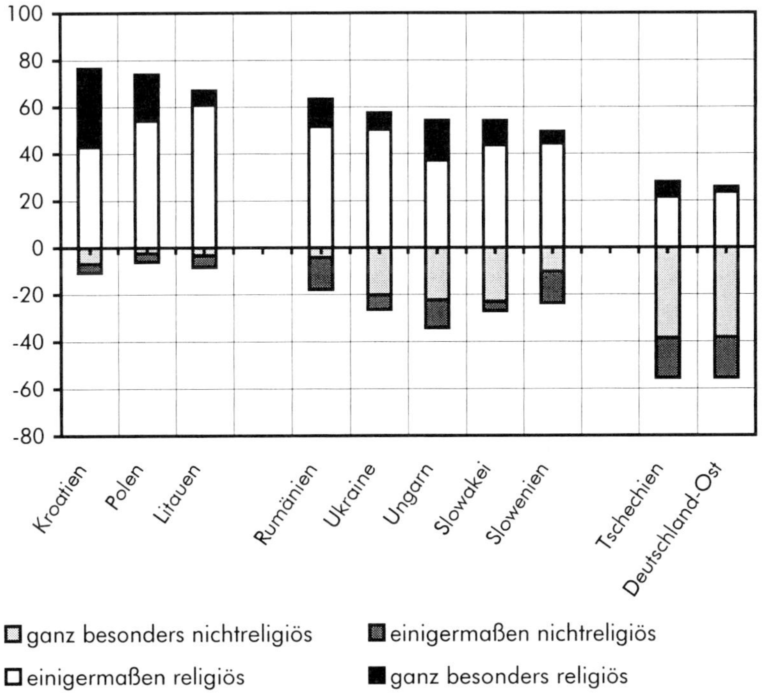


Quelle: Aufbruch 1998

## Dimensionen

Was steht aber nun hinter der religiösen Selbsteinschätzung? Wir folgen hier der religionssoziologischen Forschungstradition von Charles Glock und anderen.[31] Demnach hat Religiosität zumeist mehrere Dimensionen. Glock nennt die Lehre, die Praxis, die Normen und die Organisation. Wir modifizieren die Dimensionen geringfügig und stellen folgende Dimensionen dar:

- die Dimension des *Glaubens*: Religiosität hat eine thematisch-doktrinale Seite. Religiöse Wahrheiten bilden ein Glaubenssystem, einen Glaubenskosmos, eine Art „heiliger Welt"; so werden wir darlegen, was die Religiösen, aber auch die Nichtreligiösen „glauben", wie sie zu den in unseren europäischen Kulturen gegenwärtigen (christlichen) Glaubenspositionen stehen: zu Gott, zu Jesus Christus, zur Auferstehung und auch zur Bibel als Instrument religiöser Tradierung;
- die Dimension der *Praxis*: Religiosität äußert sich in religiösen Handlung, privaten wie gemeinschaftlichen. Ihr werden einerseits das persönliche Gebet, andererseits der Kirchgang zugezählt;
- die Dimension der religiösen *Erfahrung*: vor allem des Gefühls der Gottesnähe;
- die *lebenspraktische* Dimension, also die Auswirkung der Religion etwa auf den Lebenssinn sowie Aspekte der praktischen Lebensgestaltung;
- und schließlich die *gemeinschaftsbezogene* Dimension, näherhin Mitgliedschaft, Verbundenheit sowie die Bereitschaft zur Kirchenfinanzierung.

### Dimension Glaube

Alle großen Weltreligion – vielleicht mit Ausnahme des Buddhismus – kreisen um jene Wirklichkeit, die sie Gott nennen. Es ist jene Wirklichkeit, die Rudolf Otto das Fascinosum und Tremendum nennt, jenes Heilige, das anzieht und zugleich Furcht erregt. Die christliche Weltreligion verkündet sodann, daß dieser heilige, damit auch unnahbare Gott, „Mensch geworden ist", und dies in der Person Jesu von Nazaret. Von diesem sagt das christliche Glaubensbekenntnis, daß er nach dreijähriger Verkündigung gekreuzigt und begraben wurde, aber nicht im Tod blieb, sondern von seinem „väterlichen Gott" auferweckt wurde. Wer aber Gemeinschaft mit dem Auferstandenen hat, nimmt an der Kraft seiner Auferstehung teil. Gott, Jesus und Auferstehung sind somit die drei großen Schlüsselthemen der christlichen Religion.

Um sie herum ranken sich dann weitere ausschmückende Glaubensbilder: das Wissen um einen Himmel als dem Ort der seligen Auferweckten und als „Ge-

---

[31] Glock Charles Y., Stark Rodney: Religion and society in tension, New York 1965. – Fukuyama Yoshio, The major dimensions of church membership, in: Review of Religious Research 2(1961), 154-161.

genwelt der Unseligen" die Hölle mit dem Teufel; dazu die wichtigen Glaubensbegriffe von Seele und Sünde.

Dabei stützen sich die Christen darauf, daß sie von Gott vor allem durch den Menschgewordenen wissen, Jesus als den Gottgesandten (Messias). Er hat in seiner Verkündigung, eingebunden in die lange religiösen Tradition des jüdischen Volkes, Gott zugänglich, offenbar gemacht. Seine Botschaft wurde authentisch niedergeschrieben in der Bibel. Sie ist für die christlichen Kirchen ein wichtiges Buch, weil es verläßlich die Offenbarung Gottes in Jesus von Nazaret zugänglich erhält. Die Bibel gilt deshalb den christlichen Kirchen auch als heiliges Buch, das Gottes verläßliches Wort enthält.

Was glauben nun von diesen christlichen Grundwahrheiten die Menschen in den untersuchten nachkommunistischen Ländern? Und hier dann sogleich wieder aufgeschlüsselt: Was glauben die Religiösen sowie die Nichtreligiösen?

*Gott*

69% der Menschen in den nachkommunistischen Ländern sind gottgläubig. Gefragt wurde dabei, ob sie unter anderen Glaubenswahrheiten „Gott" zustimmen. Mit 5% (Polen) bis 19% (Tschechien und Litauen) ist der Anteil der fehlenden Angaben, wenngleich unterschiedlich, so im Schnitt mit 11% ziemlich hoch.

Die Daten für die einzelnen Länder unterscheiden sich drastisch. Während in den neuen Bundesländern 25% dem Glaubenssatz „Gott" zustimmen, sind es in Polen 91%. Die Frage lautete: „Bitte sagen Sie mir, woran Sie aus den Folgenden glauben und woran Sie nicht glauben?" Vorgegeben wurde in der Liste „Gott". Die Antwortmöglichkeiten waren 1=glaube daran, 2=glaube nicht daran; 9=weiß nicht, unentschlossen; 0=keine Angabe.

Tabelle 25: Allgemeiner Gottesglaube in den einzelnen Ländern

| | glaube daran | weiß ich nicht | glaube nicht |
|---|---|---|---|
| Deutschland-Ost | 25% | 13% | 62% |
| Kroatien | 81% | 10% | 9% |
| Litauen | 72% | 18% | 10% |
| Polen | 92% | 5% | 3% |
| Rumänien | 89% | 7% | 4% |
| Slowakei | 65% | 13% | 22% |
| Slowenien | 53% | 19% | 28% |
| Tschechien | 30% | 19% | 51% |
| Ukraine | 77% | 12% | 11% |
| Ungarn | 56% | 15% | 28% |

Quelle: Aufbruch 1998

Der Zusammenhang zwischen subjektiver Religiosität und der Zustimmung zu „Gott“ ist eng, aber nicht lückenlos. Von den ganz besonders Nichtreligiösen stimmen 11% Gott zu. Der Zusammenhang ist bei den eher Religiösen wie bei den ganz besonders Religiösen nahezu lückenlos (97 bzw. 99%). Religiosität bedeutet daher in den untersuchten Ländern in erster Linie an Gott glauben. Beachtlich hoch ist die Zustimmung bei jenen, die sich weder religiös noch nichtreligiös einstufen (72%). Und selbst bei den eher Nichtreligiösen stimmen 34% dem Glaubenssatz „Gott“ zu.

Tabelle 26: Religiöse Selbsteinschätzung und Zustimmung zu „Gott“

| | Gott ja |
|---|---|
| nichtreligiös | 11% |
| eher nichtreligiös | 34% |
| weder noch | 72% |
| eher religiös | 97% |
| Religiös | 99% |

Quelle: Aufbruch 1998

Dieser Zusammenhang zwischen Religiosität und Annahme Gottes ist in den einzelnen Ländern unterschiedlich eng. In den wenig religiösen Ländern ist er erheblich enger als in den religiösen.

Tabelle 27: Zusammenhang subjektive Religiosität und allgemeiner Gottesglaube nach Ländern

| | Korrelationskoeffizient | Gott ja |
|---|---|---|
| Polen | 0,52 | 0,91 |
| Rumänien | 0,06 | 0,89 |
| Kroatien | 0,71 | 0,81 |
| Ukraine | 0,51 | 0,77 |
| Litauen | 0,69 | 0,70 |
| Slowakei | 0,74 | 0,64 |
| Slowenien | 0,65 | 0,53 |
| Ungarn | 0,76 | 0,53 |
| Tschechien | 0,84 | 0,28 |
| Deutschland-Ost | 0,81 | 0,25 |

Quelle: Aufbruch 1998

Neben der allgemeinen Zustimmung wurde nach einem differenzierten Gottesbild gefragt:

Welche der folgenden Aussagen beschreibt am besten Ihre eigene Auffassung?
1 Ich glaube nicht an Gott
2 Ich weiß es nicht, ob es einen Gott gibt, und ich glaube nicht, daß man darüber Gewißheit erlangen könnte
3 Ich glaube nicht an einen persönlichen Gott, glaube aber an eine höhere Macht
4 Manchmal glaube ich an Gott, manchmal nicht
5 Obwohl ich meine Zweifel habe, glaube ich an Gott
6 Ich weiß es, daß Gott existiert, ich habe daran keine Zweifel
0 keine Angabe

Tabelle 28: Subjektive Religiosität und Gottesbild

| | glaube nicht | weiß nicht | höhere Macht | manchmal | mit Zweifeln | sicher | keine Angabe |
|---|---|---|---|---|---|---|---|
| ganz besonders nichtreligiös | 50% | 16% | 15% | 10% | 6% | 2% | 2% |
| eher nichtreligiös | 19% | 22% | 22% | 14% | 13% | 8% | 2% |
| weder noch | 6% | 11% | 24% | 19% | 26% | 13% | 1% |
| eher religiös | 1% | 2% | 8% | 5% | 28% | 56% | 0% |
| ganz besonders religiös | 1% | 0% | 2% | 1% | 7% | 89% | 0% |
| keine Angabe | 22% | 10% | 15% | 18% | 13% | 15% | 8% |

Quelle: Aufbruch 1998

Der Zusammenhang zwischen der religiösen Selbsteinschätzung und dem Gottesbild ist neuerlich eng (c=,50). Von den klar Nichtreligiösen sind 50% erklärte Atheisten; dazu kommen 16% Agnostiker. Sicher an Gott glauben von dieser Gruppe 2,4%. Ganz anders die klar Religiösen: 89% glauben sicher an Gott, weitere 7% mit Zweifeln, aber doch. Atheistisch ist nicht einmal 1%. Die eher Religiösen haben eher Zweifel (28%). Interessant sind jene, die sich der Vorgabe „weder noch“ zugeordnet haben. Sie verteilen sich auf alle Möglichkeiten. Die bei der eigenen Religiosität keine Angabe gemacht haben, gehören mehr zu den Nichtreligiösen; unter ihnen sind 22% atheistisch, aber 15% sind von ihnen sicher gläubig.

Diese Zusammenhänge machen auch die Verteilungen der Gottesbilder nach Ländern erwartbar. Die nichtreligiösen Länder Tschechien (33%) und Deutschland-Ost (47%) haben hohe Atheistenanteile. Die Ostdeutschen sind in der Ablehnung Gottes noch konsistenter als die Tschechen. Die religiösen Länder hingegen haben hohe Werte beim sicheren Gottesglauben: allen voran Rumänien (64%), sodann Polen (55%) und Kroatien (51%). In diesen Ländern sagt rund ein Viertel, daß sie trotz Zweifeln an Gott glauben. Diese drei Länder sind somit nicht nur mehrheitlich religiös, sondern auch gottgläubig.

Tabelle 29: Differenziertes Gottesbild nach Ländern

| | glaube nicht | weiß nicht | höhere Macht | manchmal | mit Zweifeln | sicher |
|---|---|---|---|---|---|---|
| Deutschland-Ost | 47% | 16% | 13% | 8% | 9% | 8% |
| Kroatien | 5% | 6% | 11% | 5% | 21% | 51% |
| Litauen | 5% | 8% | 20% | 12% | 27% | 28% |
| Polen | 2% | 3% | 6% | 5% | 30% | 55% |
| Rumänien | 1% | 3% | 5% | 7% | 21% | 64% |
| Slowakei | 9% | 13% | 9% | 12% | 21% | 36% |
| Slowenien | 12% | 8% | 33% | 8% | 17% | 22% |
| Tschechien | 33% | 15% | 20% | 7% | 10% | 15% |
| Ukraine | 7% | 5% | 17% | 12% | 18% | 41% |
| Ungarn | 15% | 15% | 9% | 15% | 17% | 28% |
| Alle | 12% | 7% | 13% | 9% | 20% | 39% |

Quelle: Aufbruch 1998

*Jesus*

Zentral für den christlichen Glaubenskosmos ist die Menschwerdung Gottes in Jesus von Nazaret. Dazu wurde die Frage gestellt:

Welche der folgenden Aussagen beschreibt am besten Ihre eigene Überzeugung?
1 ich bin mir nicht sicher, ob Jesus überhaupt gelebt hat
2 ich weiß, daß Jesus ein außerordentlicher Mensch war
3 ich kann es nicht entscheiden, ob Jesus nur ein Mensch oder auch eine göttliche Person war
4 ich verstehe es zwar nicht ganz, glaube aber, daß Jesus, der als Mensch unter uns gelebt hat, eine göttliche Person ist
5 ich weiß es und glaube fest daran, daß Jesus, der als Mensch unter uns gelebt hat, der Sohn Gottes und eine persönliche Person ist

Tabelle 30: Religiöse Selbsteinschätzung und Christusglaube

| cc=,58 | nicht sicher, ob gelebt | außerordentlicher Mensch | kann nicht entscheiden, ob auch göttliche Person | verstehe nicht, aber glaube, daß göttliche Person | weiß und glaube, daß göttliche Person | keine Angabe |
|---|---|---|---|---|---|---|
| ganz besonders nicht-religiös | 36% | 16% | 12% | 6% | 3% | 27% |
| eher nicht-religiös | 20% | 20% | 23% | 17% | 6% | 14% |
| weder noch | 11% | 14% | 24% | 23% | 14% | 13% |
| eher religiös | 4% | 10% | 8% | 24% | 50% | 4% |
| ganz besonders religiös | 1% | 4% | 1% | 9% | 82% | 2% |
| keine Angabe | 16% | 11% | 9% | 10% | 9% | 46% |

Quelle: Aufbruch 1998

Je weniger religiös sich jemand einschätzt, desto höher ist auch der Anteil der Antwortverweigerung. Die Religiösen haben mit dieser Frage keine Probleme. 36% der klar Nichtreligiösen haben die ideologische Lektion des ideologischen Atheismus gelernt: sie sind nicht sicher, ob Jesus überhaupt wirklich gelebt hat. 9% neigen der Auffassung zu, Jesus sei eine göttliche Person. Die klar Religiösen glauben zu 82% fest an die Lehre des Christentums. Bei den eher Religiösen sinkt dieser Anteil auf 50%. Dazu kommt mit 24% ein Viertel, das der christlichen Lehre auch zustimmt, obwohl es diese nicht versteht.

Die Verteilungen in den einzelnen Ländern kommen nicht überraschend. Sowohl die Antwortverweigerungen wie jene, die der ideologischen Propaganda

(Jesus hat nicht sicher gelebt) folgen, sind in Deutschland-Ost, in Tschechien, aber zudem auch in Litauen überdurchschnittlich vertreten.

Tabelle 31: Die Verteilungen des Christusglaubens in den einzelnen Ländern

| | nicht sicher, ob gelebt | außer-ordent-licher Mensch | kann nicht entschei-den, ob auch göttliche Person | verstehe nicht, aber glaube, daß göttliche Person | weiß und glaube, daß göttliche Person | keine Angabe |
|---|---|---|---|---|---|---|
| Deutschland-Ost | 28% | 15% | 17% | 11% | 8% | 21% |
| Kroatien | 5% | 12% | 12% | 20% | 46% | 5% |
| Litauen | 15% | 8% | 14% | 24% | 28% | 11% |
| Polen | 3% | 7% | 10% | 26% | 50% | 5% |
| Rumänien | 3% | 5% | 7% | 23% | 58% | 5% |
| Slowakei | 10% | 15% | 13% | 17% | 37% | 8% |
| Slowenien | 13% | 15% | 20% | 23% | 20% | 10% |
| Tschechien | 22% | 15% | 11% | 13% | 13% | 27% |
| Ukraine | 12% | 13% | 10% | 15% | 37% | 13% |
| Ungarn | 17% | 18% | 20% | 17% | 24% | 3% |
| Durchschnitt | 12% | 12% | 12% | 18% | 35% | 11% |

Quelle: Aufbruch 1998

*Gott und Jesus*

Zu einer weiteren Differenzierung trägt die Kombination des Gottesbildes mit dem Jesusbild bei. In der Tabelle mit den Reihenprozenten zeigen sich die inhaltlichen Zusammenhänge: Wer nicht an Gott glaubt, neigt auch am ehesten zum Zweifel, ob Jesus wirklich gelebt hat (40%). Dagegen sind die sicheren Gottgläubigen zu 73% sicher, daß Jesus eine göttliche Person ist.

Die Tabelle mit den Totalprozenten (alle Zellen zusammen ergeben 100%) ist äußerst aufschlußreich. Sie zeigt ein Bild ungeheurer Vielfalt an Meinungsmöglichkeiten. Dabei sind die stärkste Teilgruppe mit 28% jene, die sicher an Gott und Jesus als göttlicher Person glauben. Die zweitstärkste Gruppe sind mit 8% jene, die hinsichtlich beider Glaubenspositionen Zweifel haben, die sie aber nicht daran hindern, zuzustimmen. Die drittstärkste, wenngleich kleine Gruppe sind die konsistent Nichtglaubenden mit 5%.

Nicht uninteressant sind jene, die meinen, an Gott nicht zu glauben, oder denken, daß man die Gottesfrage nicht entscheiden kann, oder Gott nicht für eine Person, sondern für eine kosmische Macht halten, doch in Jesus eine göttliche Person anbeten. Aus der Bevölkerung Ost(Mittel)Europas trifft diese eigenartige

Kombination lediglich auf 4–5% der Menschen zu. Unter den „Nichtglaubenden“ sind es aber 5%, unter den „Agnostikern“ 11% und unter den an eine „unpersönliche Macht“ Glaubenden 27%. Soll man hier von Inkonsistenzen sprechen? Vielleicht ist Gott im Menschensohn leichter erkennbar und anerkennbar als in abstrakteren Gedanken. Dieses Ergebnis relativiert allerdings auch die nichtglaubenden, agnostischen oder nur an eine höhere Macht glaubenden Selbstzuordnungen.

Tabelle 32: Gottesglaube und Christusglaube

| Reihenprozente | nicht sicher, ob gelebt | außerordentlicher Mensch | kann nicht entscheiden, ob auch göttliche Person | verstehe nicht, aber glaube, daß göttliche person | weiß und glaube, daß göttliche Person | keine Angabe |
|---|---|---|---|---|---|---|
| glaube nicht | 40% | 13% | 8% | 3% | 2% | 34% |
| weiß nicht | 36% | 20% | 20% | 9% | 2% | 13% |
| höhere Macht | 12% | 22% | 24% | 19% | 8% | 14% |
| manchmal | 16% | 14% | 28% | 19% | 6% | 18% |
| mit Zweifeln | 3% | 11% | 13% | 42% | 26% | 6% |
| sicher | 2% | 7% | 3% | 13% | 73% | 2% |
| Missing | 8 | 7 | 7 | 4 | 12 | 62 |

Quelle: Aufbruch 1998

| Totalprozente | nicht sicher, ob gelebt | außerordentlicher Mensch | kann nicht entscheiden, ob auch göttliche Person | verstehe nicht, aber glaube, daß göttliche Person | weiß und glaube, daß göttliche Person | keine Angabe |
|---|---|---|---|---|---|---|
| glaube nicht | 5% | 2% | 1% | 0% | 0% | 4% |
| weiß nicht | 3% | 2% | 1% | 1% | 0% | 1% |
| höhere Macht | 1% | 3% | 3% | 2% | 1% | 2% |
| manchmal | 1% | 1% | 3% | 2% | 1% | 2% |
| mit Zweifeln | 1% | 2% | 3% | 8% | 5% | 1% |
| sicher | 1% | 3% | 1% | 5% | 28% | 1% |
| keine Angabe | 0% | 0% | 0% | 0% | 0% | 1% |

Quelle: Aufbruch 1998

*Glaubensaussagen*

Untersucht wurden neben diesen beiden Kernpositionen des Gottes- und des Christusglaubens weitere Glaubenssätze. In der Reihenfolge des Fragebogens: Teufel, Hölle, Himmel, Gott, Seele, Auferstehung aus dem Tod. Dazu kamen drei eher allgemein religiöse Glaubenspositionen: die Wunder, die Voraussage der Zukunft sowie die Heilung durch Handauflegung. (Für diese drei stehen in Deutschland-Ost keine Daten zur Verfügung.)

In einem ersten Schritt durchleuchten wir diesen „Glaubenskosmos" auf seine innere Gestalt. Wir machen dazu eine Faktorenanalyse. Drei Glaubensbereiche kristallisieren sich heraus. Zunächst zeigt sich, daß drei allgemein religiöse Positionen einen eigenen Faktor bilden. Dann sondern sich die beiden Items Teufel und Hölle als eigener Faktor ab. Die übrigen Items bilden einen konsistenten Bereich.

Tabelle 33: Glaubenskosmos

| Ladungen | Gottes Welt | übermenschliche Kräfte | teuflische Gegenwelt |
|---|---|---|---|
| Teufel | ,18 | ,09 | ,90 |
| Hölle | ,33 | ,08 | ,85 |
| Himmel | ,74 | ,07 | ,40 |
| Gott | ,86 | ,03 | ,11 |
| Seele | ,83 | ,14 | ,06 |
| Auferstehung | ,69 | ,11 | ,37 |
| Wunder | ,27 | ,62 | ,32 |
| Zukunft | ,13 | ,82 | ,04 |
| Heilung | ,09 | ,80 | ,10 |

Quelle: Aufbruch 1998

Abbildung 41: Der Glaubenskosmos in nachkommunistischen Ländern

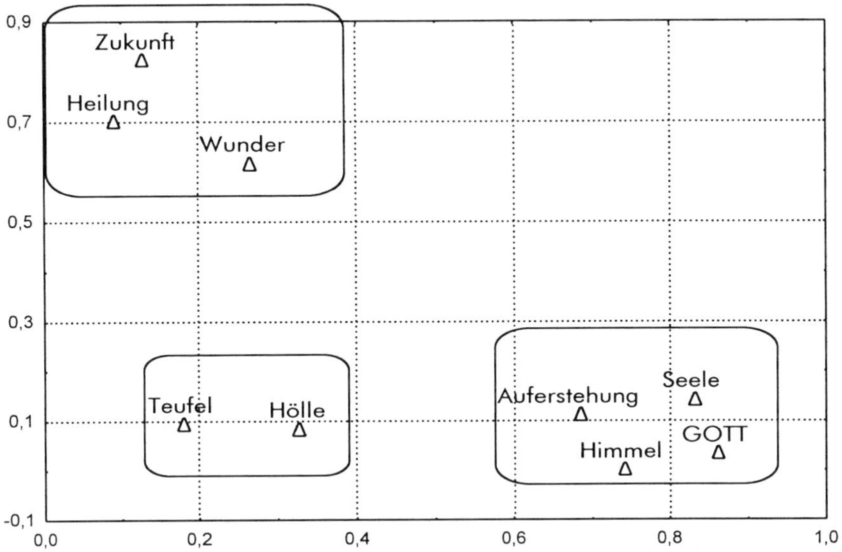


Quelle: Aufbruch 1998

Tabelle 34: Religiöse Selbsteinschätzung und Glaubenskosmos

| | Teufel | Hölle | Himmel | Gott | Seele | Aufer-stehung | Wun-der | Zu-kunft |
|---|---|---|---|---|---|---|---|---|
| ganz besonders nichtreligiös | 1,94 | 1,93 | 1,84 | 1,79 | 1,66 | 1,92 | 1,81 | 1,71 |
| eher nichtreligiös | 1,89 | 1,85 | 1,72 | 1,59 | 1,42 | 1,82 | 1,63 | 1,58 |
| weder noch | 1,84 | 1,79 | 1,53 | 1,19 | 1,24 | 1,70 | 1,69 | 1,66 |
| eher religiös | 1,65 | 1,53 | 1,19 | 1,02 | 1,07 | 1,29 | 1,41 | 1,53 |
| ganz besonders religiös | 1,48 | 1,39 | 1,08 | 1,01 | 1,04 | 1,10 | 1,27 | 1,51 |

Quelle: Aufbruch 1998

Abbildung 42: Der Glaubenskosmos je nach religiöser Selbsteinschätzung

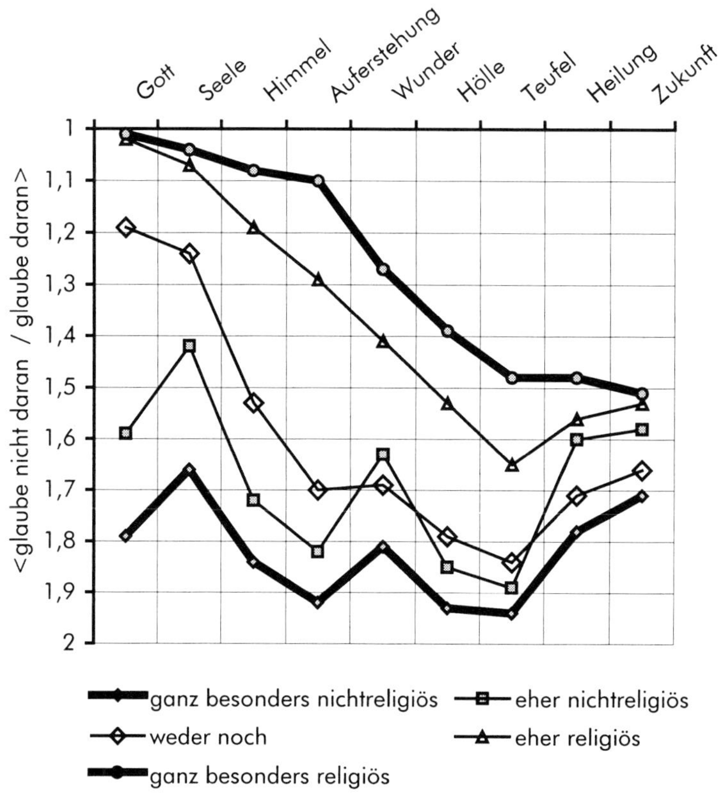


Quelle: Aufbruch 1998

Der Glaubenskosmos der Religiösen kreist um Gott, Himmel und Auferstehung und nimmt die Existenz einer (unsterblichen) Seele an. Hölle und Teufel sind sekundär. Wunder werden eher angenommen denn der Glaube an eine Heilung durch Handauflegung oder die Voraussage in die Zukunft.

Bei den eher Religiösen bleibt Gott im Zentrum, auch die Annahme der (unsterblichen) Seele erreicht hohe Zustimmung. dann aber bleiben die Werte unter jener der ganz besonders Religiösen zurück.

Ganz anders der Kosmos der Nichtreligiösen. Gott schwindet aus dem Zentrum der Wirklichkeit, ebenso die Glaubensrealitäten, die sich um ihn ranken: Himmel, Auferstehung, ebenso Hölle und Teufel. Überraschenderweise haben die sekundären Glaubenspositionen höhere, wenngleich nicht herausragende Werte: sie liegen gegen ein Viertel Zustimmung: Zukunftsvorhersage, Heilung, Wunder. Ein Drittel der gänzlich Nichtreligiösen stimmt der Existenz einer Seele zu.

Die eher Nichtreligiösen sind den klar Nichtreligiösen im Zustimmungsprofil sehr ähnlich, die Werte liegen im Schnitt etwas höher.

Die Gruppe der Weder-noch-Religiösen ist eine wirkliche Mittelposition. Sie nimmt am Glaubenskosmos der Religiösen teil, ist aber in der Akzeptanz der sekundären Positionen den Nichtreligiösen ähnlich.

Tabelle 35: Der Glaubenskosmos in den einzelnen Ländern

| ohne MD | Teufel | Hölle | Himmel | Gott | Seele | Auferstehung | Wunder | Zukunft | Heilung |
|---|---|---|---|---|---|---|---|---|---|
| Deutschland-Ost | 8% | 7% | 20% | 28% | 42% | 13% | - | - | - |
| Kroatien | 34% | 44% | 73% | 89% | 87% | 69% | 67% | 62% | 44% |
| Litauen | 48% | 51% | 73% | 86% | 90% | 60% | 58% | 56% | 44% |
| Polen | 35% | 46% | 82% | 96% | 91% | 79% | 55% | 33% | 41% |
| Rumänien | 27% | 37% | 72% | 96% | 88% | 62% | 55% | 37% | 40% |
| Slowakei | 18% | 31% | 57% | 74% | 74% | 52% | 50% | 38% | 35% |
| Slowenien | 20% | 28% | 45% | 65% | 76% | 37% | 57% | 39% | 47% |
| Tschechien | 13% | 14% | 26% | 35% | 49% | 21% | 35% | 28% | 33% |
| Ukraine | 29% | 39% | 68% | 87% | 81% | 48% | 46% | 55% | 39% |
| Ungarn | 17% | 19% | 37% | 63% | 73% | 27% | 29% | 25% | 23% |
| Alle | 26% | 34% | 61% | 78% | 77% | 50% | 48% | 41% | 38% |

Quelle: Aufbruch 1998

*Auferstehung*

Die Auferstehung ist nach der Bibel zentrales christliches Glaubensgut. Ohne den Glauben an diese würde, so der Apostel Paulus, das Glaubensgebäude als sinnlos in sich zusammenbrechen. Wie die Menschen in Ost(MittelEuropa – je nach religiöser Selbsteinschätzung – es mit der Frage nach dem Tod und dem Danach halten, soll nunmehr ausführlicher dargestellt werden.

Neben der einen Frage nach der „Auferstehung aus dem Tod“ im Rahmen des Glaubenskosmos stehen die Antworten auf folgende Einzelaussagen zur Verfügung:

„Mit dem Tod ist alles aus.“
„Ich hoffe, daß es ein Weiterleben nach dem Tod gibt.“
„Die Menschen werden mit Leib und Seele von den Toten auferstehen.“

Nur die ganz besonders religiösen und, abgestuft, die eher religiösen Personen stimmen einer „Auferstehung aus dem Tod zu“. Die Auferstehungshoffnung ist somit ein drittes Merkmal der eindeutig religiösen Menschen. Unter den ganz besonders Nichtreligiösen finden sich dagegen nur 8%, die eine Auferstehung aus dem Tod glauben. Die eher Nichtreligiösen wie auch die Gruppe der „weder-noch“ haben gleichfalls niedrige Werte.

Tabelle 36: Religiöse Selbsteinschätzung und Glaube an die Auferstehung

| | Auferstehung aus dem Tod<br>ja |
|---|---|
| ganz besonders nichtreligiös | 8% |
| eher nichtreligiös | 17% |
| weder noch | 29% |
| eher religiös | 71% |
| ganz besonders religiös | 90% |

Quelle: Aufbruch 1998

Der enge Zusammenhang zwischen religiöser Selbsteinschätzung und Aussagen zu einem Leben nach dem Tod setzt sich bei den anderen einschlägigen Aussagen fort. Liegen die in die positive Richtung gehenden Werte bei den ganz besonders Religiösen zwischen 69% (mit Leib und Seele) und 79% (hoffe auf ein Weiterleben), erreichen die bei den ganz besonders Nichtreligiösen 6% (mit Leib und Seele) bzw. 13% (hoffe auf ein Weiterleben). Nehmen zwei Drittel der ganz besonders Nichtreligiösen an, daß mit dem Tod alles aus ist, sind es in der Gruppe der ganz besonders Religiösen immerhin 25%.

Tabelle 37: Religiöse Selbsteinschätzung und Auferstehungshoffnung

| | alles aus | hoffe auf Weiterleben | mit Leib und Seele |
|---|---|---|---|
| ganz besonders nichtreligiös | 68% | 13% | 6% |
| eher nichtreligiös | 55% | 24% | 8% |
| weder noch | 49% | 35% | 19% |
| eher religiös | 36% | 62% | 46% |
| ganz besonders religiös | 25% | 79% | 69% |

Quelle: Aufbruch 1998

Die vier Items zu einem Leben nach dem Tod, zur Auferstehung, sind faktorenanalytisch konsistent. Lediglich die Aussagen „Mit dem Tod ist alles aus“ lädt etwas niedriger.[32] Ein Index der Jenseitshoffnung läßt sich formen. Die Länder

32 Faktorenanalyse „Auferstehung“

| | Ladung |
|---|---|
| Auferstehung aus dem Tod | ,80 |
| alles aus | -,68 |
| Weiterleben nach dem Tod | ,85 |
| mit Leib und Seele auferstehen | ,85 |

Quelle: Aufbruch 1998

rangieren dann zwischen den Skalenenden „jenseitig“ und „diesseitig“. Stark diesseitig sind die unreligiösen Länder Deutschland-Ost und Tschechien, jenseitig offen hingegen die religiösen Kulturen Polens, Kroatiens und Rumäniens.

Tabelle 38: Jenseitshoffnung nach Ländern

| | Jenseitshoffnung: Mittelwerte der Faktorscores |
|---|---|
| Deutschland-Ost | -0,80 |
| Kroatien | 0,34 |
| Litauen | 0,10 |
| Polen | 0,59 |
| Rumänien | 0,30 |
| Slowakei | 0,03 |
| Slowenien | -0,24 |
| Tschechien | -0,55 |
| Ukraine | -0,03 |
| Ungarn | -0,33 |

Quelle: Aufbruch 1998

Der enge Zusammenhang der religiösen Ausstattung einer Kultur mit der Jenseitshoffnung kommt in der Aufschlüsselung der einzelnen untersuchten Länder gut zum Ausdruck:

Abbildung 43: Jenseitshoffnung mit religiöser Selbsteinschätzung nach Ländern

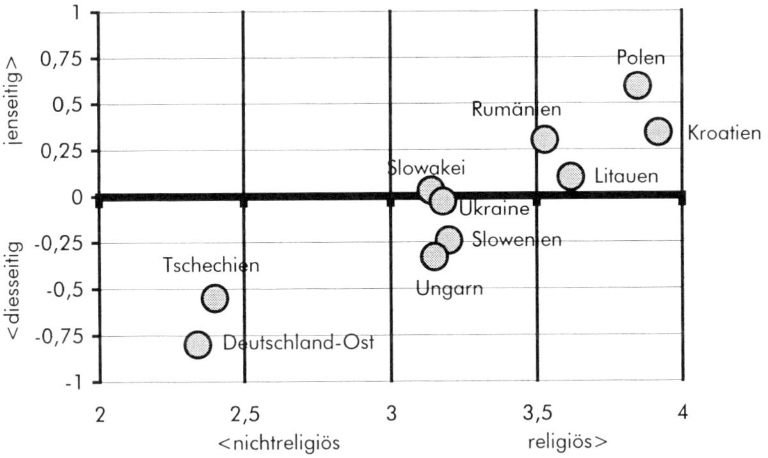


Quelle: Aufbruch 1998

*Bibel als Gotteswort*

Die Bibel gilt den Christgläubigen als Wort, in dem sich Gott selbst den Menschen mitteilt. Es ist ihr heiliges Buch. Wie sehen nun die Menschen in den zehn nachkommunistischen Ländern dieses meistverkaufte Buch der Welt? Wie sehen es Religiöse und Nichtreligiöse?

Tabelle 39: Religiöse Selbsteinschätzung und Bibelbewertung

| | Gotteswort wortwörtlich | Gotteswort übertragen | Menschenwort |
|---|---|---|---|
| ganz besonders nichtreligiös | 9% | 25% | 66% |
| eher nichtreligiös | 13% | 33% | 54% |
| weder noch | 14% | 49% | 37% |
| eher religiös | 40% | 46% | 14% |
| ganz besonders religiös | 63% | 30% | 7% |

Quelle: Aufbruch 1998

66% der ganz besonders Nichtreligiösen halten dieses heilige Buch der Christen für bloßes Menschenwort. Unter den ganz besonders Religiösen sind es 7%. Die übrigen Religiösen verteilen sich auf jene, welche die Bibel wortwörtlich nehmen (63%) bzw. eine zeitgemäße Interpretation des Gotteswortes zulassen. Wandert man auf der Skala von religiös zu nichtreligiös, dann nehmen kontinuierlich jene zu, welche die Bibel als Menschenwort einstufen, aber auch unter denen, für die es Gotteswort ist, nehmen jene rasch ab, die in ihr wortwörtliches Gotteswort erblicken.

*Index „Glauben"*

Die bisher untersuchten Glaubensaussagen (Gottesbilder und Gott, Jesus, Auferstehung, Bibel als Gotteswort) hängen nicht nur eng mit der religiösen Selbsteinschätzung zusammen, sondern auch untereinander. Sie sind faktorenanalytisch eindimensional.[33] Die höchste „Ladung" und damit Erklärungskraft in

[33] Faktorenanalyse „Glauben"

| | FA Glaube |
|---|---|
| Gottesbilder | ,84 |
| Zustimmung zu Gott | ,77 |
| Zustimmung zu Auferstehung | ,78 |
| mit Seele und Leib auferstehen | ,79 |
| Jesus | ,74 |
| hoffe auf Weiterleben | ,76 |
| mit dem Tod ist alles aus | -,58 |
| Bibel als Gotteswort | ,63 |

Quelle: Aufbruch 1998

dieser Glaubensdimension haben der differenzierte Gottesglaube sowie die eigene Religiosität. Das Item „Mit dem Tod ist alles aus“ fällt etwas aus der Reihe, wird aber dennoch zu keiner eigenen Dimension.

Tabelle 40: Die Glaubensdimension nach Ländern

| | Mittelwerte der Faktorscores für die Dimension „Glauben“ |
|---|---|
| Deutschland-Ost | -1,01 |
| Kroatien | ,39 |
| Litauen | ,09 |
| Polen | ,58 |
| Rumänien | ,47 |
| Slowakei | -,01 |
| Slowenien | -,25 |
| Tschechien | -,76 |
| Ukraine | ,07 |
| Ungarn | -,28 |

Quelle: Aufbruch 1998

Auch die unterschiedliche Ausstattung der einzelnen Länder mit christlichem Glaubensgut wird an Hand der Mittelwerte der Faktorscores gut ersichtlich. Besonders gering ist diese in Deutschland-Ost: dieses Land ist wirklich eine nachchristliche Kultur geworden. Es folgen Tschechien und Slowenien. Polen kann glaubensmäßig als das christlichste Land Ost(Mittel)Europas gelten. Kultur und Christentum sind dort verschmolzen. Wie es für die Ostdeutschen kulturell selbstverständlich ist, nicht zu glauben, so ist es für die Polen kulturell selbstverständlich, zu glauben.

## Dimension Praxis

Die zweite sozioreligiöse Dimension, die wir nunmehr untersuchen, ist die Praxis: die persönliche Religionspraxis sowie die Teilnahme an (der Praxis) einer religiösen Gemeinschaft. Im einzelnen geht es um das Gebet, um religiöse Handlungen rund um die Lebensübergänge (Heirat, Geburt, Tod), um Kirchgang und Wallfahrten sowie um den Besitz religiöser Gegenstände (Kreuz/Ikone; Bibel).

### *Gebet*

Ein sehr starker Ausdruck der (Nicht-)Religiosität ist das (Nicht-)Beten. 85% der ganz besonders Nichtreligiösen beten nicht. 93% der ganz besonders Religiösen beten wenigstens wöchentlich, 73% sogar täglich. Die Gegenprobe ist ebenso eindeutig: 1% der ganz besonders Religiösen betet nie, dagegen nur 2% der ganz besonders Nichtreligiösen täglich.

Im Vergleich zur Kindheit hat sich die Haltung zum Beten noch vereindeutigt. Die ganz besonders Religiösen beten jetzt als Erwachsene mehr, die ganz Nichtreligiösen weniger als in der Kindheit.

Tabelle 41: Gebet in der Kindheit sowie heute und religiöse Selbsteinschätzung

| **als Kind** | nie | seltener | jährlich | monatlich | wöchentlich | täglich |
|---|---|---|---|---|---|---|
| ganz besonders nichtreligiös | 72% | 12% | 6% | 3% | 3% | 3% |
| eher nichtreligiös | 38% | 23% | 9% | 6% | 14% | 9% |
| weder noch | 24% | 17% | 12% | 8% | 21% | 17% |
| eher religiös | 8% | 7% | 7% | 8% | 27% | 42% |
| ganz besonders religiös | 3% | 3% | 3% | 3% | 25% | 63% |

| **jetzt** | nie | seltener | jährlich | monatlich | wöchentlich | täglich |
|---|---|---|---|---|---|---|
| ganz besonders nichtreligiös | 82% | 8% | 5% | 1% | 1% | 2% |
| eher nichtreligiös | 59% | 18% | 8% | 5% | 3% | 7% |
| weder noch | 26% | 22% | 20% | 12% | 11% | 10% |
| eher religiös | 3% | 7% | 10% | 10% | 29% | 41% |
| ganz besonders religiös | 1% | 1% | 1% | 3% | 20% | 73% |

| **jetzt→ ↓als Kind** | nie | seltener | jährlich | monatlich | wöchentlich | täglich |
|---|---|---|---|---|---|---|
| nie | 75% | 8% | 5% | 2% | 3% | 7% |
| seltener | 34% | 29% | 14% | 4% | 8% | 11% |
| jährlich | 14% | 21% | 32% | 11% | 11% | 11% |
| monatlich | 11% | 12% | 18% | 25% | 19% | 15% |
| wöchentlich | 5% | 7% | 11% | 13% | 39% | 25% |
| täglich | 3% | 3% | 4% | 5% | 20% | 65% |

Quelle: Aufbruch 1998

*Lebenswenden*

Die religiöse Selbsteinschätzung erklärt auch, ob jemand als Kind die Erstkommunion oder die Firmung (Konfirmation) empfangen hat. Diese beiden Ereignisse gehören zu den Riten der Lebensübergänge. Sie sind seit alters her Ausdruck kulturgebundener Religiosität. Der engere Kreis dieser rites de passage sind die religiösen Rituale bei Geburt, Tod und Eheschließung.

Kommunistische Systeme, vor allem jenes in der ehemaligen DDR, haben versucht, diese religiös rückgebundenen Rituale durch selbstinszenierte „sozialistische“ zu ersetzen. An die Stelle der Firmung sollte die „Jugendweihe“ treten. Sie sollte den Heranwachsenden nicht an Gott und eine an ihm ausgerichtete religiöse Gemeinschaft binden, sondern an die sozialistische Gesellschaft. Dieser Transformation der alten religiösen Rituale, damit auch deren Profanierung, sollte die Menschen an jener Stelle dem Einfluß von Religionsgemeinschaften entziehen, wo dieser nachweislich am tiefsten sitzt: entlang der Normalbiographie rund um jene ambivalenten Ereignisse, die von tiefen Hoffnungen und Ängsten gezeichnet sind und die sich seit jeher als religionsproduktiv erwiesen haben.

Hinsichtlich der drei Grundrituale Geburt, Heirat und Begräbnis wurde gefragt, ob diese für wichtig gehalten werden. Bei der Erstkommunion bzw. der Firmung/Konfirmation wurde dagegen erfragt, ob sie als Kind vorgekommen sind.

Abbildung 44: Erstkommunion und Firmung/Konfirmation - länderweise

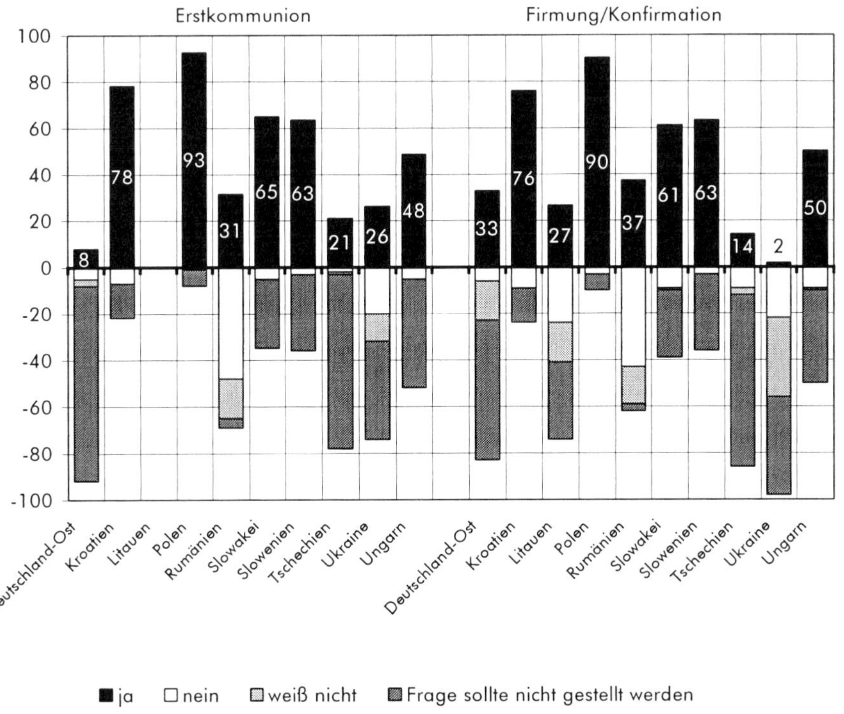


Quelle: Aufbruch 1998

Stärker als die Firmung/Konfirmation ist die Erstkommunion ein Teil der religiösen Person und ihrer religiösen Lebensgeschichte. Bei den ganz besonders Religiösen haben 71% als Kind die Firmung/Konfirmation empfangen, 83% die Erstkommunion. Es gibt aber auch relativ starke Anteile bei den eher Nichtreligiösen: 28% von ihnen sind gefirmt/konfirmiert, 24% von ihnen waren als Kind bei der Erstkommunion. Waren diese heute wenig Religiösen in ihrer Kindheit noch religiöser? Oder waren diese religiösen Rituale mehr soziokulturell begründet denn in der Religiosität verankert: in der eigenen oder in jener der Eltern, der Mütter?

Tabelle 42: Erstkommunion und Firmung/Konfirmation in der Kindheit

| **als Kind: Erstkommunion** | nein | ja | weiß nicht | Frage sollte nicht gestellt werden |
|---|---|---|---|---|
| ganz besonders nichtreligiös | 5% | 5% | 3% | 87% |
| eher nichtreligiös | 5% | 19% | 3% | 72% |
| weder noch | 9% | 41% | 4% | 46% |
| eher religiös | 15% | 64% | 7% | 13% |
| ganz besonders religiös | 10% | 83% | 4% | 4% |

Quelle: Aufbruch 1998

| **als Kind: Firmung/Konfirmation** | nein | ja | weiß nicht | Frage sollte nicht gestellt werden |
|---|---|---|---|---|
| ganz besonders nichtreligiös | 6% | 6% | 6% | 82% |
| eher nichtreligiös | 9% | 22% | 4% | 65% |
| weder noch | 12% | 37% | 8% | 42% |
| eher religiös | 18% | 50% | 20% | 12% |
| ganz besonders religiös | 13% | 71% | 12% | 4% |

Quelle: Aufbruch 1998

Tabelle 43: Lebenswenden

Halten Sie es für wichtig, daß...
- die Kinder getauft werden?
- die Eheschließungen mit einer kirchlichen Zeremonie gefeiert werden?
- die Toten kirchlich beerdigt werden?

| **Geburt** | ja | nein | hängt von den Umständen der Angehörigen ab |
|---|---|---|---|
| ganz besonders nichtreligiös | 30% | 45% | 26% |
| eher nichtreligiös | 44% | 26% | 31% |
| weder noch | 68% | 11% | 20% |
| eher religiös | 90% | 3% | 7% |
| ganz besonders religiös | 93% | 5% | 2% |

| **Heirat** | ja | nein | hängt von den Umständen der Angehörigen ab |
|---|---|---|---|
| ganz besonders nichtreligiös | 19% | 50% | 32% |
| eher nichtreligiös | 29% | 35% | 36% |
| weder noch | 49% | 18% | 33% |
| eher religiös | 79% | 6% | 14% |
| ganz besonders religiös | 92% | 4% | 4% |

| **Tod** | ja | nein | hängt von den Umständen der Angehörigen ab |
|---|---|---|---|
| ganz besonders nichtreligiös | 28% | 39% | 33% |
| eher nichtreligiös | 42% | 22% | 36% |
| weder noch | 64% | 9% | 27% |
| eher religiös | 84% | 3% | 13% |
| ganz besonders religiös | 92% | 3% | 5% |

Quelle: Aufbruch 1998

Daß es nicht nur die eigene Religiosität ist, welche den Zugang zu Lebenswendenritualen in der Kindheit erklärt, darauf deuten auch die Antworten auf die Frage, ob es wichtig sei, daß ein Kind getauft, daß Ehen kirchlich geschlossen und Tote kirchlich beerdigt werden. Nicht überrascht, daß die Religiösen dies bejahen, und zwar mit hohen Mehrheiten, wobei die Zustimmung bei Geburt und Tod höher ist als bei der Heirat. Beträchtlich sind jedoch auch die Zustimmungen unter eher Nichtreligiösen und unter ganz besonders Nichtreligiösen. Sie liegen zwischen 30 und 40% bei der Taufe und der kirchlichen Beerdigung und zwischen 20 und 30% bei der Eheschließung. Offenbar gibt es ein Bedürfnis nach religiösen Ritualen, das den Kreis der ausdrücklich Religiösen weit überschreitet.

Die Erklärung dafür kann ritentheoretisch geschehen: Rituale sind eben unabhängig von der persönlichen Gläubigkeit für die Deutung und Bewältigung des Lebens an seinen Übergängen seit Menschengedenken hilfreich. Es könnte aber auch sein, daß die Religiosität in ihrer praktischen, vorverbal-rituellen Gestalt weiter verbreitet ist als in ihrer ausdrücklich reflektierten Form.

Werden diese Daten länderweise und zudem nach Alterkohorten aufgeschlüsselt, dann zeigen alle Länder mit Ausnahme der Ukraine eine Abnahme des Wunsches nach Lebenswendenritualen bei den Jüngeren. Diese Abnahme variiert freilich in den einzelnen Ländern. Besonders auffällig ist sie mit zwanzig bis fünfundzwanzig Prozentpunkten insbesondere bei der Taufe in den atheisierenden Kulturen in Deutschland-Ost, in Tschechien und auch in Ungarn. Die christlichen Kulturen hingegen haben geringere Rückgänge, die Ukraine sogar als einziges Land eine leichte Zunahme.

Tabelle 44: Rückgang des Wunsches nach Lebenswendenritualen nach Alterskohorten – länderweise

| geboren vor oder nach... | Taufe | Heirat | Beerdigung |
|---|---|---|---|
| Deutschland-Ost vor 1945 | 32% | 26% | 33% |
| Deutschland-Ost nach 1975 | 8% | 12% | 20% |
| Differenz | -24 | -14 | -13 |
| | | | |
| Kroatien vor 1945 | 86% | 77% | 87% |
| Kroatien nach 1975 | 72% | 67% | 75% |
| Differenz | -14 | -10 | -12 |
| | | | |
| Litauen vor 1945 | 93% | 87% | 90% |
| Litauen nach 1975 | 81% | 80% | 69% |
| Differenz | -12 | -7 | -21 |
| | | | |
| Polen vor 1945 | 96% | 85% | 90% |
| Polen nach 1975 | 83% | 78% | 83% |
| Differenz | -13 | -7 | -7 |
| | | | |
| Rumänien vor 1945 | 98% | 98% | 97% |
| Rumänien nach 1975 | 88% | 85% | 82% |
| Differenz | -10 | -13 | -15 |
| | | | |
| Slowakei vor 1945 | 74% | 65% | 64% |
| Slowakei nach 1975 | 66% | 49% | 61% |
| Differenz | -8 | -16 | -3 |
| | | | |
| Slowenien vor 1945 | 69% | 60% | 69% |
| Slowenien nach 1975 | 48% | 43% | 55% |
| Differenz | -11 | -17 | -14 |
| | | | |
| Tschechien vor 1945 | 41% | 31% | 34% |
| Tschechien nach 1975 | 15% | 12% | 21% |
| Differenz | -26 | -19 | -13 |
| | | | |
| Ukraine vor 1945 | 78% | 60% | 70% |
| Ukraine nach 1975 | 80% | 66% | 75% |
| Differenz | 2 | 6 | 5 |
| | | | |

| | | | |
|---|---|---|---|
| Ungarn vor 1945 | 80% | 69% | 77% |
| Ungarn nach 1975 | 61% | 51% | 60% |
| Differenz | -19 | -18 | -17 |

Quelle: Aufbruch 1998

Abbildung 45: Der Wunsch nach Lebenswendenritualen nimmt in allen Ländern hin zu den jüngeren Jahrgängen ab - Ausnahme ist die Ukraine

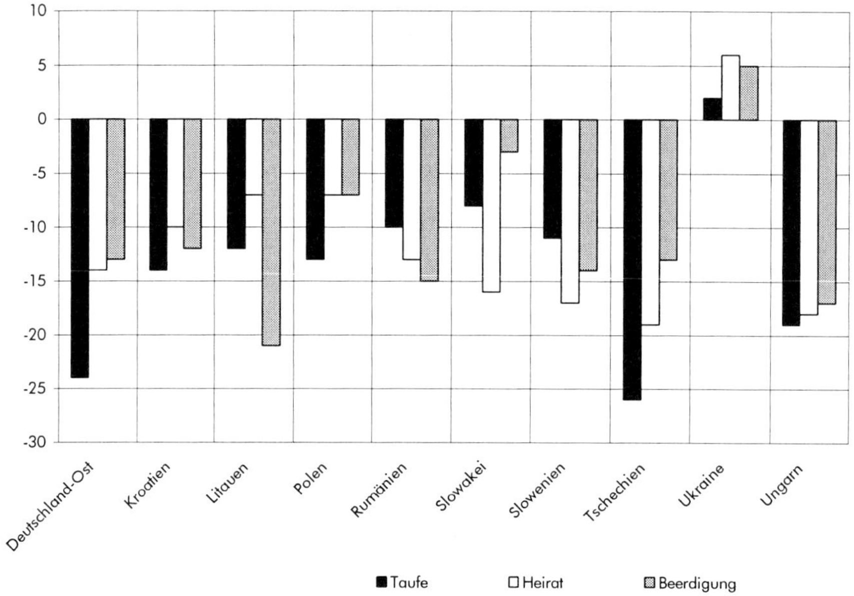


Quelle: Aufbruch 1998

Bemerkenswert sind auch die niedrigeren Werte unter den Mitgliedern der protestantischen Kirche. Hier – wie auch in den später präsentierten Gesamtergebnissen – kündigt sich an, daß die protestantische Kirche bei ihren Mitgliedern mit einem niedrigeren Niveau an religiösen Erwartungen rechnen muß als andere christliche Kirchen.

Abbildung 46: Evangelische Kirchenmitglieder erwarten weniger religiöse Rituale zu den Lebenswenden als Mitglieder anderer christlicher Kirchen

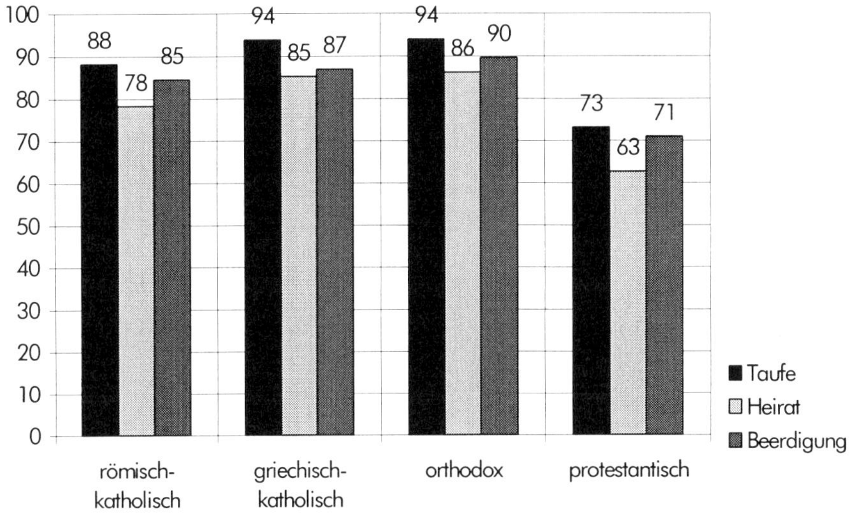


Quelle: Aufbruch 1998

Die Wichtigkeit von religiösen Ritualen zu Geburt und Tod wird auch von einem beachtlichen Anteil von Personen bejaht, die eine atheisierende Tendenz aufweisen. Fast die Hälfte der Personen, die auf der Atheismusskala einen Punkt erhalten haben (also die atheisierenden im strengeren Sinn der Definition) wünscht die Taufe eines Neugeborenen und die kirchliche Beerdigung eines Angehörigen. Selbst unter denen, die zwei Atheismus-Punkte haben (die „Atheistischen"), sind nahezu 20%, welche solche religiöse Handlungen für wichtig erachten.

Abbildung 47: Atheisierende Personen haben eine beträchtliche Nachfrage nach religiösen Übergangsritualen

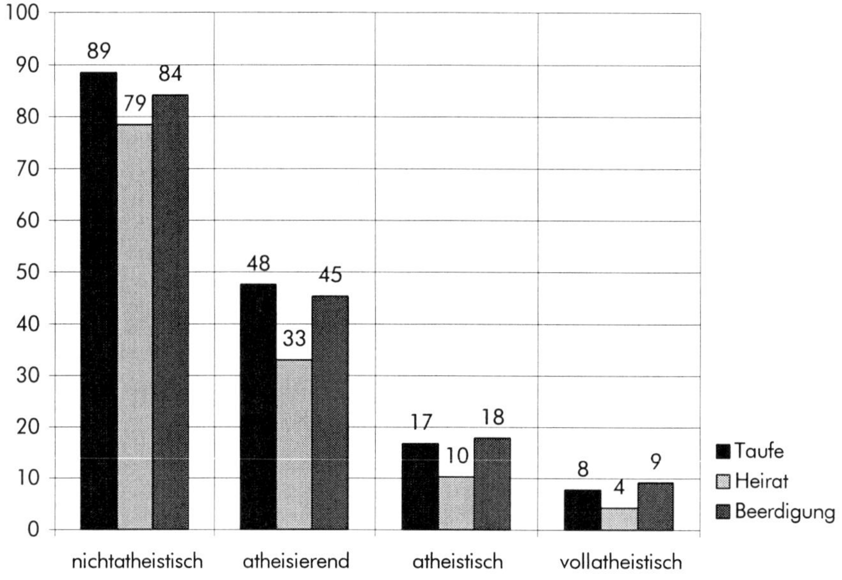


Quelle: Aufbruch 1998

*Kirchgang*

Als eine der sichtbaren Ausdrucksformen der Religiosität ist der Kirchgang vom Kommunismus bekämpft worden. In bestimmten Berufen (unter Lehrern, Soldaten, höheren Beamten) war der Kirchgang in den meisten Ländern strikt verboten. Die Kontrolle haben Spitzel der Partei vor oder in der Kirche gesichert. Stadtbewohner mögen in eine weiter gelegene Kirche gegangen sein. Auf dem Land gab es diese Möglichkeit kaum. Vor der Alternative „Kirche oder Brot" haben viele den Kirchgang aufgegeben. Die früher allgemeine und selbstverständliche Tradition und soziale Norm des regulären Kirchganges konnte auf diese Weise gebrochen werden. Der Kirchgang ist zum Zeichen eines persönlichen Bekenntnisses geworden.

In den einzelnen christlichen Kirchen ist das Gewicht des sonntäglichen Kirchgangs unterschiedlich. In der Tradition der katholischen Kirche herrscht für die Mitglieder eine strenge Sonntagspflicht. Bei aller Wichtigkeit des Gottesdienstes wird jedoch in den orthodoxen sowie in den protestantischen Kirchen die Sonntagskirchgangsfrequenz anders bewertet.

In den Ergebnissen schlägt dies deutlich zu Buche. Am dichtesten ist die Kirchgangshäufigkeit bei den griechisch-katholischen Mitgliedern (48% gehen wenigstens sonntags), gefolgt von den Katholiken (45% sonntags). Bei den Orthodoxen ist dieser Wert bei 15%, ebenso bei den protestantischen Christen (15%).

Tabelle 45: Die Kirchgangsfrequenz ist bei den einzelnen christlichen Kirchen unterschiedlich

| | nie | seltener | Feiertag | monatlich | wöchentlich | täglich |
|---|---|---|---|---|---|---|
| römisch-katholisch | 4% | 8% | 20% | 22% | 44% | 1% |
| griechisch-katholisch | 0% | 6% | 24% | 22% | 44% | 4% |
| orthodox | 4% | 12% | 39% | 30% | 15% | 0% |
| protestantisch | 9% | 22% | 34% | 18% | 14% | 1% |

Quelle: Aufbruch 1998

Dessen ungeachtet soll aber zunächst der Zusammenhang zwischen subjektiver Selbsteinschätzung und Sonntagskirchgang geklärt werden.

Tabelle 46: Religiöse Selbsteinschätzung und Kirchgangsfrequenz

| | nie | seltener | Feiertag | monatlich | wöchentlich | täglich |
|---|---|---|---|---|---|---|
| ganz besonders nichtreligiös | 70% | 16% | 12% | 1% | 1% | 0% |
| eher nichtreligiös | 40% | 28% | 23% | 6% | 3% | 0% |
| weder noch | 17% | 23% | 38% | 13% | 8% | 0% |
| eher religiös | 3% | 8% | 27% | 26% | 35% | 1% |
| ganz besonders religiös | 3% | 4% | 9% | 17% | 61% | 5% |

Quelle: Aufbruch 1998

Ganz besonders Nichtreligiöse kommen nur selten in einen Gottesdienst: an Feiertagen oder seltener. 70% gehen nie. Umgekehrt zählen die ganz besonders Religiösen zu zwei Drittel zu den Sonntagskirchgängern (66%) Hier sagen nur 3%, nie in die Kirche zu gehen.

Die Beteiligung an einem gemeinschaftlichen Gottesdienst ist somit ein Merkmal, das zu den Intensivreligiösen gehört.

Es gibt freilich „Zwischenstufen“: Neben den Nichtreligiösen, die zu Feiertagen zur Kirche gehen, oder den eher Religiösen, die auch nur zu den Feiertagen kommen.

Interessant ist die länderweise Aufschlüsselung des Kirchgangs nach Alter.

Abbildung 48: In einigen Ländern scheint bei den Jüngeren der Kirchgang zuzunehmen

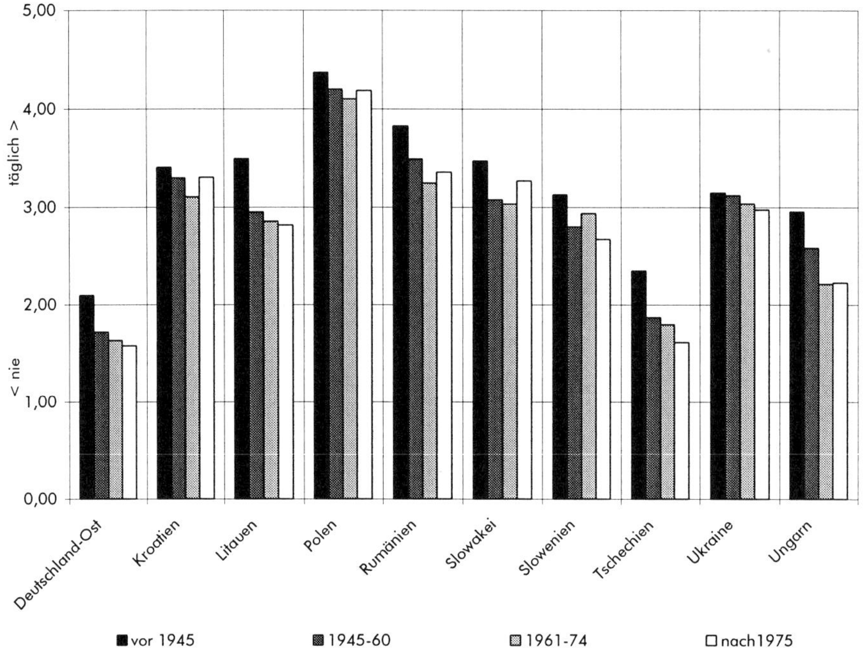


Quelle: Aufbruch 1998

*Wallfahrt, Kreuz (Ikone) und Bibel*

Wallfahrten sind in den untersuchten Ländern auch für die ganz besonders religiösen Menschen nicht selbstverständlich. 33% von ihnen haben in den vergangenen sechs bis acht Jahren einmal an einer solchen teilgenommen. Nichtreligiöse sind nur vereinzelt (3% bzw. 7%) unter den Wallfahrern anzutreffen.

Anders bei religiösen Gegenständen, die für Christen wichtig sind: das Kreuz bzw. eine Ikone sowie die Bibel. Finden sich solche Gegenstände bei den meisten ganz besonders Religiösen (Kreuz 90%, Bibel 83%), so sind auch selbst ganz besonders Nichtreligiöse im Besitz solcher religiöser Gegenstände: 32% haben ein Kreuz bzw. eine Ikone, 33% besitzen auch eine Bibel.

Tabelle 47: Religiöse Selbsteinschätzung, Wallfahrt, Kreuz und Bibel

Sind Sie in den vergangenen 6-8 Jahren einmal oder mehrmals zu einer Wallfahrt gegangen? Waren Sie als Kind je zu einer Wallfahrt? – Haben Sie jetzt in Ihrer Wohnung ein Kreuz oder eine Ikone, ein Heiligenbild? Hatten Sie als Kind in Ihrer Wohnung ein Kreuz oder eine Ikone? – Besitzen Sie (...) eine eigene vollständige Bibel?

| | Wallfahrt als Kind | Wallfahrt jetzt | Kreuz als Kind | Kreuz jetzt | Bibel |
|---|---|---|---|---|---|
| ganz besonders nichtreligiös | 6% | 3% | 35% | 32% | 33% |
| eher nichtreligiös | 14% | 7% | 49% | 42% | 43% |
| weder noch | 18% | 10% | 70% | 67% | 58% |
| eher religiös | 25% | 19% | 87% | 88% | 79% |
| ganz besonders religiös | 39% | 33% | 89% | 90% | 83% |

Quelle: Aufbruch 1998

Der Besitz eines Kreuzes, einer Ikone, verändert sich im Lauf des Lebens nur wenig (c=,64). 89% jener Personen, die als Kind ein Kreuz/eine Ikone besaßen, haben auch jetzt eines. 76% jener, die als Kind keines besaßen, haben auch jetzt keines: das heißt, daß jetzt 24% jener, die als Kind kein Kreuz besaßen, eines haben, hingegen nur 11% als Kind eines hatten, jetzt aber nicht mehr. Das signalisiert eine wachsende Bereitschaft, diesen religiösen Gegenstand zu besitzen.

Etwas weniger eng ist der Zusammenhang zwischen der Teilnahme an Wallfahrten als Kind und jetzt (c=,48). 94% von jenen, die als Kind nie an einer Wallfahrt teilgenommen haben, waren auch in den letzten sechs bis acht Jahren nie bei einer. Aber auch 51% derer, die als Kind auf Wallfahrt gingen, haben damit aufgehört.

*Index „Praxis"*

So wie sich die Items zur religiösen Dimension des „Glaubens" als konsistent erwiesen haben, sind es auch die meisten Items zur religiösen „Praxis". Hier gibt es allerdings Ausnahmen: die Wichtigkeit der religiösen Riten zu den Lebensübergängen Heirat, Geburt und Tod bilden ebenso einen eigenen Faktor wie die beiden Angaben zur Wallfahrt (als Kind und jetzt). So wurde der Index „Praxis" ohne diese fünf Praxisitems gebildet.[34] Niedrige Ladung hat auf dieser Dimension „Praxis" der Bibelbesitz, etwas niedrigere der Besitz eines Kreuzes, einer Ikone in der Kindheit und jetzt. Die Ladungen aller religiösen Handlungen ist hingegen sehr hoch.

Tabelle 48: Religiöse Praxis in den einzelnen Ländern

| | Mittelwerte der Faktorscores „Praxis" |
|---|---|
| Polen | ,75 |
| Rumänien | ,55 |
| Kroatien | ,31 |
| Slowakei | ,11 |
| Slowenien | -,05 |
| Ukraine | -,09 |
| Litauen | -,11 |
| Ungarn | -,12 |
| Tschechien | -,89 |
| Deutschland-Ost | -1,09 |

Quelle: Aufbruch 1998

Die Mittelwerte der einzelnen Länder für die Faktorscores der Dimension „Praxis" bringen das schon vertraute Bild: Sehr niedrige religiöse Praxis haben Deutschland-Ost und Tschechien, sehr hohe religiöse Praxis hat Polen, gefolgt von Rumänien. An dritter Stelle liegt Kroatien. Die übrigen Länder liegen im durchschnittlichen Mittelfeld.

---

[34] Faktorenanalyse „Praxis"

| | Ladung |
|---|---|
| Erstkommunion | -,83 |
| Kirchgang jetzt | ,82 |
| Gebet jetzt | ,83 |
| Gebet als Kind | ,81 |
| Firmung/Konfirmation | -,80 |
| Kirchgang als Kind | ,78 |
| Kreuz jetzt | ,70 |
| Kreuz als Kind | ,68 |
| Bibelbesitz | ,45 |

Quelle: Aufbruch 1998

## Dimension Erfahrung

Einige Items testen neben der Zustimmung zu religiösen Glaubensinhalten und der religiösen Praxis religiöse Erfahrung. Das zentrale Item dazu ist die Erfahrung der Nähe Gottes. Dazu kommen erlebte Kontakte transzendentaler Art: zu Verstorbenen, zu einer starken geistigen Macht, aber auch zu Jesus oder Maria, welche die Christen die Gottesmutter nennen und zu jenen Personen zählen, die in den Himmel aufgenommen worden sind. Diesem Bereich ordnen wir auch die Frage zu, ob es einen (religiösen) Wendepunkt im Leben gegeben hat.

*Gottesnähe*

„Wie nahe fühlen Sie sich Gott?" 16% können es nicht sagen, 15% geben bei dieser Frage kund, daß sie nicht an Gott glauben. Jene, die keine Auskunft über ihre Gottesnähe geben können, verteilen sich je nach religiöser Selbsteinschätzung unterschiedlich. Bei den ganz besonders Religiösen sind es 3%, bei den eher Religiösen hingegen 39%. Jeder vierte (26%), der sich der Antwortkategorie „weder-noch" zugeordnet hat, kann über die Nähe zu Gott nichts berichten. Unter den ganz besonders Nichtreligiösen finden sich 20%, unter den eher Nichtreligiösen 12%.

Jene, die keine Auskunft geben, liegen hinsichtlich ihrer religiösen Selbsteinschätzung zwischen nicht nahe und einigermaßen nahe.

61% der ganz besonders Nichtreligiösen glauben nicht an Gott. 19% von ihnen können über die Nähe zu Gott keine Auskunft geben. Von den übrigen fühlen sich 5% nahe. Ganz anders die ganz besonders Religiösen: 52% von ihnen fühlen sich Gott sehr nahe, weitere 41% einigermaßen, das sind zusammen 93%. Die eher Religiösen fühlen sich Gott auch lediglich einigermaßen nahe (60%). Bei der Kategorie „weder-noch" ist die größte Gruppe jene, die sich Gott nicht nahe fühlen bzw. darüber nichts sagen können.

Tabelle 49: Religiöse Selbsteinschätzung und differenzierter Gottesglaube

| | glaube nicht | ganz und gar nicht | nicht nahe | kann ich nicht sagen | einigermaßen nahe | sehr nahe |
|---|---|---|---|---|---|---|
| ganz besonders nichtreligiös | 61% | 9% | 6% | 19% | 3% | 2% |
| eher nichtreligiös | 28% | 20% | 16% | 23% | 12% | 1% |
| weder noch | 7% | 14% | 34% | 24% | 17% | 2% |
| eher religiös | 0% | 2% | 13% | 14% | 60% | 10% |
| ganz besonders religiös | 0% | 0% | 2% | 5% | 41% | 52% |

Quelle: Aufbruch 1998

Gottesnähe ist die ausdrücklichste Form einer religiösen Erfahrung. Gefragt wurde nach weiteren Variationen: nach persönlichen Kontakten zu Verstorbenen, zu einer starken geistigen Macht oder zu den beiden zentralen Figuren des christlichen Glaubenskosmos, Jesus und Maria. Vorgegeben waren die Antwortmöglichkeiten oft, öfters, ein- oder zweimal sowie nie. In der folgenden Tabelle werden jene Kategorien zusammengefaßt, die einen solchen Kontakt angeben.

Am ehesten finden sich Kontakte zu Verstorbenen, und dies auch bei den ganz besonders nichtreligiösen Menschen (13%). Unter den Religiösen sind rund ein Drittel, die solche Kontakte hatten. Bei diesen bleibt der Wert auch bei den anderen drei Fragen (geistige Macht, Jesus, Maria) auf dieser Ebene. Je weniger religiös eine Person ist, desto seltener wird ein solcher Kontakt angegeben. Bei den ganz besonders nichtreligiösen Personen sinkt der Wert bei Maria auf 2%.

Tabelle 50: Religiöse Selbsteinschätzung und Kontakt zu jenseitigen Wirklichkeiten

Wie oft haben Sie schon gefühlt, als ob Sie einen lebendigen und persönlichen Kontakt hätten
- zu jemand, der gestorben ist
- zu einer starken geistigen Macht
- zu Jesus, wie er aus dem Evangelium bekannt ist
- zu Maria, der Mutter Gottes

| | Verstorbene | geistige Macht | Jesus | Maria |
|---|---|---|---|---|
| ganz besonders nichtreligiös | 13% | 6% | 3% | 2% |
| eher nichtreligiös | 23% | 14% | 5% | 4% |
| weder noch | 23% | 16% | 7% | 7% |
| eher religiös | 29% | 28% | 21% | 20% |
| ganz besonders religiös | 35% | 36% | 36% | 32% |

Quelle: Aufbruch 1998

„Gab es je in Ihrem Leben einen Wendepunkt, an dem Sie (zumindest vorübergehend) eine neue und persönliche Beziehung zur Religion gefunden haben?“ Auch diese Frage berührt den Bereich der Erfahrung. Insgesamt 18% aller Befragten in allen zehn Ländern haben diese Frage bejaht. 9% ließen sie unbeantwortet. Keinen Wendepunkt sahen 92% der ganz besonders Nichtreligiösen, hingegen nur 64% der ganz besonders Religiösen. Etwa ein Viertel der Religiösen hat sich somit im Lauf des Lebens der Religion zugewendet.

Tabelle 51: Religiöse Selbsteinschätzung und religiöser Wendepunkt

| | ja, es gab einen Wendepunkt | es gab keinen Wendepunkt | keine Angabe |
|---|---|---|---|
| ganz besonders nichtreligiös | 7% | 92% | 1% |
| *keine Angabe über Religiosität | 9% | 83% | 7% |
| Eher nichtreligiös | 14% | 80% | 6% |
| Weder noch | 14% | 73% | 13% |
| Eher religiös | 22% | 67% | 11% |
| Ganz besonders religiös | 27% | 64% | 9% |

Quelle: Aufbruch 1998

*Index „Erfahrung"*

Diese Aussagen zu einer gefühlshaften religiösen Erfahrung korrelieren miteinander und liegen faktorenanalytisch[35] auf einer einzigen Dimension. Die Aussage zu einem religiösen Wendepunkt „lädt" am niedrigsten, hat also für diese Dimension „Erfahrung" nur geringe Aussagekraft. Sodann folgen das Gefühl der Nähe zu Gott, der Kontakt zu Verstorbenen, zu einer geistigen Macht und schließlich zu Jesus und Maria.

Die niedrigste religiöse „Erfahrung" weist die Kultur Tschechiens auf, gefolgt von Deutschland-Ost. Die sonst sehr religiösen Kulturen Polens und Rumäniens liegen auf der Skala religiöser „Erfahrung" im Schnitt nur im Mittelfeld. Über dem Schnitt liegen die Ukraine, Kroatien und Ungarn.

Dieser Befund scheint die Tatsache zu unterstreichen, daß die religiöse Erfahrung weniger in einer starken und geschlossenen traditionellen Religiosität, sondern eher im religiösen Wandel an Gewicht – und vielleicht auch Verbreitung – gewinnt.

---

[35] Faktorenanalyse „Erfahrung"

| | Ladung |
|---|---|
| Gab es je in Ihrem Leben einen Wendepunkt? | -,44 |
| Wie nahe fühlen Sie sich Gott? | ,53 |
| Kontakt zu jemand, der gestorben ist | ,56 |
| Kontakt zu einer starken geistigen Macht | ,76 |
| Kontakt zu Jesus, wie er aus dem Evangelium bekannt ist | ,84 |
| Kontakt zu Maria, der Mutter Gottes | ,82 |

Quelle: Aufbruch 1998

Tabelle 52: Index „Erfahrung" nach Ländern

| | Mittelwerte der Faktorscores religiöse „Erfahrung" |
|---|---|
| Deutschland-Ost | -,28 |
| Kroatien | ,11 |
| Litauen | -,14 |
| Polen | ,03 |
| Rumänien | ,06 |
| Slowakei | ,16 |
| Slowenien | -,03 |
| Tschechien | -,35 |
| Ukraine | ,11 |
| Ungarn | ,10 |

Auffällt der niedrige Wert in Litauen.
Quelle: Aufbruch 1998

## Dimension „Lebenspraxis"

Der religiöse Glaubenskosmos kennt als weitere Dimension die „Lebenspraxis": also Auswirkungen zwischen Glaubenszustimmung und Lebensführung. Dabei ist es empirisch nicht sicher zu sagen, in welche Richtung der Einfluß verläuft: Bildet sich an Hand der Lebensführung ein angepaßter Glaubenskosmos (was die Religion zur Legitimation machte), oder entspringt aus den gläubigen Annahmen ein bestimmter Lebensstil (was die Religion zu einer lebensformenden Kraft machte). Im Folgenden können wir aber zumindest Zusammenhänge aufdecken. Anhaltspunkte haben wir zum Bereich der Zufriedenheit mit verschiedenen Bereichen des Lebens, zu Deutung des Lebens („Lebenssinn") sowie zu Wirkungen der Religion auf das Alltagsleben – ein Thema, das schon früher in diesem Buch ausführlich behandelt wurde und an den hier nur erinnert wird, wobei die Zusammenhänge mit der religiösen Selbsteinschätzung im Mittelpunkt stehen.

### *Zufriedenheiten*

Am glücklichsten und mit Familie, Arbeit und wirtschaftlicher Situation zufrieden sind (faktisch) die ganz besonders Religiösen. Die Freunde ausgenommen, haben die ganz besonders Nichtreligiösen die niedrigsten Mittelwerte.

Tabelle 53: Glück und Zufriedenheit nach religiöser Selbsteinschätzung

| 1=überhaupt nicht zufrieden/glücklich, 5= völlig zufrieden/glücklich | glücklich | zufrieden mit Familie | zufrieden mit Arbeit | zufrieden mit Freunden | zufrieden mit wirtschaftlicher Situation |
|---|---|---|---|---|---|
| ganz besonders nichtreligiös | 3,00 | 3,65 | 3,14 | 4,11 | 2,44 |
| eher nichtreligiös | 3,13 | 3,82 | 3,33 | 4,06 | 2,50 |
| weder noch | 3,03 | 3,73 | 3,23 | 4,07 | 2,58 |
| eher religiös | 3,12 | 3,95 | 3,33 | 4,06 | 2,48 |
| ganz besonders religiös | 3,29 | 4,13 | 3,53 | 4,14 | 2,74 |

Quelle: Aufbruch 1998

Die fünf Anhaltspunkte zur Zufriedenheit sind eindimensional.[36] Bestimmt wird diese allgemeine Zufriedenheit ziemlich ausgewogen durch alle fünf Aussagen, an der Spitze aber steht die familiale Zufriedenheit. An den Mittelwerten des bündelnden Index Zufriedenheit wird gut ersichtlich, daß die ganz besonders Religiösen überdurchschnittlich, die ganz besonders Nichtreligiösen unterdurchschnittlich lebenszufrieden sind.

Tabelle 54: Zufriedenheit und religiöse Selbsteinschätzung

| | Mittelwerte der Faktorscores „Zufriedenheit" |
|---|---|
| ganz besonders nichtreligiös | -,08 |
| eher nichtreligiös | ,02 |
| Weder noch | -,05 |
| eher religiös | ,00 |
| ganz besonders religiös | ,18 |

Quelle: Aufbruch 1998

36 Faktorenanalyse „Lebenszufriedenheit"

| | Ladung |
|---|---|
| Ganz allgemein: glücklich? | ,67 |
| - zufrieden mit Ihrem Leben in ihrer Familie | ,73 |
| - zufrieden mit Ihrer Arbeit | ,69 |
| - zufrieden mit dem Verhältnis zu Ihren Freunden | ,60 |
| - zufrieden mit der gegenwärtigen wirtschaftlichen Situation Ihrer Familie | ,67 |

Quelle: Aufbruch 1998

*Lebenssinn*

Die Lebensdeutung, und darin enthalten die Konstituierung von Lebenssinn, geschieht bei Nichtreligiösen und bei Religiösen auf erheblich verschiedenen Wegen.

Faktorenanalytisch[37] kristallisieren sich drei Sinndimensionen heraus: eine religiöse, eine selbstbestimmte sowie eine depressive. Bei der religiösen Sinnkonzeption ist Gott die Quelle des Sinns für das Leben, aber auch für das Leiden. Im Mittelpunkt steht die Aussage, daß sich Gott um das Leben eines Menschen kümmert. Die Selbstbestimmten sagen: Den Sinn gibt man dem Leben selbst, wir können auch selbst das Schicksal bestimmen. Anders die Depressiven: Man kann nichts machen, das Leben habe auch keinen besonderen Zweck.

Religiöse tendieren naturgemäß zu einer religiösen Sinngebung; diese wird von den Nichtreligiösen verständlicher Weise nicht gewählt. Bemerkenswert sind die Neigungen hinsichtlich der beiden anderen aufgedeckten Sinndimensionen: Die Nichtreligiösen sind zugleich eher auch Selbstbestimmende. Daß das Leben keinen besonderen Zweck habe, ein Satz, dem Depressive zuneigen, ist nicht einfachhin den Religiösen oder Nichtreligiösen zuzuordnen, obgleich die eindeutig Nichtreligiösen höhere Anteile von Sinnlosigkeit aufweisen als die eindeutig Religiösen.

Die Mittelwerte für die Faktorscores bei den Depressiven, aufgeschlüsselt nach religiöser Selbsteinschätzung, zeigen, daß die eindeutigen Randpositionen (ganz besonders religiös bzw. ganz besonders nicht religiös) weniger „Anomie“ aufweisen als die Mittelposition.

---

37 Faktorenanalyse „Lebenssinn“

| | religiös | selbst-bestimmt | depressiv |
|---|---|---|---|
| Es gibt einen Gott, der sich persönlich um jeden Mensch kümmert. | ,88 | ,09 | ,02 |
| Das Leben hat für mich einen Sinn, weil Gott existiert. | ,87 | ,06 | -,04 |
| Gott hat den Lauf unseres Lebens vorausbestimmt. | ,84 | ,11 | ,14 |
| Die Leiden und das Elend haben nur einen Sinn, wenn man an Gott glaubt. | ,79 | -,02 | ,03 |
| Wir bestimmen selbst unser Schicksal. | -,12 | -,85 | -,05 |
| Das Leben hat nur einen Sinn, den man ihm selbst gibt. | -,16 | -,84 | -,03 |
| Man kann kaum etwas machen, um den Lauf des eigenen Lebens zu ändern. | ,18 | ,07 | ,74 |
| In meinen Augen dient das Leben keinem besonderen Zweck. | ,03 | ,04 | ,81 |

Quelle: Aufbruch 1998

Tabelle 55: Sinnkonzepte nach religiöser Selbsteinschätzung

| Sinntyp | religiös | | | | selbstbestimmt | | depressiv | |
|---|---|---|---|---|---|---|---|---|
| Mittelwerte (1=gar nicht einverstanden; 5= völlig einverstanden) | Gott kümmert sich | Sinn weil Gott | von Gott vorausbestimmt | Leid hat Sinn wenn Gott | gibt selbst Sinn | wir bestimmen das Schicksal | kann nichts machen | kein besonderer Zweck |
| ganz besonders nichtreligiös | 1,72 | 1,81 | 1,83 | 1,81 | 4,10 | 3,84 | 2,64 | 2,10 |
| eher nichtreligiös | 2,22 | 2,25 | 2,26 | 2,03 | 4,10 | 3,84 | 2,54 | 2,11 |
| weder noch | 2,84 | 2,92 | 2,80 | 2,51 | 3,87 | 3,65 | 2,84 | 2,02 |
| eher religiös | 3,85 | 3,95 | 3,64 | 3,26 | 3,74 | 3,53 | 2,85 | 2,12 |
| ganz besonders religiös | 4,50 | 4,51 | 4,00 | 3,85 | 3,44 | 3,38 | 3,01 | 1,93 |

Quelle: Aufbruch 1998

Tabelle 56: Sinntypen nach religiöser Selbsteinschätzung

| | religiös | selbstbestimmt | depressiv |
|---|---|---|---|
| ganz besonders nichtreligiös | -1,05 | ,12 | (-),08 |
| eher nichtreligiös | -,67 | ,11 | (-),08 |
| weder noch | -,38 | -,02 | (-),06 |
| eher religiös | ,29 | -,09 | (-),06 |
| ganz besonders religiös | ,65 | -,20 | (-),23 |

Quelle: Aufbruch 1998

*Wirkungen der Religion*

In der Frage, ob Religion Auswirkungen auf das private und das gesellschaftliche Leben hat, unterscheiden sich die Religiösen von den Nichtreligiösen erheblich. Das wird allein an den Mittelwerten der Faktorscores deutlich.[38]

Zwischen den einzelnen Auswirkungsfeldern werden wenig Unterschiede gemacht. Am meisten erwarten sich – auf unterschiedlichem Niveau – die Befragten von der Religion für die Zukunft der Welt. Eine kleine Ausnahme findet die Bedeutung der Religion für das persönliche Glück: diese wird von den erklärt Nichtreligiösen besonders niedrig angesetzt. Mit der Zunahme der religiösen Intensität steigt auch die wahrgenommene Bedeutung der Religion für die verschiedenen Lebensbereiche.

[38] Siehe Anmerkung 11.

Tabelle 57: Wirkungen der Religion nach religiöser Selbsteinschätzung

| | Demokratie befestigten | Wirtschaftsordnung | stabile Ehe | persönliches Glück | Zukunft der Welt | Mittelwerte der Faktorscores „Folgen“ |
|---|---|---|---|---|---|---|
| ganz besonders nichtreligiös | 2,17 | 2,05 | 2,17 | 1,67 | 2,10 | -0,92 |
| eher nichtreligiös | 2,54 | 2,46 | 2,45 | 2,18 | 2,67 | -0,55 |
| weder noch | 2,73 | 2,71 | 2,80 | 2,63 | 3,04 | -0,26 |
| eher religiös | 3,27 | 3,29 | 3,43 | 3,49 | 3,71 | 0,33 |
| ganz besonders religiös | 3,73 | 3,83 | 3,93 | 4,24 | 4,30 | 0,86 |

Quelle: Aufbruch 1998

In ähnlicher Weise wirkt die persönliche Religiosität im Gefühl der Befragten – in dieser Reihenfolge – auf menschliche Beziehungen, berufliche Tätigkeit und die politische Einstellung.[39]

Tabelle 58: Religiöse Selbsteinschätzung und Auswirkungen auf berufliche Tätigkeit, menschliche Beziehungen und politische Einstellung

| Mittelwerte | berufliche Tätigkeit | menschliche Beziehungen | politische Einstellung | Mittelwerte der Faktorscores „Wirkungen“ |
|---|---|---|---|---|
| ganz besonders nichtreligiös | 1,51 | 1,53 | 1,40 | -,87 |
| eher nichtreligiös | 1,54 | 1,79 | 1,29 | -,57 |
| weder noch | 1,69 | 1,83 | 1,46 | -,26 |
| eher religiös | 2,21 | 2,55 | 1,88 | ,29 |
| ganz besonders religiös | 3,04 | 3,38 | 2,48 | ,82 |

Quelle: Aufbruch 1998

[39] Faktorenanalyse „Wirkungen der Religion“

| | Ladung |
|---|---|
| daß Ihre religiöse Überzeugung Ihre berufliche Tätigkeit beeinflußt | ,85 |
| daß religiöse Überzeugung Ihre menschliche Beziehungen beeinflußt | ,88 |
| wirkt sich Ihre religiöse Überzeugung auf Ihre politische Einstellung aus | ,78 |

Quelle: Aufbruch 1998

## Dimension „Kirchenbezug"

Ein letzter, nicht unwichtiger Ausdruck der Religion ist der Bezug zu einer religiösen Gemeinschaft. Hierzu finden sich in der Studie drei Anhaltspunkte: Mitgliedschaft, Verbundenheit sowie die Bereitschaft zur Kirchenfinanzierung.

*Mitgliedschaft*

Fast alle (98%) ganz besonders Religiösen sind Mitglied in einer religiösen Gemeinschaft. Lediglich 2% sind getauft, aber unverbunden. Ähnlich die eher Religiösen.

Die Lage der ganz besonders Nichtreligiösen ist völlig anders. Unter ihnen sind immerhin 13% Mitglied einer Kirche. Der größte Anteil von ihnen ist (43%) getauft, lebt aber nicht in Verbindung mit einer Kirche. 39% von ihnen sind ungetauft, nur 5% ausgetreten.

Eine klare Mittelposition bilden jene, die sich hinsichtlich ihrer (Nicht)Religiosität der Kategorie „weder-noch" zugeordnet haben. 58% von ihnen sind Mitglied, 32% getauft-unverbunden.

Tabelle 59: Religiöse Selbsteinschätzung und Mitgliedschaft

| | Mitglied | getauft-unverbunden | ungetauft | ausgetreten |
|---|---|---|---|---|
| ganz besonders nichtreligiös | 13% | 43% | 39% | 5% |
| eher nichtreligiös | 35% | 40% | 19% | 6% |
| weder noch | 58% | 32% | 8% | 2% |
| eher religiös | 90% | 9% | 1% | 1% |
| ganz besonders religiös | 98% | 2% | 0% | 0% |
| alle | 68% | 20% | 10% | 2% |

Quelle: Aufbruch 1998

Ein umgekehrter Blick ist lohnend: Wie sieht die religiöse Selbsteinschätzung der einzelnen „Mitgliedschaftsgruppen" aus? Hier wird eine Stufenfolge sichtbar, von den Ungetauften zu den Mitgliedern.

Mitglieder sind zu 77% zumindest „eher religiös"; die ungetauften hingegen zu 82% zumindest „eher nichtreligiös". Religiosität erweist sich somit – zumindest in den nachkommunistischen Ländern – als stark kirchengebunden.

Unbeschadet dieser hohen Korrelation gibt es beträchtliche Ausnahmegruppen. 14% der Ausgetretenen, 20% der Getauft-Unverbundenen sind wenigstens „eher religiös". Das heißt: Es gibt kirchlich ungebundene religiöse Minderheiten, umgekehrt aber auch einige nichtreligiöse Mitglieder.

Tabelle 60: Religiöse Selbsteinschätzung nach Mitgliedschaft

| | ganz besonders nicht | eher nicht | weder noch | eher | ganz besonders |
|---|---|---|---|---|---|
| Mitglied | 3% | 5% | 15% | 58% | 19% |
| getauft-unverbunden | 34% | 18% | 28% | 19% | 1% |
| ausgetreten | 40% | 26% | 20% | 13% | 1% |
| ungetauft | 64% | 18% | 14% | 4% | 0% |

Quelle: Aufbruch 1998

Der Zusammenhang zwischen religiöser Selbsteinschätzung und Zugehörigkeit zu einer bestimmten Konfession ist verschiedenartig.

Die stärkste subjektive Religiosität treffen wir faktisch (wie sich dies erklärt, ist eine zusätzliche und hier nicht entschiedene Frage) bei den Mitgliedern der griechisch-katholischen Kirche an (96%). Von den römisch-katholischen Kirchenmitgliedern sind 78% zumindest eher religiös. Die religiöse Ausstattung der Mitglieder der protestantischen Kirchen ist vergleichsweise niedrig. 48% von ihnen nennen sich eher religiös, weitere 13% ganz besonders religiös.

Tabelle 61: Religiöse Ausstattung der einzelnen Konfessionen

| | ganz besonders nicht-religiös | eher nicht-religiös | weder noch | eher | ganz besonders | Mittelwerte | Anteil in der Studie |
|---|---|---|---|---|---|---|---|
| griechisch-katholisch | 0% | 1% | 4% | 82% | 14% | 4,08 | 2% |
| sonstige | 9% | 4% | 6% | 39% | 42% | 4,01 | 7% |
| römisch-katholisch | 2% | 4% | 17% | 57% | 20% | 3,91 | 37% |
| orthodox | 9% | 3% | 14% | 65% | 9% | 3,60 | 15% |
| protestantisch | 8% | 10% | 18% | 51% | 13% | 3,51 | 5% |
| keine | 42% | 17% | 22% | 17% | 2% | 2,21 | 35% |

Quelle: Aufbruch 1998

*Verbundenheit*

Mitglied der Kirche zu sein sagt noch nichts über die innere Verbundenheit mit ihr aus. Auch diese korreliert eng mit der religiösen Selbsteinschätzung (c=,65). Dies zeigt sich deutlich bei der Gruppe der Nichtverbundenen: Unter den ganz besonders Nichtreligiösen fühlen sich 86% nicht verbunden, unter den ganz besonders Religiösen hingegen nur 6%. Der entsprechende Mittelwert steigt von 1,24 (nahe bei nicht verbunden) hin zu 3,93 (eng verbunden) bei den ganz besonders Religiösen.

Tabelle 62: Religiöse Selbsteinschätzung und Verbundenheit

| | nicht verbunden | wenig verbunden | MD | eng verbunden | sehr eng verbunden | Mittelwerte |
|---|---|---|---|---|---|---|
| ganz besonders nichtreligiös | 86% | 5% | 9% | 0% | 0% | 1,24 |
| eher nichtreligiös | 71% | 7% | 18% | 4% | 1% | 1,56 |
| weder noch | 46% | 5% | 40% | 8% | 1% | 2,14 |
| eher religiös | 14% | 4% | 43% | 34% | 5% | 3,12 |
| ganz besonders religiös | 6% | 2% | 16% | 44% | 31% | 3,93 |

Quelle: Aufbruch 1998

*Kirchenfinanzierung*

Kirchenorientierung äußert sich auch in der Bereitschaft zur Finanzierung der Kirche. Gefragt wurde danach, ob jemand im vergangenen Jahr der Kirche ein freiwillige Spende gegeben oder einen Kirchenbeitrag gezahlt hat. Dazu kommt die Frage, ob jemand bereit wäre, einen regelmäßigen Kirchenbeitrag/eine Kirchensteuer zu zahlen. Schließlich wurde eruiert, ob die Kosten für kirchliche Kindergärten, Schulen und Altersheime ausschließlich von den Gläubigen bzw. ausschließlich vom Staat bezahlt werden sollen, ob die Kirche diese aus eigenen Mitteln bezahlen oder ob der Staat eine Teilsubvention gewähren soll.

Die Religiösen sind mit großer Mehrheit der Meinung, daß die sozial dienlichen Einrichtungen der Kirche vor allem aus staatlichen Mittel, zumindest teilweise, erhalten werden sollen. Dahinter steht der Gedanke, daß die Kirche damit ja gesellschaftliche Dienste wahrnimmt und damit auch ein Anrecht auf Steuermittel hat. Je weniger sich jemand für religiös hält, desto mehr herrscht die Meinung, daß die Gläubigen oder die Kirche aus eigenen Mittel für diese Einrichtungen aufkommen sollen.

Tabelle 63: Finanzierung kirchlicher Sozial-Einrichtungen

| | Gläubige | Kirchenmittel | staatliche Subvention | Staat |
|---|---|---|---|---|
| ganz besonders nichtreligiös | 28% | 30% | 35% | 7% |
| eher nichtreligiös | 19% | 18% | 51% | 11% |
| weder noch | 18% | 22% | 48% | 12% |
| eher religiös | 10% | 13% | 60% | 16% |
| ganz besonders religiös | 8% | 7% | 61% | 24% |

Quelle: Aufbruch 1998

Religiöse sind auch willens, ihre Kirche mit eigenen Finanzmitteln zu unterstützen. Drei Viertel der ganz besonders Religiösen, ein Drittel der eher Religiösen hat eine Spende gegeben bzw. ist bereit, einen regelmäßigen Kirchenbeitrag zu bezahlen. Es überrascht, daß unter den ganz besonders Nichtreligiösen 15% gespendet haben, unter den eher Nichtreligiösen fast ein Drittel.

Tabelle 64: Kirchenfinanzierung nach religiöser Selbsteinschätzung

| | Spende | Kirchenbeitrag |
|---|---|---|
| ganz besonders nichtreligiös | 15% | 13% |
| eher nichtreligiös | 26% | 30% |
| weder noch | 37% | 35% |
| eher religiös | 60% | 65% |
| ganz besonders religiös | 74% | 75% |

Quelle: Aufbruch 1998

*Index „Kirchenbezug"*

Von den Items, die auf Kirchenbeziehung verweisen, erweisen sich in der Faktorenanalyse[40] drei als eindimensional: die Mitgliedschaft sowie die Kirchenfinanzierung. Die Kirchenverbundenheit scheidet für die Indexbildung aus, weil sie nur für die Mitglieder erhoben wurde. Werden die Faktorscores mit der religiösen Selbsteinschätzung in Verbindung gesetzt, zeigt sich übersichtlich der enge Zusammenhang. Persönliche Religiosität ist eine starke Grundlage für Kirchlichkeit.

Tabelle 65: Religiöse Selbsteinschätzung und Kirchlichkeit

| | Mittelwerte der Faktorscores „Kirchlichkeit" |
|---|---|
| ganz besonders nichtreligiös | -,56 |
| eher nichtreligiös | -,40 |
| weder noch | -,09 |
| eher religiös | ,22 |
| ganz besonders religiös | ,43 |

Quelle: Aufbruch 1998

40 Faktorenanalyse „Kirchenbezug"

| | Ladung |
|---|---|
| freiwillige Spende gegeben oder Kirchenbeitrag gezahlt | ,63 |
| regelmäßigen Kirchenbeitrag oder Kirchensteuer? | ,72 |
| Gehören Sie heute einer Kirche oder Religionsgemeinschaft an? | ,60 |

Quelle: Aufbruch 1998

## *Profile*

Nachdem nun die verschiedenen Dimensionen persönlicher Religiosität ausgeleuchtet sind, wird es möglich, einen Überblick zu geben. Dargestellt wird, was auf Grund der Analysen religiöse wie nichtreligiöse Menschen ausmacht.

### Profil der (Nicht)Religiösen

Einfache Korrelationen zwischen der religiösen Selbsteinschätzung und den ermittelten Faktorscores geben einen ersten Überblick:

Am stärksten kennzeichnet religiöse Menschen ihre religiöse Praxis. Gleich eng dahinter folgt an zweiter Stelle, was sie glauben. Religiöse Lebenssinngebung steht an dritter Stelle, gefolgt von den Auswirkungen der Religion auf das (öffentliche) Leben. Religiöse Erfahrung und Kirchenbezug (gemessen an Mitgliedschaft und Finanzierungsbereitschaft), vor allem aber die Folgen der Religion für das konkrete Leben liegen an letzter Stelle und mit niedrigeren Korrelationen schon eher am Rand des Profils eines religiösen Menschen.

Tabelle 66: Profil der (Nicht)Religiosität auf der Basis der Dimensionen zur Innensicht der Religion

| | Korrelation mit religiöser Selbsteinschätzung |
|---|---|
| religiöse Selbsteinschätzung | 1,00 |
| FS PRAXIS | ,76 |
| FS GLAUBEN | ,73 |
| FS RELIGIÖSER SINN | ,65 |
| FS AUSWIRKUNGEN | ,56 |
| FS ERFAHRUNG | ,44 |
| FS KIRCHENBEZUG | ,42 |
| FS FOLGEN FÜR LEBEN | ,20 |

FS=Faktorscores
Quelle: Aufbruch 1998

## Erweitertes Profil

Es lohnt sich, diese Profil-Analyse über die Innensicht, also über die Dimensionen der Religion hinaus auszuweiten.

- Dabei wird sichtbar, daß die (Nicht)Religiosität einer Person eng an jene der Herkunftsfamilie, an die *Familienreligiosität* gebunden ist.
- Auch die Beurteilung der *Auswirkungen der Religion* auf unterschiedliche Bereiche des Lebens (Ehe, Demokratie etc.) gehört eng zum Profil der (Nicht)Religiosität.
- Dann fallen die Werte rasch ab, die Zusammenhänge werden loser. Dies bezieht sich insbesondere auf jene Aspekte, die mit den *Folgen der Religion und der Kirche für das Leben der Menschen* zu tun haben: ob die Kirche Antworten auf gesellschaftliche Fragen geben kann, ob sie für die Menschen hilfreich ist oder bedrohlich, und schließlich, was einen *Christen* ausmacht.

Tabelle 67: Erweitertes Profil der (Nicht)Religiösen

| | Korrelation mit religiöser Selbsteinschätzung |
|---|---|
| religiöse Selbsteinschätzung | 1,00 |
| -INDEX ATHEISMUS | ,71 |
| FS FAMILIENRELIGION | ,65 |
| FS AUSWIRKUNGEN DER RELIGIION | ,54 |
| FS KIRCHE KANN ANTWORTEN | ,36 |
| -FS HILFREICHE KIRCHE | ,36 |
| -FS CHRIST | ,26 |
| FS BEDROHLICHE KIRCHE | ,21 |
| FS FOLGEN DER RELIGION | ,18 |
| FS KIRCHE SOLL ANTWORTEN | ,12 |

FS=Faktorscores
Quelle: Aufbruch 1998

Abbildung 49: Profile der Religiösen und der Nichtreligiösen

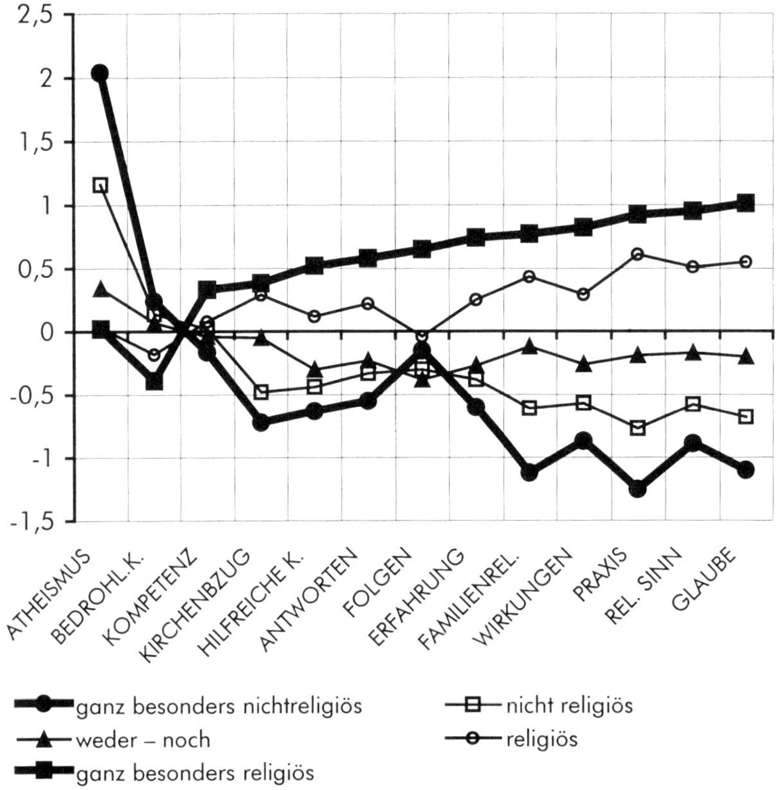


Quelle: Aufbruch 1998

## Atheismusprofil

Unsere Studie eröffnet die Möglichkeit, *Atheisten und ihren Welt- und Lebensentwurf* näher darzustellen. Drei Items enthalten die Antwortmöglichkeit: „Ich glaube nicht an Gott“. Es sind die Fragen nach dem Gottesbild, nach dem allgemeinen Gottesglauben und nach der Nähe zu Gott. Aus den Antworten zu diesen drei Fragen wurde ein *Atheismus-Index* gebildet. Theoretisch entstand durch Addition eine Atheismusskala von 0=nichtatheistisch hin bis zu 3=vollatheistisch. Die Skalenwerte dazwischen bezeichnen wir als 1=atheisierend sowie 2=atheistisch.

Interessant sind auch jene Personen, die wegen (der einen oder anderen) Antwortverweigerung bei diesen drei Fragen auf der Skala nicht positioniert werden konnten. Werden diese mit dem Item der religiösen Selbsteinschätzung kombiniert, dann kommen die nicht zuweisbaren Personen zwischen atheisierend und atheistisch zu liegen.

*Atheismus in den Ländern*

Als erstes zeigen wir den Anteil an Atheisten in den einzelnen untersuchten *Ländern*. Zwei Länder haben eine atheistische Mehrheit: Deutschland-Ost und Tschechien. Starke Anteile von Atheisten haben Ungarn und Slowenien. In der Minderheit sind dagegen die Atheisten in Polen, Rumänien, Ukraine, Kroatien und Litauen. Allerdings sind es auch Länder mit einer starken Verbindung zwischen Religion und Nation. Es sind faktisch traditionell nichtprotestantische Länder. Zudem haben sie einen starken Hang zu Tradition und ländlicher Lebensweise.

Tabelle 68: Atheismus in den einzelnen Ländern

| | nicht-atheistisch | atheisierend | KEINE ANGABE | atheistisch | vollatheistisch | Mittelwerte ohne KEINE ANGABE |
|---|---|---|---|---|---|---|
| Deutschland-Ost | 24% | 9% | 13% | 13% | 42% | 1,82 |
| Kroatien | 80% | 4% | 10% | 2% | 4% | ,23 |
| Litauen | 68% | 6% | 20% | 3% | 3% | ,25 |
| Polen | 91% | 2% | 5% | 1% | 1% | ,07 |
| Rumänien | 85% | 4% | 10% | 0% | 0% | ,07 |
| Slowakei | 63% | 8% | 15% | 7% | 7% | ,51 |
| Slowenien | 53% | 11% | 19% | 7% | 11% | ,70 |
| Tschechien | 27% | 9% | 24% | 14% | 26% | 1,51 |
| Ukraine | 76% | 5% | 12% | 3% | 4% | ,26 |
| Ungarn | 52% | 12% | 16% | 7% | 13% | ,78 |
| alle | 68% | 6% | 12% | 5% | 10% | ,50 |

Quelle: Aufbruch 1998

Abbildung 50: Atheistenanteile in den untersuchten zehn Ländern

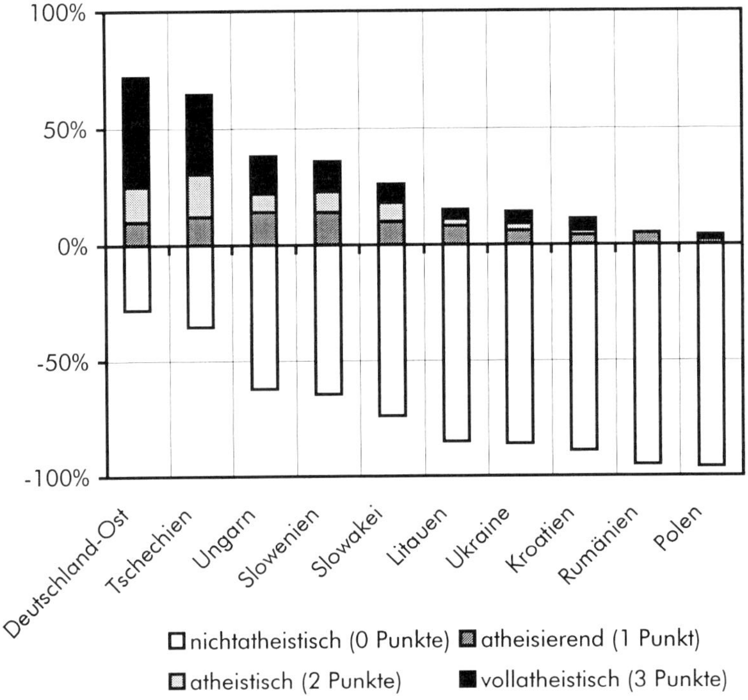


Quelle: Aufbruch 1998

Nach *Alter* aufgeschlüsselt deutet sich von den Alten in Richtung der Jungen ein leichter Rückgang an „Nichtatheisten", also an Gottglaubenden an. Die unter 19jährigen machen eine Ausnahme.[41] Unter diesen ist der Anteil der Glaubenden erheblich höher, auch wenn der Anteil der „Vollatheistischen" mit 13% am höchsten liegt.

41 Allerdings ist die Zahl der Befragten unter 20 relativ gering, so daß Aussagen nur mit Vorsicht zu machen sind.

Tabelle 69: Atheisten nach Altersgruppen

| | nicht-atheistisch | atheisierend | atheistisch | voll-atheistisch | MITTELWERTE |
|---|---|---|---|---|---|
| bis 19 | 81% | 4% | 2% | 13% | ,48 |
| 20-29 | 76% | 7% | 5% | 12% | ,52 |
| 30-39 | 76% | 6% | 6% | 12% | ,55 |
| 40-49 | 77% | 6% | 6% | 10% | ,49 |
| 50-59 | 78% | 7% | 4% | 11% | ,49 |
| 60- | 80% | 7% | 5% | 8% | ,41 |

Quelle: Aufbruch 1998

Wird die *Altersentwicklung länderweise* analysiert, tauchen interessante Unterschiede auf. Offensichtlich gibt es in den einzelnen Ländern unterschiedliche Trends, insbesondere was die Haltung der unter 20jährigen betrifft:

- Eine Zunahme der Gottgläubigen findet sich in dieser Kohorte der unter Zwanzigjährigen (in dieser Reihenfolge) in Polen, Rumänien, Litauen und Deutschland-Ost.
- Stabil sind die Länder Tschechien, Ungarn, Slowenien und Kroatien.
- Die Gottgläubigen nehmen schließlich ab in der Ukraine und in der Slowakei.

Abbildung 51: Atheismus in den einzelnen Ländern nach Alter

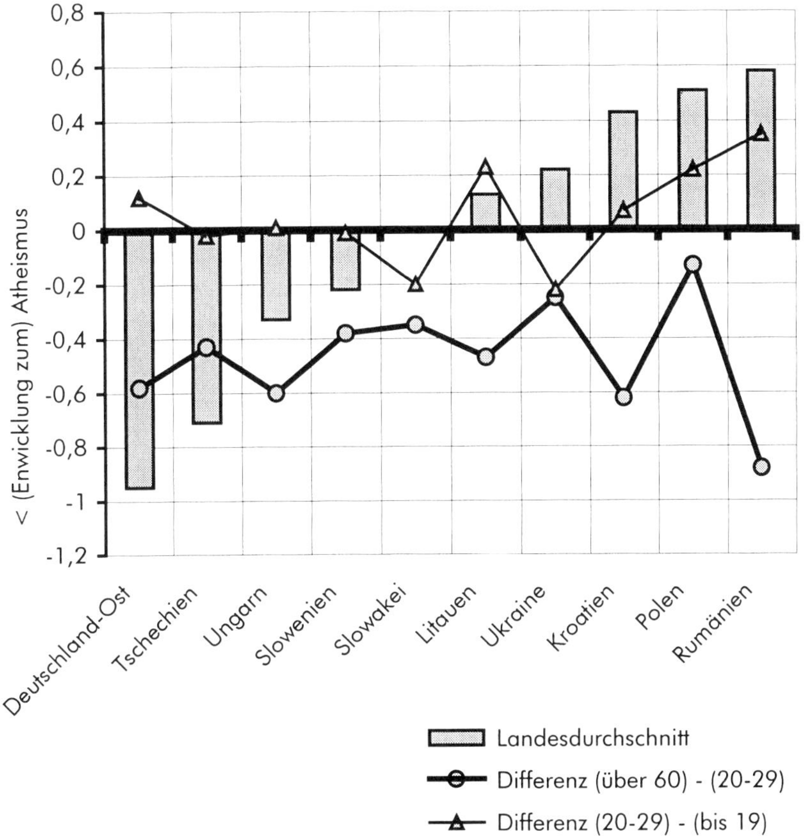


Quelle: Aufbruch 1998

Atheisten unterschiedlicher Konsistenz (von atheisierend bis vollatheistisch) finden sich überdurchschnittlich in folgenden Bevölkerungsgruppen:

- unter den Angestellten und Selbständigen;
- unter den Hoch- und noch ausgeprägter unter den Mittelgebildeten;
- unter den Männern;
- in Großstädten (und hier wieder in deren Randgebiete, weniger in den Zentren) und noch mehr ausgeformt in Mittelstädten.

*Was Atheisten glauben*

Was in nun ein Atheist, was „glaubt" er? Wie hält er es mit der Religion, mit Gott, mit der Kirche?

GOTTESNÄHE UND RELIGIÖSE SELBSTEINSCHÄTZUNG

Vollatheisten fallen bei einer Korrelation mit dem Item der *Gottnähe* definitionsgemäß unter „glaube nicht". Bemerkenswert sind die atheistischen (sie punkten auf den beiden anderen Atheismusitems) sowie die atheisierenden Personen (ein Atheismuspunkt). Sie können über die Nähe zu Gott nichts sagen; aber unter den atheisierenden finden sich immerhin 11%, die sich Gott zumindest nahe fühlen.

Tabelle 70: Atheismus und Nähe zu Gott

| | glaube nicht | ganz und gar nicht nahe | nicht nahe | kann ich nicht sagen | einigermaßen nahe | sehr nahe |
|---|---|---|---|---|---|---|
| nicht-atheistisch | 0% | 3% | 16% | 15% | 50% | 16% |
| atheisierend | 4% | 34% | 20% | 31% | 9% | 2% |
| atheistisch | 76% | 6% | 1% | 16% | 1% | 0% |
| voll-atheistisch | 100% | 0% | 0% | 0% | 0% | 0% |

Quelle: Aufbruch 1998

Ähnlich ist das Ergebnis, wenn die Atheismusskala mit der *religiösen Selbsteinschätzung* korreliert wird. Unter den vollatheistischen Personen gibt es keine Religiösen. Auch nicht bei den atheistischen. Anders aber ist es bei den atheisierenden Personen. Unter diesen bezeichnet sich ein Fünftel (20%) zumindest als religiös.

Tabelle 71: Atheismusskala und religiöse Selbsteinschätzung

| | ganz besonders nicht-religiös | nicht-religiös | weder noch | religiös | ganz besonders religiös | MITTELWERTE |
|---|---|---|---|---|---|---|
| nicht-atheistisch | 4% | 4% | 15% | 60% | 17% | 3,82 |
| atheisierend | 27% | 28% | 24% | 18% | 2% | 2,41 |
| atheistisch | 59% | 27% | 12% | 1% | 0% | 1,56 |
| voll-atheistisch | 80% | 12% | 7% | 0% | 0% | 1,28 |

Quelle: Aufbruch 1998

### Mitgliedschaft in religiöser Gemeinschaft

Von den (in sich sehr heterogenenen) Gottglaubenden sind 85% *Mitglied einer kirchlichen Gemeinschaft*. 13% fühlen sich – obwohl sie getauft sind – als unverbunden. Gottesglaube ist somit in hohem Maß an eine Glaubensgemeinschaft gebunden.

Von den atheisierenden Personen (ein Punkt auf der Atheismusskala) – sie machen in der Untersuchung sechs Prozent aus – sind mit 35% ein starkes Drittel Kirchenmitglied; unter den atheistischen (unter den Befragten sind insgesamt 11% in dieser Gruppe) sind 44% „getauft, aber unverbunden". 3% der vollatheistischen (drei Punkte) sind Mitglied einer Religionsgemeinschaft, 45% von ihnen sind getauft, davon leben 36% unverbunden, 9% sind ausgetreten. 52% von ihnen sind ungetauft.

Perspektivenwechsel. Wir analysieren, wie sich die unterschiedlichen Mitglieschaftsgruppen auf der Atheismusskala verteilen. Auch dieses Ergebnis ist bemerkenswert. 95% der Mitglieder von Religionsgemeinschaften sind gottgläubig. Zu den Glaubenden zählen aber auch 51% der getauft-unverbundenen Personen (19% von allen Befragten aller Länder). Unter den Getauft-Ausgetretenen sind 21% Glaubende. So eng also Gottesglaube und Mitgliedschaft aneinander gebunden sind: Es gibt ein ungebundenes Glaubenspotential außerhalb der Gemeinschaften. Das Umgekehrte ist selten. Unter den Kirchenmitgliedern sind lediglich 3% atheisierend, 1% atheistisch und 1% vollatheistisch.

Tabelle 72: Atheismus und Kirchenmitgliedschaft

| MITGLIED | Mitglied | getauft-unverbunden | ungetauft | getauft-ausgetreten | alle |
|---|---|---|---|---|---|
| nichtatheistisch | 85% | 13% | 1% | 1% | 77% |
| atheisierend | 35% | 47% | 16% | 2% | 6% |
| atheistisch | 11% | 44% | 34% | 10% | 5% |
| vollatheistisch | 3% | 36% | 52% | 9% | 11% |

| | nichtatheistisch | atheisierend | atheistisch | vollatheistisch | alle |
|---|---|---|---|---|---|
| Mitglied | 95% | 3% | 1% | 1% | 69% |
| getauft-unverbunden | 51% | 16% | 12% | 21% | 19% |
| getauft-ausgetreten | 21% | 6% | 27% | 46% | 2% |
| ungetauft | 12% | 11% | 19% | 59% | 10% |

Quelle: Aufbruch 1998

Die Unterschiede zwischen den einzelnen christlichen Kirchen sind nicht groß. Es gibt allerdings eine Ausnahme, das sind die *protestantischen Kirchen*. Während bei allen Gemeinschaften der Anteil derer, die an Gott glauben, zwischen 95% und 99% liegt, haben die protestantischen Kirchen lediglich einen Anteil von 83% gottglaubenden Mitgliedern. 10% der protestantischen Kirchenmitglieder sind atheisierend (ein Punkt), 5% atheistisch (zwei Punkte), 2% vollatheistisch (drei Punkte), zusammen sind dies 17% – also nahezu jedes sechste Mitglied.

Tabelle 73: Atheismusanteil in den einzelnen Religionsgemeinschaften

| | nicht-atheistisch | atheisierend | atheistisch | vollatheistisch | Anteil in den zehn Ländern |
|---|---|---|---|---|---|
| römisch-katholisch | 96% | 3% | 1% | 1% | 57% |
| griechisch-katholisch | 99% | 1% | 0% | 0% | 11% |
| orthodox | 95% | 4% | 1% | 0% | 23% |
| protestantisch | 83% | 10% | 5% | 2% | 6% |
| sonstige | 96% | 2% | 1% | 0% | 3% |

Quelle: Aufbruch 1998

Mit Hilfe einer sogenannten Regressionsanalyse – hier werden mehrere mögliche Einflußfaktoren gleichzeitig in die Analyse einbezogen – kann untersucht werden, in welcher Stärke sie die Ausstattung einer einzelnen Person mit Atheismus erklären.

Die einzelnen „Einflußkräfte" werden in der folgenden Tabelle nach der Stärke des Einflusses (also nach der Größe des Beta-Korrelationskoeffizienten) geordnet.

Dabei wird sehr deutlich, daß der Atheismus am meisten dadurch miterklärt wird, in welchem *Land* und damit in welcher Kultur ein Befragter lebt. Deutschland-Ost und Tschechien führen die Liste an. Hier gibt es sichtlich eine besonders günstige Situation dafür, daß jemand atheistische Antwortkategorien wählt. Auch in Slowenien, in der Slowakei und in Ungarn werden atheistische Aussagen leicht favorisiert. In anderen Ländern ist genau das Gegenteil der Fall: Dort ist es offenbar kulturell erschwert, atheistische Positionen einzunehmen: in Polen, in Rumänien, in der Ukraine oder in Litauen.

Sehr deutlich wird die schon erwähnte atheisierende Tendenz der Mitglieder *protestantischer Kirchen.* Eher atheisierend sind *Geschiedene und Männer. Niedrige Bildung* und dörfliches Wohnen erschwert die Zuwendung zum Atheismus.

Wenig Erklärungskraft für die Zuwendung einer Person zu einer atheistischen Weltsicht haben das *Alter, die Kinderzahl und das Verheiratetsein.*

Tabelle 74: Was den Atheismus miterklärt

| | ATHEISMUS | Signifikanz |
|---|---|---|
| Deutschland-Ost | 1,66 | 100,00 |
| Tschechien | 0,91 | 100,00 |
| -protestantisch | 0,77 | 100,00 |
| -sonstige | -0,47 | 100,00 |
| Polen | -0,46 | 100,00 |
| Rumänien | -0,41 | 100,00 |
| Kroatien | -0,32 | 100,00 |
| Ukraine | -0,30 | 100,00 |
| Litauen | -0,28 | 100,00 |
| Slowenien | 0,18 | 100,00 |
| -orthodox | -0,17 | 100,00 |
| Geschieden | 0,15 | 100,00 |
| Slowakei | 0,10 | 100,00 |
| GESCHLECHT | -0,10 | 100,00 |
| Ungarn | 0,09 | 100,00 |
| WOHNORTSTYP | 0,08 | 100,00 |
| BILDUNG | 0,06 | 100,00 |
| nicht berufstätig | -0,06 | 100,00 |
| Akademiker | 0,06 | 100,00 |
| Getrennt | -0,05 | 100,00 |
| Sonstige | -0,04 | 99,85 |
| JOBMOBILITÄT | -0,04 | 100,00 |
| -römisch-katholisch | -0,04 | 100,00 |
| BILDUNGSMOBILITÄT | -0,04 | 100,00 |
| Ledig | -0,04 | 100,00 |
| -griechisch-katholisch | -0,04 | 98,74 |
| GEBURTSJAHR | 0,03 | 100,00 |
| Verwitwet | -0,03 | 99,24 |
| KINDERZAHL | -0,03 | 100,00 |
| Selbständige | 0,03 | 97,67 |
| Landwirte | -0,03 | 99,90 |
| Arbeitslos | 0,02 | 99,18 |
| Rentner | -0,01 | 65,72 |
| Angestellte | 0,01 | 95,51 |
| Arbeiter | -0,01 | 99,74 |
| Verheiratet | 0,00 | 77,62 |
| Berufstätig | 0,00 | 58,33 |

Quelle: Aufbruch 1998

# VERDICHTUNGEN

Wir setzen die abschließende Verdichtung des bisher vorgelegten Materials weiter fort. Dazu verwenden wir die im Lauf der Darstellungen errechneten Faktorscores, in denen zu einzelnen Themen zumeist eine Handvoll von Einzelaussagen gebündelt sind. Der Sinn solcher Verdichtung ist es, das komplexe Material übersichtlich darzustellen und für weitere tiefergehende Analysen aufzubereiten. Die Innensicht der Religion wird mit den Ergebnissen zur Außensicht sowie zur Biographie in Verbindung gebracht.

Folgende Faktorscores stehen uns für diese verdichtende Analyse zur Verfügung; sie werden auf einer abstrakteren Ebene einer gemeinsamen Faktorenanalyse[42] unterworfen. Dabei ergeben sich zwei getrennte Hauptfaktoren, die wir als „das Sozioreligiöse" sowie „Religionsfolgen" benennen.

Auf dieser verdichteten Ebene werden schließlich Regressionsanalysen durchgeführt, um herauszuarbeiten, durch welche sozialen Merkmale die Ausstattung mit dem Index „Das Sozioreligiöse" und die „Religionsfolgen" miterklären.

---

42 Faktorenanalyse „Verdichtung"

| | das Sozioreligiöse | Religionsfolgen |
|---|---|---|
| FS PRAXIS | ,92 | -,08 |
| FS GLAUBE | ,89 | ,08 |
| FS FAMILENRELIGION | ,83 | -,15 |
| FS RELIGIÖSER SINN | ,82 | ,13 |
| FS AUSWIRKUNGEN DER RELIGION | ,70 | ,32 |
| FS KIRCHENBEZUG | ,60 | -,18 |
| FS ERFAHRUNG | ,54 | ,29 |
| FS HILFREICHE KIRCHE | -,56 | -,15 |
| FS BEDROHLICHE KIRCHE | ,21 | ,40 |
| FS FOLGEN DER RELIGION | ,29 | ,43 |
| FS KIRCHENERWARTUNGEN | ,49 | ,56 |
| FS KIRCHENKOMPETENZ | ,12 | ,76 |

FS=Faktorscores
Quelle: Aufbruch 1998

Abbildung 52: Struktur der verdichtenden Analyse

| | | |
|---|---|---|
| INNEN-SICHT | FS GLAUBE<br>FS PRAXIS<br>FS RELIGIÖSER SINN<br>FS AUSWIRKUNGEN<br>FS KIRCHENBEZUG<br>FS ERFAHRUNG<br>FS FOLGEN DER RELIGION | DAS SOZIO-RELIGIÖSE |
| BIOGRAPHIE | FS FAMILIENRELIGION | FOLGEN DER RELIGION |
| AUSSEN-SICHT | FS HILFREICHE KIRCHE<br>FS BEDROHLICHE KIRCHE<br>FS KIRCHENERWARTUNGEN<br>FS KIRCHENKOMPETENZ | |

## DAS SOZIORELIGIÖSE

Der erste Hauptfaktor, „das Sozioreligiöse" (deutsch ließe sich auch „Das Religiös-Kirchliche" sagen), ist primär charakterisiert durch die Innensicht der Religion.

- Im Zentrum (mit hohen Ladungen versehen) stehen die *Dimension der religiös-kirchlichen Praxis*

  [Zur Erinnerung die einzelnen Items:]
  Erstkommunion
  Kirchgang jetzt
  Gebet jetzt
  Gebet als Kind
  Firmung/Konfirmation
  Kirchgang als Kind
  Kreuz jetzt
  Kreuz als Kind
  Bibelbesitz

- und die *Dimension des Glaubens.*

Gottesbilder
eigene Religiosität[43]
Zustimmung zu Gott
Zustimmung zu Auferstehung
mit Seele und Leib auferstehen
Jesus Christus
hoffe auf Weiterleben
mit dem Tod ist alles aus
Bibel als Gotteswort

- Es folgt – in der Reihe der Ladungen – die *Verankerung des Religiösen in der eigenen Familie.*

...wie oft gingen Sie selbst in die Kirche?
...wie oft ging Ihre Mutter in die Kirche?
...wie oft haben Sie gebetet?
...wie oft ging Ihr Vater in die Kirche?
Als Kind...in Ihrer Wohnung ein Kreuz
Haben Sie als Kind an einer religiösen Unterweisung teilgenommen?
Als Sie ein Kind waren, haben Sie in der Familie über Religion und dem Glauben geredet?

- Nach der Akzeptanz einer *religiösen Lebenssinngebung*

Es gibt einen Gott, der sich persönlich um jeden Mensch kümmert
Das Leben hat für mich einen Sinn, weil Gott existiert
Gott hat den Lauf unseres Lebens vorausbestimmt
Die Leiden und das Elend haben nur einen Sinn, wenn man an Gott glaubt

- folgen die allgemein erfragten *Auswirkungen der Religion.*

Für die Wirtschaftsentwicklung unseres Landes ist es wichtig, daß die moralischen Prinzipien der Religion beachtet werden.
Für die Zukunft der Welt ist es wichtig, daß der Einfluß der Religion erhalten bleibt.
Für die Befestigung der Demokratie ist es wichtig, daß dabei der Kirche eine Rolle zugesichert wird.
Die religiöse Überzeugung ist wichtig zum persönlichen Glück.
Für eine stabile Ehe ist es wichtig, daß die Ehepartner die gleiche religiöse Überzeugung haben.

- Die Dimensionen *Kirchenbezug*

freiwillige Spende gegeben oder Kirchenbeitrag gezahlt
regelmäßigen Kirchenbeitrag oder Kirchensteuer
Gehören Sie heute einer Kirche oder Religionsgemeinschaft an?

- sowie *religiöse Erfahrung* fügen sich nachgeordnet an.

[43] Ab hier wird die subjektive Religiosität dieser Dimension „Glauben“ zugeordnet.

Gab es je in Ihrem Leben einen Wendepunkt?
Wie nahe fühlen Sie sich Gott?
Kontakt zu jemand, der gestorben ist
Kontakt zu einer starken geistigen Macht
Kontakt zu Jesus, wie er aus dem Evangelium bekannt ist
Kontakt zu Maria, der Mutter Gottes

- Dem Sozioreligiösen zugeordnet ist auch noch das Bild einer *hilfreichen Kirche:*

Die Kirche lehrt den Menschen die Wahrheit.
Die Kirche ist eine Gemeinschaft der Gläubigen.
Die Kirche achtet jede ehrliche Überzeugung.
Die Kirche gibt vielen Menschen seelische Hilfe.
Die Kirche ist die natürliche Verbündete der Armen und der Machtlosen.
Die Kirche will zur Liebe zu den Mitmenschen erziehen.

- Die Dimension *Kirchenerwartungen* hat auf beiden Faktoren eine ähnlich hohe Ladung, sie ist daher von beiden Grundhaltungen (dem Sozioreligiösen wie der Folgenlosigkeit) „aufgeladen".

## RELIGIONSFOLGEN

Der zweite Hauptfaktor[44] weist in die Richtung der Folgen(losigkeit) von Religion (wir stellen diese Dimension im Folgenden positiv gepolt dar und reden von den RELIGIONSFOLGEN):

- Befragte haben *Erwartungen an die Kirche,*

Die katholische Kirche kann im allgemeinen eine Antwort geben auf:
moralische Probleme und Nöte des einzelnen
Probleme im Familienleben
Fragen nach dem Sinn des Lebens
Wiederherstellung der öffentlichen Ordnung
aktuelle soziale Probleme unseres Landes

- die Kirche soll sich *zu gesellschaftlichen Probleme äußern.*

[44] Dieser Hauptfaktor korreliert mit dem Sozioreligiösen nicht (c=-,06).

Es ist angebracht, wenn sich die katholische Kirche äußert zu:
wachsende soziale Differenzen
Arbeitslosigkeit
Situation der Zigeuner (der Roma)
Politik der Regierung
Stil und Inhalt der Medien

- *Auswirkungen der Religion auf verschiedenen Lebensbereiche* werden beobachtet.

religiöse Überzeugung beeinflußt berufliche Tätigkeit
religiöse Überzeugung beeinflußt menschliche Beziehungen
religiöse Überzeugung wirkt sich auf politische Einstellung aus

- Das Bild von der Kirche ist *bedrohlich* (diese Teildimension ist in Bezug auf die anderen negativ gepolt).

Die Kirche ist dafür da, um Gottesdienste zu feiern.
Die Kirche ist ein Restbestand aus der Vergangenheit.
Die Kirche ist vor allem an irdischer Macht interessiert.
Die Kirche kann es nicht sagen, wie man in diesem Leben glücklich werden kann.
In [LAND] ist die Kirche reich.

Im Zuge der Faktorenanalysen erhält jeder Befragte einen Punktewert („Faktorscore"). Dieser gibt an, wie viel der Befragte von jener Grundhaltung in sich hat, die im „Faktor" zum Ausdruck kommt und durch die (hochladenden) einzelnen Elemente inhaltlich erklärt wird. Dadurch wird jede Person auf einem Kontinuum plaziert, das zwischen den Polen „sehr stark ausgestattet" und „überhaupt nicht ausgestattet" liegt. Wir teilen dieses Kontinuum in vier gleiche Teile, sogenannte Quartile („Viertel"). Die Befragten gelangen so in vier „Töpfe". Wir zeigen dies gleich am Beispiel des ersten Hauptfaktors „das Soziorelігiöse". In der ersten Gruppe sind die sehr schwach Sozioreligiösen, in der zweiten die schwach Sozioreligiösen. In der dritten wiederum sammeln sich die stark Sozioreligiösen und in der vierten die sehr stark Sozioreligiösen. Analog ist es beim Hauptfaktor der Folgen der Religion. Durch diese Aufteilung der Befragten in diese vier „Töpfe" wird eine anschaulichere Darstellung der Ergebnisse möglich.

So verteilen sich nun die Befragten aller zehn Länder auf die Quartile der zwei Hauptfaktoren „das Sozioreligiöse" und „die Religionsfolgen": Während also der Schwerpunkt des Sozioreligiösen bei „stark" liegt, werden die Religionsfolgen durch die Mehrheit der Befragten als schwach eingestuft. Der durchschnittliche Befund für alle zehn untersuchten Länder Ost(Mittel)Europas lautet daher: Mit 58% ist die sozioreligiöse Ausstattung der Menschen eher stark, die Religionsfolgen werden hingegen von weniger (42%) als stark eingeschätzt.

Tabelle 75: Starke sozioreligiöse Ausstattung der Menschen mit eher schwachen Folgen der Religion

| | das Sozioreligiöse | Religionsfolgen |
|---|---|---|
| sehr schwach | 15% | 8% |
| schwach | 27% | 49% |
| stark | 48% | 36% |
| sehr stark | 10% | 6% |

Quelle: Aufbruch 1998

## EINFLUSSKRÄFTE

Wie stark nun jemand „ausgestattet“ ist mit dem Hauptfaktor „das Sozioreligiöse“ und „die Religionsfolgen“, welchem „Quartil“ er also zuzuordnen ist, kann durch eine Regressionsanalyse festgestellt werden. Herangezogen werden dazu die Sozialvariablen

- Länderzugehörigkeit
- Konfession
- Beruf
- ob berufstätig
- Lebensstand
- Kinderzahl
- Alter
- Geschlecht
- Bildung
- Wohnortstyp
- Jobmobilität
- Bildungsmobilität

Die Liste dieser Sozialvariablen wird erweitert durch vier Persönlichkeitsmerkmale. Diese werden ausführlicher im nächsten Band zur Studie dargestellt werden. Hier muß es genügen, jene Variablen zu dokumentieren, welche diese Persönlichkeitsdimensionen inhaltlich bestimmen:

- Autoritarismus

  Wo strenge Autorität ist, dort ist auch Gerechtigkeit.

  Das Wichtigste, was Kinder lernen müssen, ist Gehorsam.

  Mitreden und mitentscheiden soll man erst, wenn man durch harte Arbeit eine Position erreicht hat.

  Die viele Freiheit, die heute die jungen Menschen haben, ist sicher nicht gut.

- Solidarität

  Man sollte denen, die mehr haben, etwas wegnehmen dürfen, um es an Bedürftige zu verteilen.
  Einkommensunterschiede sollen verringert werden.
  Wenn wir alle etwas verzichten würden, gäbe es bald keine Armut mehr.

- Teilen

  Das Wichtigste, was Kinder lernen müssen, ist das Teilen.
  Teilen lernt man am besten in der Familie.
  Ohne Familie kann man nicht lernen, Konflikte zu lösen.

- Hedonismus

  Der Beruf soll in erster Linie dazu da sein, ein gesichertes Einkommen zu garantieren.
  Man muß sich das Leben so angenehm wie nur möglich machen.
  Wichtig ist, daß der Mensch glücklich wird. Wie, das ist seine Sache.
  Jeder muß seine Probleme selbst lösen.
  Der Sinn des Lebens ist, daß man versucht, dabei das Beste herauszuholen.

## *Land, Kultur und Geschichte*

Diese komplexe Analyse der Einflußströme, welche die Hauptfaktoren „das Sozioreligiöse“ und „die Religionsfolgen“, aber auch den Atheismus miterklären, bestätigt das schon mehrfach beobachtete Grundergebnis, daß die meisten Zusammenhänge durch die Variable „Land“ erklärt werden. *Die Verschiedenheit der Länder, damit der geschichtlich gewachsenen Kultur und die Position der Religion bzw. des Atheismus in ihr, ist enorm.* Alle anderen Variablen, welche in diese Analyse einbezogen worden sind, haben vergleichsweise zur Variable Land nur nachgereihte Bedeutung.

Ob also Menschen religiös-kirchlich sind oder atheisieren, ist in erster Linie eine Frage des Landes, zu dem einer, eine gehört. Diese für die Variable „Land“ gültige Aussage differenziert sich neuerlich, wenn die einzelnen Länder getrennt in die Analyse ziehen. In einzelnen Ländern spielt nämlich für das Sozioreligiöse und die Religionsfolgen die Kultur offensichtlich eine sehr starke Rolle, in anderen hingegen nicht. Auch ist die Wirkungsrichtung von Land zu Land gänzlich anders.

Eine starke positive Rolle für das Verhältnis der Menschen zu Religion und Kirche hat die Kultur in Rumänien, Polen und Kroatien. Es sind jene Länder, die eine religiös geprägte Kultur haben: Die Polen und Kroaten sind kulturell katholisch, die Rumänen orthodox.

Die Kultur von vier Ländern hat den gegenteiligen Effekt. Sie begünstigt den Atheismus. Herausragt diesbezüglich Deutschland-Ost, mit Abstand folgen Tschechien und schließlich Ungarn und Slowenien, wenngleich mit weniger

Gewicht. Wer in diesen Ländern lebt, neigt mit einer gewissen Wahrscheinlichkeit dem Atheismus zu.

Tabelle 76: Religiöse und atheistische Kulturen

| | das Sozioreligiöse | Religionsfolgen | Atheismus |
|---|---|---|---|
| Rumänien | 0,72 | 0,57 | -0,41 |
| Polen | 0,60 | -0,84 | -0,46 |
| Kroatien | 0,47 | -0,53 | -0,32 |
| Litauen | 0,12 | -0,48 | -0,28 |
| Slowakei | 0,09 | -0,23 | 0,10 |
| Ukraine | -0,07 | 0,59 | -0,30 |
| Slowenien | -0,16 | -0,53 | 0,18 |
| Ungarn | -0,24 | -0,29 | 0,09 |
| Tschechien | -0,72 | -0,03 | 0,91 |
| Deutschland-Ost | -1,05 | 0,45 | 1,66 |

Quelle: Aufbruch 1998

Die vorangehende Tabelle zeigt auch, daß zwar der Hauptfaktor „das Sozioreligiöse“ mit dem Index Atheismus sehr ähnlich ist, daß aber die Hauptfaktoren „das Sozioreligiöse“ (Spalte 2) und „die Religionsfolgen“ (Spalte 3) nicht linear miteinander korrelieren. Hier gibt es bemerkenswerte verschiedenartige Kombinationen. In manchen Ländern ist eine starke Ausstattung mit dem Sozioreligiösen, zugleich werden auch starke Folgen der Religion auf das private und soziale Leben angenommen. In anderen Ländern ist es gegenteilig: das Sozioreligiöse ist zwar stark, aber es gilt als lebenspraktisch folgenlos.

Um solche Zusammenhänge zu verdeutlichen, machen wir eine Clusteranalyse. Durch diese werden Personen mit ähnlichen Eigenschaften zusammengefaßt (sie sammeln sich „klumpenartig“ – so das englische Wort cluster – um ein gemeinsames Mittelwertzentrum). Vier solcher Haupttypen (Cluster) werden rechnerisch voneinander getrennt[45]:

- Cluster 1: Diese Personengruppe ist sozioreligiös schwach und nimmt auch keine Folgen der Religion für das Leben an; zu ihr gehören 20% aller Befragten in den zehn Ländern.

[45] Mittelwerte für die vier Cluster

| Mittelwerte | Cluster 1 | Cluster 2 | Cluster 3 | Cluster 4 |
|---|---|---|---|---|
| das Sozioreligiöse | -1,05 | -1,20 | 0,53 | 0,82 |
| Religionsfolgen | -0,48 | 0,99 | -0,87 | 0,88 |

Quelle: Aufbruch 1998

- Cluster 2: Personen dieser Gruppe sind sozioreligiös gleichfalls schwach. Anders aber als die Zugehörigen zum ersten Cluster nehmen sie starke Folgen der Religion für das Leben an. Die Stärke dieser Gruppe: 16%.
- Cluster 3: Die Personen des dritten und vierten Clusters sind sozioreligiös stark ausgestattet. Sie unterscheiden sich in der Einschätzung der Religionsfolgen für das Leben. Die 36% des dritten Clusters nehmen nur wenig Religionsfolgen an.
- Cluster 4: Sozioreligiös stark „aufgeladene" Personen, die zugleich mit starker Auswirkungen der Religion rechnen, bilden den vierten Cluster in der Stärke von 28%.

Die Unterschiede zwischen den einzelnen Länder werden mit Hilfe der Verteilungen der Bevölkerung auf die vier Cluster in neuem Licht sichtbar.

Herausragend ist die polnische Kultur. Bei 61% ist das Sozioreligiöse stark, gilt aber in seinen Folgen als eher schwach. Ähnlich, aber merklich abgeschwächt, ist die Lage in Rumänien (47% im Cluster 3), in Kroatien (46%) sowie in Litauen (42%).

Daneben gibt es Kulturen, in denen bei einer starken Gruppe das Sozioreligiöse stark und zugleich folgenreich ist. Auch dazu zählt Rumänien, das nicht nur im Cluster 3, sondern auch im Cluster 4 mit 46% einen beträchtlichen Anteil hat.

Die Gegenkultur ist die ostdeutsche. Hier ist bei 46% das Sozioreligiöse schwach, aber doch folgenreich.

Bemerkenswert ist die tschechische Kultur. In ihr gibt es als einzigem Land eine starke Gruppe von Personen mit niedriger sozioreligiöser Ausstattung; zugleich nehmen diese schwache Auswirkungen der Religion an (43%). Eine solche Gruppe gibt es (mit 35%) zudem in Deutschland-Ost und in Ungarn (33%).

Tabelle 77: Die vier Cluster nach Ländern

| | Cluster 1 | Cluster 2 | Cluster 3 | Cluster 4 |
|---|---|---|---|---|
| das Sozioreligiöse | schwach | Schwach | stark | stark |
| Religionsfolgen | schwach | stark | schwach | stark |
| Deutschland-Ost | 35% | 46% | 5% | 14% |
| Kroatien | 12% | 7% | 46% | 36% |
| Litauen | 22% | 10% | 42% | 27% |
| Polen | 7% | 1% | 61% | 31% |
| Rumänien | 5% | 2% | 47% | 46% |
| Slowakei | 23% | 12% | 34% | 31% |
| Slowenien | 27% | 13% | 38% | 22% |
| Tschechien | 43% | 29% | 13% | 15% |
| Ukraine | 19% | 19% | 31% | 31% |
| Ungarn | 33% | 17% | 23% | 26% |

Quelle: Aufbruch 1998

Abbildung 53: Die vier Cluster nach Ländern

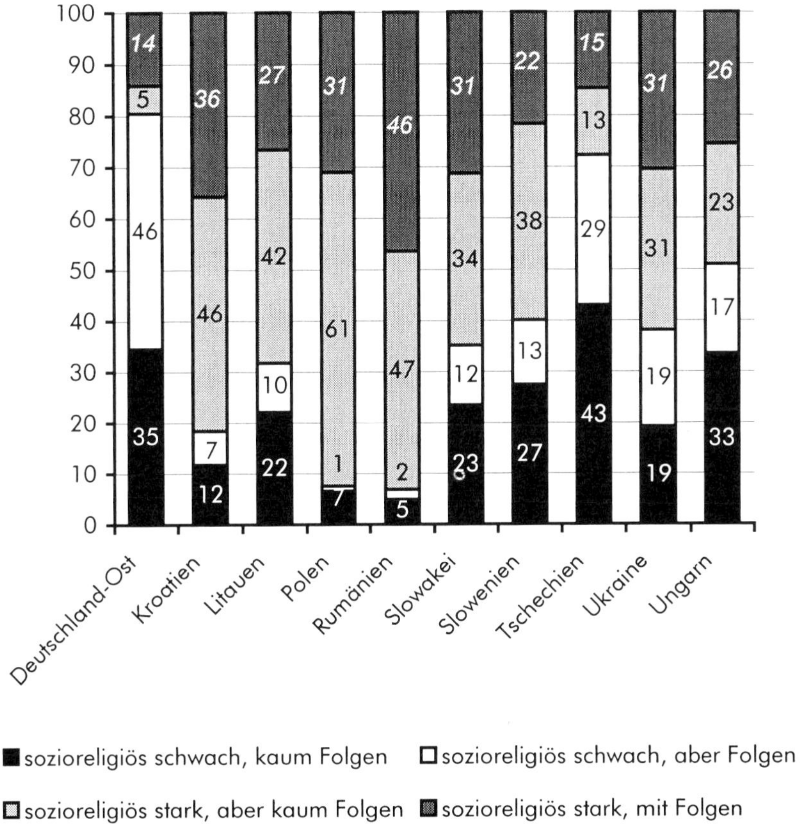


Quelle: Aufbruch 1998

## *Weitere Einflußkräfte*

So sehr nun das Land (und dahinter Geschichte und Kultur) als erklärende Variable eine herausragende Sonderstellung einnimmt: Auch unter den weiteren in die Analyse einbezogenen Variablen, die Erklärungskraft besitzen, gibt es ein deutliches Einflußgefälle. Was die Wirkkraft auf das Sozioreligiöse betrifft, rangiert an zweiter Stelle, welcher *Konfession* man zugehört.

Abbildung 54: Die sozioreligiöse Ausstattung der Konfessionen

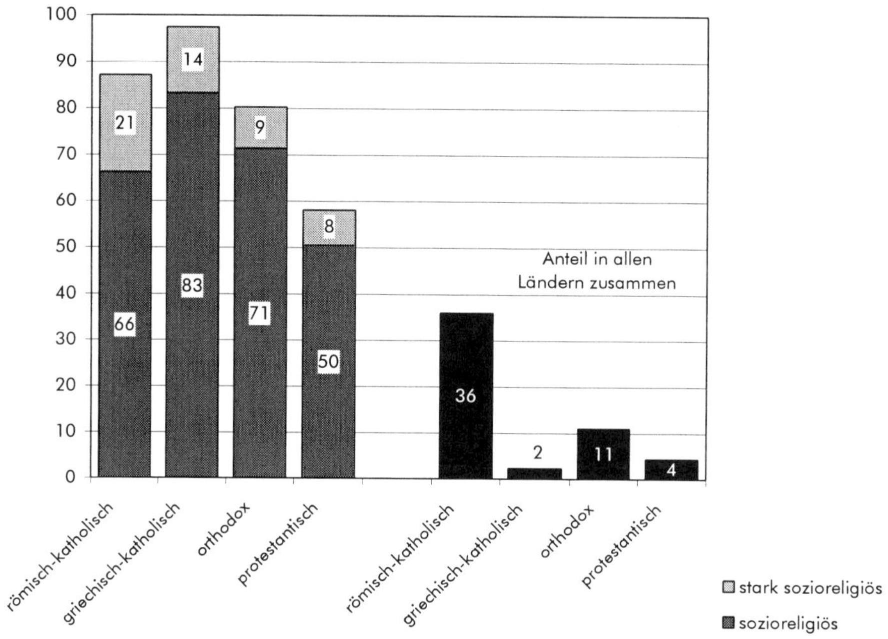


Quelle: Aufbruch 1998

Dann folgen mit dem Autoritarismus, der Bereitschaft zum Teilen sowie der Solidarität *Persönlichkeitsmerkmale*. Noch mehr Gewicht als diese drei Persönlichkeitseigenschaften hat der in die andere Richtung wirkende Hedonismus.

In diesem Bereich liegen auch der Typ des *Wohnorts* (ländlich oder städtisch) sowie das *Geschlecht*. Die übrigen, in die Analyse einbezogenen Sozialmerkmale sind relativ wenig von Bedeutung: die *Bildung*, das *Alter*, die *Mobilität*, die *Berufstätigkeit* bzw. die Zugehörigkeit zu einer *Berufsgruppe*. Zwar sind diese niedrigen Zusammenhänge allesamt signifikant, sie fallen aber nur wenig erklärend ins Gewicht.

Abbildung 55: Einflußströme – was das Sozioreligiöse, die Religionsfolgen und den Atheismus miterklärt

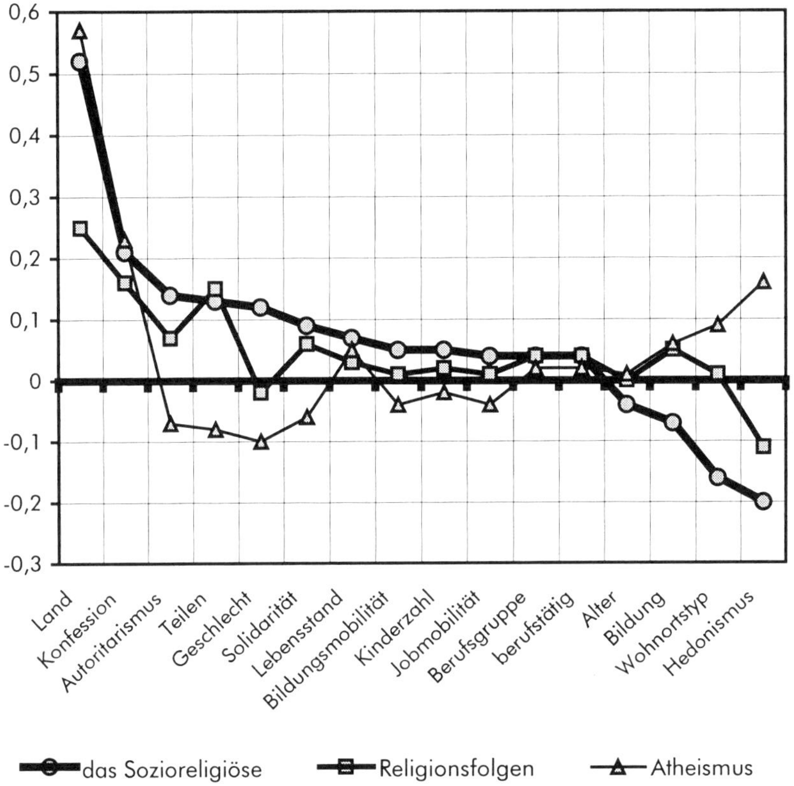


Quelle: Aufbruch 1998

# LÄNDEREBENE

Wie unterschiedlich die Situation in den einzelnen Ländern ist, zeigt die folgende Tabelle mit länderweisen Regressionsanalysen auf der Basis lediglich der Sozialvariablen (also ohne die vier Persönlichkeitsmerkmale).

Tabelle 78: Die Einflußkräfte auf das Sozioreligiöse in den einzelnen Ländern

| | Deutschland-Ost | Kroatien | Litauen | Polen | Rumänien | Slowakei | Slowenien | Tschechien | Ukraine | Ungarn |
|---|---|---|---|---|---|---|---|---|---|---|
| Konfession | 0,41 | 0,20 | 0,10 | 0,06 | 0,21 | 0,27 | 0,09 | 0,15 | 0,38 | 0,18 |
| Berufstätig | 0,12 | 0,04 | 0,06 | 0,07 | 0,10 | 0,04 | 0,03 | 0,10 | 0,10 | 0,12 |
| Beruf | 0,11 | 0,13 | 0,10 | 0,08 | 0,11 | 0,07 | 0,18 | 0,12 | 0,13 | 0,04 |
| Lebensstand | 0,09 | 0,12 | 0,08 | 0,12 | 0,10 | 0,07 | 0,12 | 0,16 | 0,10 | 0,08 |
| Geschlecht | 0,08 | 0,09 | 0,24 | 0,16 | 0,12 | 0,13 | 0,06 | 0,05 | 0,23 | 0,14 |
| Jobmobilität | 0,08 | 0,11 | 0,11 | 0,01 | 0,01 | 0,00 | 0,06 | 0,01 | 0,10 | -0,02 |
| Bildungsmobilität | 0,02 | 0,01 | 0,03 | 0,11 | 0,10 | 0,11 | 0,07 | 0,00 | -0,06 | 0,06 |
| Kinderzahl | -0,01 | 0,09 | -0,02 | 0,14 | 0,05 | 0,00 | 0,12 | 0,15 | 0,12 | 0,06 |
| Bildung | -0,04 | -0,11 | -0,12 | -0,07 | -0,15 | -0,10 | -0,08 | 0,07 | -0,04 | 0,00 |
| Ortsgröße | -0,09 | -0,14 | 0,00 | -0,13 | -0,05 | -0,16 | -0,18 | -0,10 | -0,17 | -0,25 |
| Alter | -0,20 | -0,04 | -0,13 | 0,01 | -0,11 | -0,08 | -0,04 | -0,11 | 0,09 | -0,13 |

Quelle: Aufbruch 1998

Wir greifen einzelne wichtige Zusammenhänge heraus und stellen diese dann mit Hilfe des Index für das Sozioreligiöse dar.

### *Geschlecht*

In allen untersuchten Ländern sind die *Frauen* mehr an Religion und Kirchengemeinschaft gebunden als *Männer*. Besonders groß ist die Differenz zwischen den Geschlechtern in Litauen.

Abbildung 56: Das Sozioreligiöse ist eher weiblich

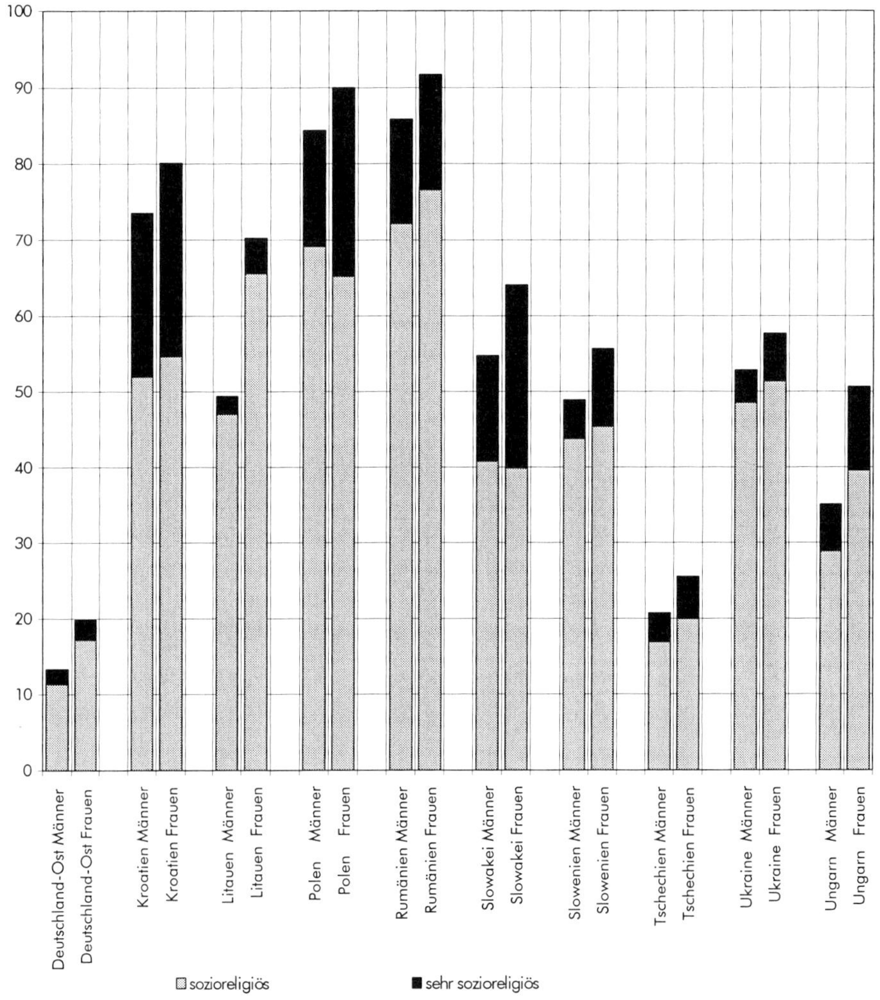


Quelle: Aufbruch 1998

## *Alter*

So ist es eine wiederkehrende Frage, ob – zumal die *Jugend* – in Ost(Mittel)Europa nach dem Ende des Kommunismus religiöser wird. Diese zukunftsträchtige Frage läßt sich auf Grund der Datenlage nicht einhellig beantworten. Zunächst gilt für alle Länder, daß die Siebzigjährigen stärker sozioreligiös sind als die Zwanzigjährigen. Es gibt aber Länder, in denen die jüngste Generation einen deutlichen Zuwachs an sozioreligiöser Ausstattung aufweist. Ungarn, Deutschland-Ost, die Slowakei, Litauen und die Ukraine zählen dazu. In anderen Ländern gibt es dafür keine Anhaltspunkte. In Kroatien, Polen und Slowenien setzt sich bei den Jüngsten ein Rückzug aus dem Sozioreligiösen fort.

Abbildung 57: Das Sozioreligiöse in den einzelnen Altersgruppen – länderweise

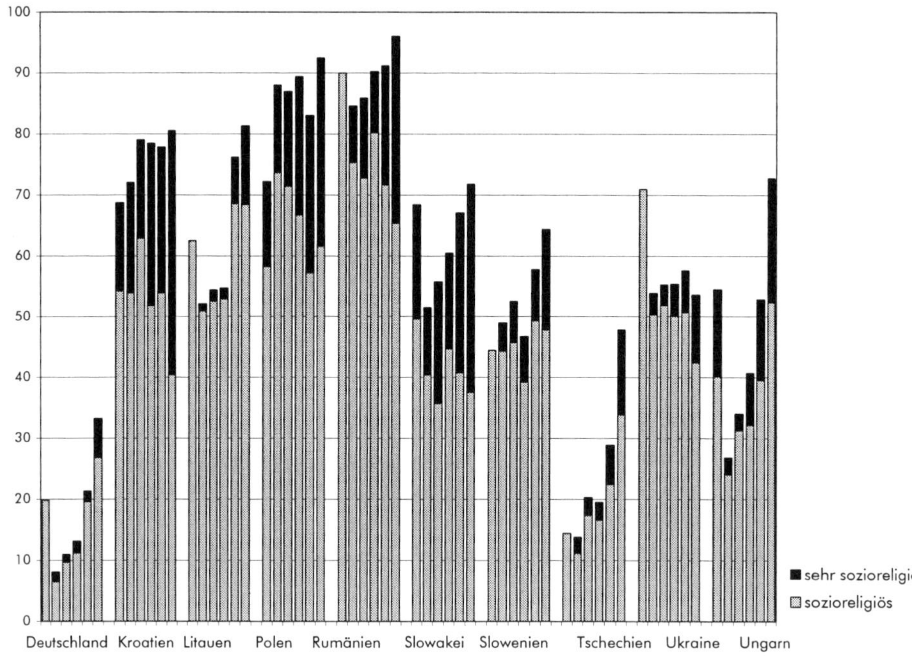


Von den jüngsten (jeweils links) bis zu den ältesten Altersgruppen (jeweils rechts) in den einzelnen Ländern.
Quelle: Aufbruch 1998

## *Bildung und Bildungsmoblität*

Auch die *Bildung* wirkt sich auf die sozioreligiöse Ausstattung von Befragten aus, wenngleich hier wieder länderweise anders. In drei Ländern haben die Personen mit mittlerer Bildung die niedrigsten Werte: das sind Deutschland-Ost, Tschechien sowie Ungarn. Es sind im übrigen Länder, die keine geschlossene religiöse, sondern eher eine atheistische Kultur haben. Hier ist kirchengebundene Religiosität eine Sache der Wenig- und der Hochgebildeten. Ansonsten sinkt die Religiosität in allen Ländern mit dem Bildungsgrad.

Abbildung 58: Bildung führt nicht immer von der Religion weg – länderweise Analyse

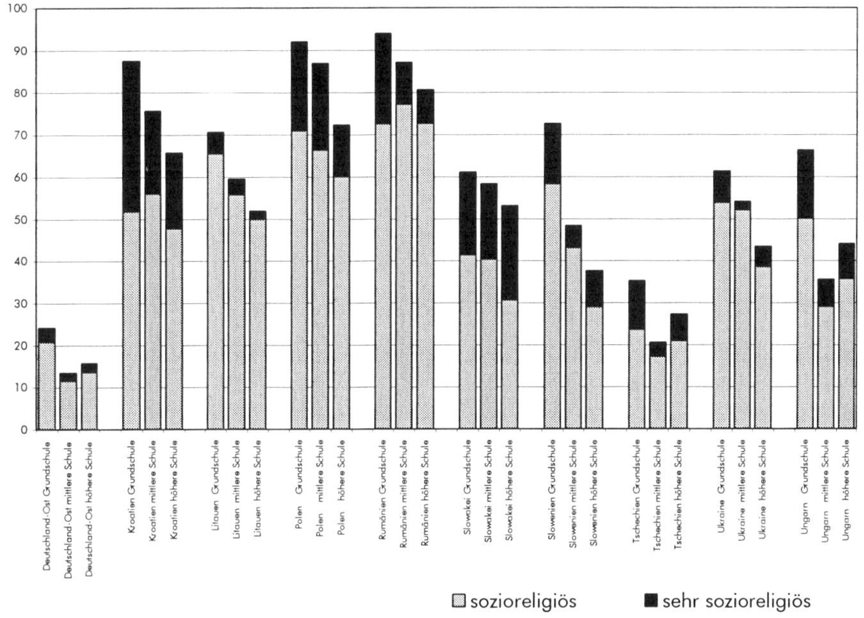


Quelle: Aufbruch 1998

Hinsichtlich der *Bildungsmobilität* ist der Trend in den einzelnen Ländern uneinheitlich. In Tschechien, Ungarn, aber auch in Litauen sind die Bildungsaufsteiger dem Sozioreligiösen mehr zugetan als die Absteiger und die Immobilen. In diese Ländern steht das Sozioreligiöse eher im Ruf des Zukunftsträchtigen. Es sind die Bildungsaufsteiger, die ihr eher zugetan sind. Dabei fällt auf, daß es zumeist Länder mit einem niedrigen sozioreligiösen Niveau sind. Sollten sich die atheisierten Kulturen als religionsproduktiv erweisen?

Daneben sind Länder, in denen das Sozioreligiöse eine Angelegenheit vor allem der Immobilen ist: Dazu gehören Kroatien, Polen, die Slowakei und Slowenien. Diese Verbindung von Sozioreligiösem und der Bildungsimmobilität ist insbesondere in stark religiösen Kulturen anzutreffen. Religion gilt hier nicht als das Zukünftige, sondern sichtlich als das Herkömmliche. Wer bildungsmäßig aufsteigt, emanzipiert sich offenkundig von diesen traditionellen Bindungen.

Deutschland-Ost weist keinen eindeutigen Trend auf.

Abbildung 59: Bildungsmobilität und das Sozioreligiöse - länderweise

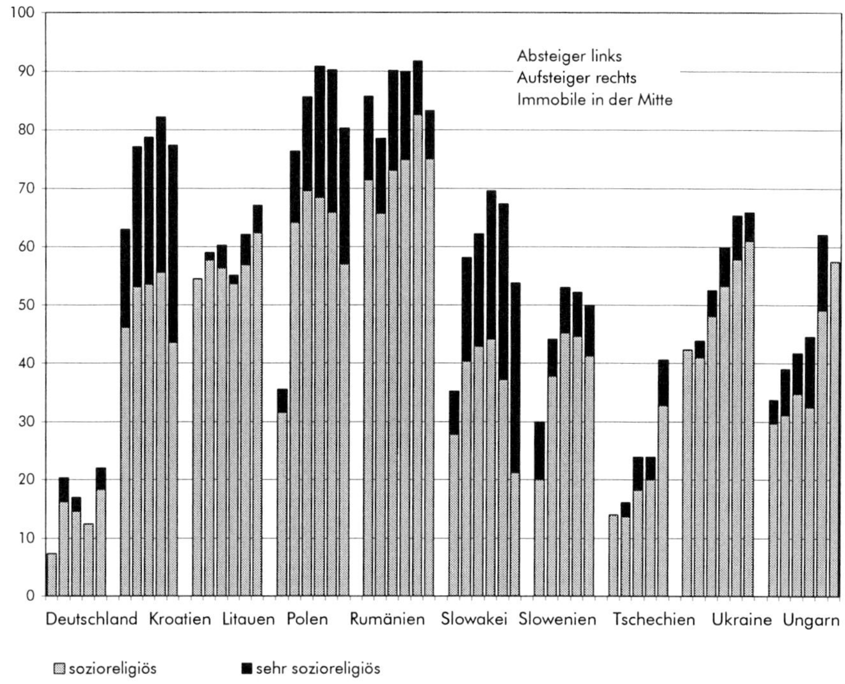


Quelle: Aufbruch 1998

## *Beruf und Jobmobilität*

Dasselbe trifft analog auf die *Jobmobilität* zu. Im Länderschnitt sind die Aufsteigenden sowohl in der Bildung und etwas abgemildert auch im Beruf eher sozioreligiös.

Abbildung 60: Job- und noch mehr Bildungsmobilität begünstigen das Sozioreligiöse

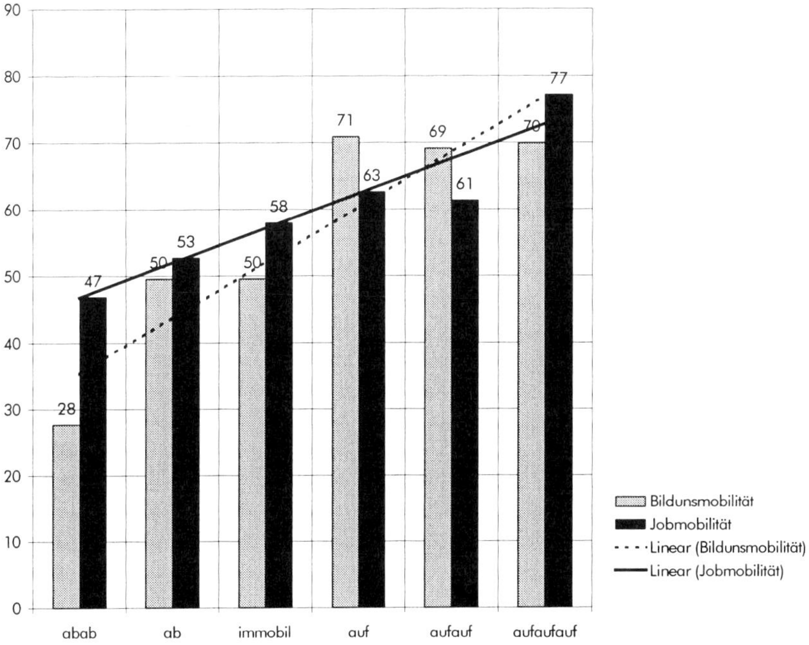


Quelle: Aufbruch 1998

Die Unterschiede hinsichtlich des ausgeübten Berufs sind eher gering. Lediglich die Landwirte sind überdurchschnittlich sozioreligiös. Das geringste sozioreligiöse Niveau weist die Gruppe der Erwerbslosen aus. Umgekehrt haben Personen, die im Haushalt mitleben, ein hohes Niveau.

Abbildung 61: Berufstätigkeit und das Sozioreligiöse

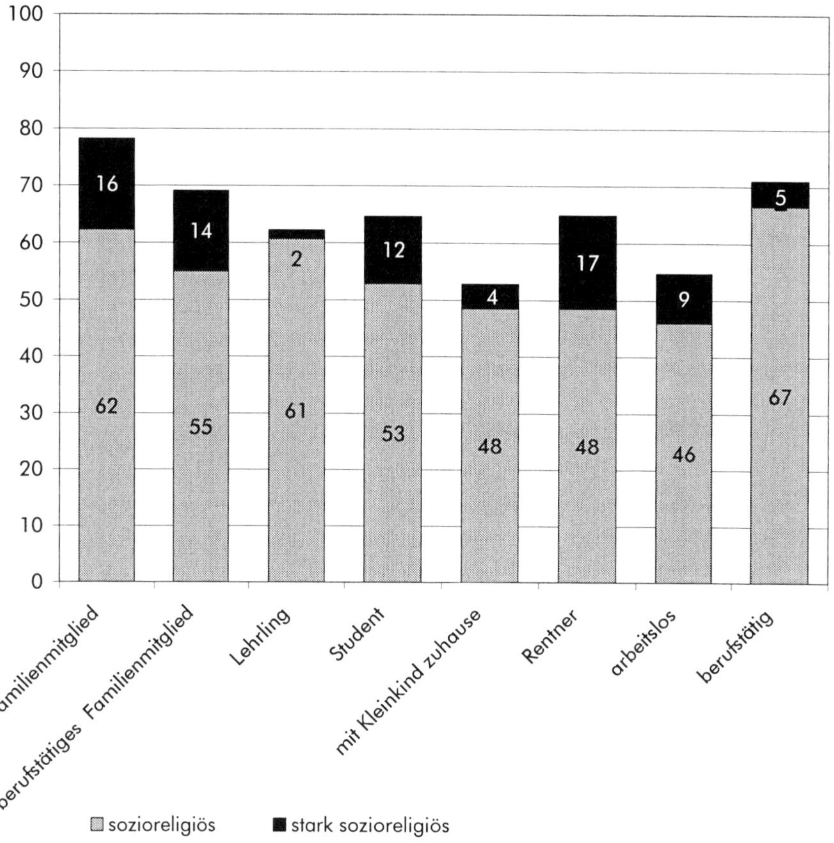


Quelle: Aufbruch 1998

## *Autoritarismus*

Aus den Persönlichkeitsmerkmalen greifen wir abschließend den *Autoritarismus* heraus. Autoritarismus: Dieser läßt die Bereitschaft einer Person erkennen, sich Autoritäten unterzuordnen. Verwendet wurden Items aus dem Testinstrumentarium, das auf Adorno zurückgeht.[46] Wie andere Studien zeigten, besteht ein dichter, wenngleich nicht ausschließender Zusammenhang zwischen dem Sozioreligiösen und diesem Persönlichkeitsmerkmal. Dies ist auch in der vorliegenden Ost(Mittel)Europa-Studie der Fall. Ganz allgemein sind autoritäre Personen auch sozioreligiöser.

Abbildung 62: Das Sozioreligiöse und der Autoritarismus

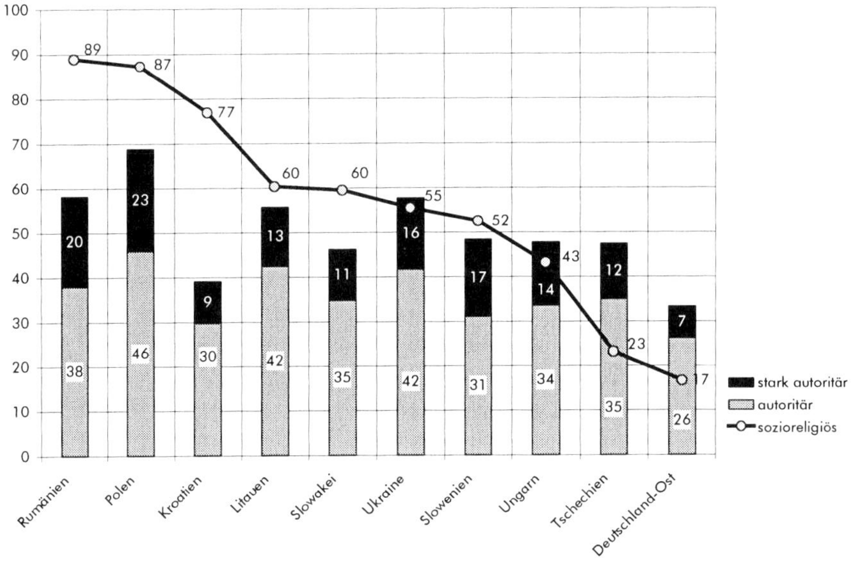


Quelle: Aufbruch 1998

Wie die folgende Abbildung verdeutlicht, ist dieser Zusammenhang in allen Ländern anzutreffen. Dabei variiert in den atheistischen Kulturen in Deutschland-Ost und in Tschechien lediglich das niedrige sozioreligiöse Niveau.

In anderen Ländern hingegen (Ukraine, Ungarn, Slowenien, Slowakei, Litauen) sind die Sozioreligiösen eher autoritär, die Nicht-Sozioreligiösen hingegen eher nichtautoritär.

46 Adorno Theodor W., Studien zum autoritären Charakter, Frankfurt 1973. – Zulehner Paul M., Denz Hermann, Vom Untertan zum Freiheitskünstler, Wien 1991, 77-84.

In den religiösen Kulturen Polens, Kroatiens und Rumäniens schließlich sind die Autoritären und Nichtautoritären alle auf der Seite des Sozioreligiösen, aber eben stark abgestuft.

Abbildung 63: Der Autoritarismus und das Sozioreligiöse - länderweise

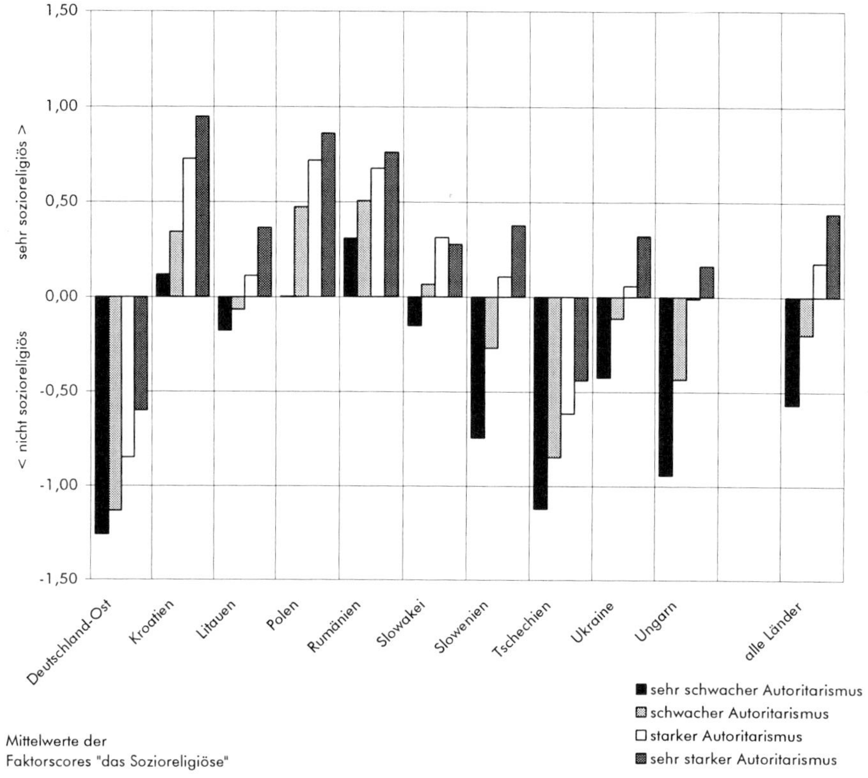


Quelle: Aufbruch 1998

Dem Zusammenhang zwischen dem Sozioreligiösen und dem Autoritarismus gehen wir noch weiter nach. Die Korrelation zwischen beiden besagt ja nicht, daß es in den einzelnen Personen nicht verschiedenartige „Mischungsverhältnisse" beider Dimensionen gibt. Das ist – wie eine Clusteranalyse zeigt – auch der Fall. Insgesamt werden vier Cluster errechnet.

- Cluster 1: Hier sammeln sich jene, die hochsozioreligiös und zugleich autoritär sind. In allen Ländern gibt es davon 35%. Es ist die größte Gruppe.

- Cluster 2: Im zweiten Cluster sind jene Personen beisammen, die einerseits hochsozioreligiös, im Vergleich zu den Sozioreligiösen des ersten Clusters aber nur wenig autoritär sind. Diese nichtautoritäre Form des Religiöskirchlichen finden wir bei 21%.
- Cluster 3: Zugehörig dem dritten Cluster sind Personen mit niedriger sozioreligiöser Ausstattung einerseits und mittlerem Autoritarismus andererseits. Davon gibt es in Ost(Mittel)Europa 26%.
- Cluster 4: Die Mittelsozioreligiösen und zugleich Nichtautoritären bilden mit 9% den kleinsten Cluster.

Abbildung 64: Die Verteilung der vier Cluster (sozioreligiös/autoritär) in den zehn Ländern Ost(Mittel)Europas

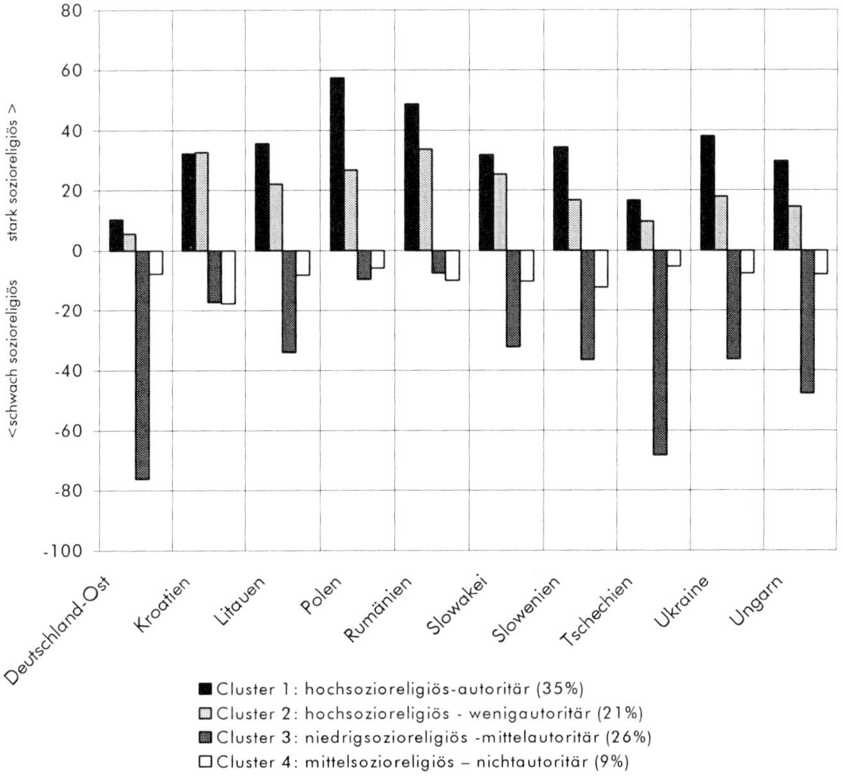


Quelle: Aufbruch 1998

Die Aufschlüsselung nach Ländern zeigt sehr verschiedene Typen. Da sind zunächst jene Länder, die eine sozioreligiöse Kultur haben. In diesen gibt es vor allem autoritäre und nichtautoritäre Sozioreligiöse. Das bedeutet, daß sich die Spannung zwischen den Autoritären und Nichtautoritären, dahinter zwischen Freiheit und Ordnung, unter den Sozioreligiösen abspielt.

Anders die Länder mit starken Anteilen an Personen, die nicht sozioreligiös sind. Dazu zählen vor allem Deutschland-Ost und Tschechien, dahinter Ungarn und Slowenien. In diesen Ländern überwiegen bzw. gibt es als stärkste Gruppe die niedrigreligiös-mittelautoritären Personen.

Etwas vereinfacht: Es gibt auf der einen Seite mehrheitlich sozioreligiös-autoritäre Länder, auf der anderen Seite wenig sozioreligiös-mittelautoritäre Länder. Der Autoritarismus in den einzelnen Ländern variiert, läuft aber mit der sozioreligiösen Ausstattung keineswegs parallel.

# NACHWORT

Wir unterbrechen hier die Analysen, um sie in einem zweiten Band fortzusetzen. Dieser zweite Band der Reihe „Gott nach dem Kommunismus" trägt den Titel „Religion im soziokulturellen Kontext". Folgende Themen werden behandelt werden:

- Religiöse Landkarte – Ländergeschichten
- Religion in der Sozialstruktur
- Modernisierung und Religion (als Verdichtung der beiden vorangehenden Themen)
- Religion im Kontext der Zeit (Wandel der Generationen – Entwicklungen, Prognosen)
- Religion, Nation, Politik
- Religion im Alltag
- Einstellungen zu Welt und Leben
- Religion und Persönlichkeit (Autoritarismus, Solidarität)
- Religion und zwischenmenschliche Beziehungen
- Zufriedenheiten

Die Herausgeber der Reihe hoffen, mit diesem Projekt den Kirchen in Ost(Mittel)Europa einen qualifizierten Dienst zu leisten.

# Verzeichnis der Abbildungen

# Verzeichnis der Tabellen